Princesa Isabel do Brasil

FUNDAÇÃO EDITORA DA UNESP

Presidente do Conselho Curador
Mário Sérgio Vasconcelos

Diretor-Presidente
Jézio Hernani Bomfim Gutierre

Superintendente Administrativo e Financeiro
William de Souza Agostinho

Conselho Editorial Acadêmico
Danilo Rothberg
Luis Fernando Ayerbe
Marcelo Takeshi Yamashita
Maria Cristina Pereira Lima
Milton Terumitsu Sogabe
Newton La Scala Júnior
Pedro Angelo Pagni
Renata Junqueira de Souza
Sandra Aparecida Ferreira
Valéria dos Santos Guimarães

Editores-Adjuntos
Anderson Nobara
Leandro Rodrigues

Roderick J. Barman

Princesa Isabel do Brasil
Gênero e poder no século XIX

Tradução
Luiz Antônio Oliveira Araújo

© 2002 Scholarly Resourses Inc.
Título original em inglês:
Princess Isabel: Gender and Power in the Nineteenth Century

© 2003 da tradução brasileira:
Fundação Editora da UNESP (FEU)
Praça da Sé, 108
01001-900 – São Paulo – SP
Tel.: (0xx11) 3242-7171
Fax: (0xx11) 3242-7172
www.editoraunesp.com.br
www.livrariaunesp.com.br
atendimento.editora@unesp.br

CIP-Brasil. Catalogação na fonte
Sindicato Nacional dos Editores de Livros, RJ

B239p

Barman, Roderick J., 1937-
    Princesa Isabel do Brasil : gênero e poder no século XIX / Roderick J. Barman ; tradução de Luiz Antônio Oliveira Araújo. - São Paulo : Editora UNESP, 2005
    il.
    Tradução de: Princess Isabel : gender and power in the nineteenth century
    Inclui bibliografia
    ISBN 85-7139-598-5

    1. Isabel, Princesa do Brasil, 1846-1921. 2. Papel sexual - Aspectos políticos - Brasil. 3. Igualdade - Brasil - História - Século XIC. 4. Poder (Ciências sociais). 5. Brasil - História - Império, 1822-1889. I. Título.
    04-1103   CDD 981.04
                                         CDU 94(81) "1822-1889"

Editora afiliada:

Asociación de Editoriales Universitarias
de América Latina y el Caribe

Associação Brasileira de
Editoras Universitárias

A Jean

Não temas, doce amor, o que o tempo é capaz de fazer;
Ainda que a prata venha empalidecer o ouro
Do teu cabelo sedoso, acredita que
Podes mudar, mas não envelhecer.

Não lamentaremos que a primavera tenha passado
E que desçam as sombras do outono;
Estes anos, ainda que os derradeiros, serão
Os melhores de todos.

29 de junho de 1963 - 29 de junho de 2001

D. Isabel, princesa imperial do Brasil, na juventude
Cortesia da Fundação Grão-Pará, Petrópolis

Sumário

Lista de abreviaturas   9

Introdução   11

Gênero e poder no Brasil Imperial   15

A filha, 1846-1864   37

A noiva, 1864-1865   77

A esposa, 1865-1872   119

A mãe, 1872-1881   167

A aspirante a imperatriz, 1881-1889   219

A mulher dona de si, 1889 – 1921   269

Reflexões   313

Referências bibliográficas   333

Índice remissivo   337

Lista de abreviaturas

AGP	Arquivo Grão-Pará, Petrópolis
AHMI	Arquivo Histórico do Museu Imperial
ANTT	Arquivo Nacional da Torre do Tombo, Lisboa
BC	Arquivo do Barão de Cotegipe
BNRJ TM	Biblioteca Nacional do Rio de Janeiro, Coleção Tobias Monteiro
Cat.	Catálogo
Doc.	Documento
IHGB	Instituto Histórico e Geográfico Brasileiro, Rio de Janeiro
OP	Coleção Visconde de Ouro Preto
POB	Coleção Pedro d'Orléans e Bragança do AHMI
PRO FO	Public Record Office, Great Britain, Foreign Office
RA	Arquivo Real, Windsor, Inglaterra
UFP JA	Universidade Federal de Pernambuco, Recife, Coleção João Alfredo

Introdução

Finalmente, as mulheres se tornaram visíveis na história. O passado já não é monopólio dos homens, com as mulheres desprezadas ou, na melhor das hipóteses, marginalizadas. A luta para lhes dar presença e voz foi lenta, laboriosa e ferozmente contestada. Ainda há muito a fazer. A maioria das abordagens do passado continua eivada de sexismo, com estudos concentrados unicamente nos políticos e no poder, antiga cidadela do privilégio masculino. Talvez essa mesma característica tenha repelido ou desestimulado o trabalho revisionista. Mesmo assim, as mulheres sempre estiveram envolvidas no processo político, se não formalmente, ao menos por trás, nos bastidores. Embora a maioria delas tenha participado em situação desvantajosa, pelos flancos, algumas poucas, graças a circunstâncias especiais, ocuparam cargos na estrutura do governo. Uma dessas mulheres privilegiadas foi a princesa Isabel, herdeira do trono brasileiro durante quase quarenta anos, de 1851 a 1889.

Este livro tem três objetivos. Em primeiro lugar, o texto permite que D. Isabel fale por si por intermédio de copiosos extratos de suas cartas e memórias, especialmente nos sete boxes intitulados "Com a sua própria voz". A segunda meta é apresentar, tanto quanto possível para um homem, uma análise "feminista" da vida de D. Isabel. O livro foi estruturado em torno do ciclo de vida feminino. Enfoca as mulheres como eram no passado, moldadas e vivendo em uma estrutura cultural, social e econômica plasmada pelos homens e baseada na subordinação e na exploração da mulher. Seu intuito é explicar por que elas tiveram tanta dificuldade para mudar tais estruturas e premissas e criar um sistema que lhes conferisse autonomia e igualdade.

O terceiro objetivo — talvez o mais importante — é usar a vida da princesa como veículo para a compreensão da reciprocidade entre gênero e poder no século XIX. O gênero se define como a dinâmica (historicamente desigual e exploradora) entre homens e mulheres. O poder pode ser definido, sucintamente, como a autoridade política e, mais amplamente, como o controle dos meios materiais e da crença cultural. Como uma das apenas nove mulheres que ocuparam o cargo de regente ou monarca em seus países no século XIX, D. Isabel deteve o poder. Dentro das estruturas de poder, o gênero não funciona isoladamente. Entrelaça-se com a raça e a classe: mais do que em qualquer outro lugar do mundo, no Brasil imperial. No primeiro capítulo deste trabalho, discutimos as questões de gênero, raça e classe, bem como a estrutura de poder que o Brasil imperial herdou do período colonial.

A ideia de escrever este livro me ocorreu durante a elaboração de *Citizen Emperor: Pedro II and the Making of Brazil, 1825-1891* [O imperador cidadão: D. Pedro II e a construção do Brasil, 1825-1891], publicado em 1999. A pesquisa que fiz nos documentos pessoais da família imperial, que se encontram em Petrópolis, deixou clara a importância de fazer de D. Isabel, a filha mais velha de D. Pedro II, objeto de um livro mais abrangente. Devo expressar uma vez mais meu profundo agradecimento a D. Pedro d'Orléans e Bragança, bisneto de D. Pedro II e neto de D. Isabel, pela generosidade com que me franqueou o acesso irrestrito às cartas e aos documentos. Em julho de 2000, o filho mais velho de D. Pedro, D. Pedro Carlos d'Orléans e Bragança, teve a gentileza de colocar uma vez mais à minha disposição esta documentação, bem como a coleção de fotografias da família. Sem essa dupla colaboração, nenhum dos dois livros teria sido escrito. Também cabe recordar a delicadeza da condessa de Paris, a neta mais velha de D. Isabel. Nós nos conhecemos quase por acaso em Château d'Eu, sua residência na infância, em 30 de setembro de 2000, na abertura da exposição "Lembranças do Brasil na bagagem do conde e da condessa d'Eu (1889)". Em fevereiro de 2001, a condessa recebeu-me em sua residência parisiense e falou dos avós e de sua vida familiar na infância. Muito parecida com a princesa, relatou-me várias lembranças da querida "vovó".

Este livro também recorre a trinta anos de pesquisa nos arquivos do Museu Imperial de Petrópolis, no Arquivo Histórico e Geográfico Brasileiro, no Arquivo Nacional, na Biblioteca Nacional do Rio de Janeiro e na Universidade Federal de Pernambuco, em Recife. Meus sinceros agradecimentos aos funcionários dessas instituições que tanto e tão amiúde me ajudaram. Com o gracioso consentimento de Sua Majestade, a rainha Elizabeth II da Inglaterra, este livro contém material referente à D. Isabel e ao conde d'Eu pertencente ao Royal Archives at Windsor, e aproveito para manifestar minha gratidão pela colaboração, em inúmeras ocasiões, da Srta. Pamela Clark, a arquivista responsável. Também devo expressar minha dívida com o visconde de Norwich, por ter autorizado a reprodução dos versos que seu pai (Duff Cooper) dedicou à sua mãe (Lady Diana Cooper) na autobiografia *Old Men Forget*.

As ilustrações são uma peça importantíssima no livro. Esse texto visual elucida a vida de D. Isabel e a dos que a cercavam. O meu mais entusiástico agradecimento a D. Pedro Carlos d'Orléans e Bragança, por me haver mostrado e permitido reproduzir as fotografias aqui exibidas (inclusive a da capa), pertencentes à família e hoje sob os cuidados da Fundação Grão-Pará.

Roderick J. Barman

Também cabe manifestar meu reconhecimento aos funcionários do Museu Imperial de Petrópolis, que me permitiram copiar as fotografias de sua coleção e autorizaram a reprodução. O meu muito obrigado ao Sr. Sérgio Burgi e ao Sr. Juca Morais, pela competência com que fizeram as reproduções. A Scholarly Resources mostrou-se muito receptiva quando apresentei a ideia deste livro. Desejo agradecer o interesse e a cooperação da imprensa. As notas de rodapé restringem-se a citações referentes à documentação. Caso o leitor queira identificar a fonte do texto, pode procurar o mesmo tema em *Citizen Emperor* ou, se isso for inconveniente, entrar pessoalmente em contato comigo. Terei prazer em ajudar. À parte algumas exceções, os documentos que figuram neste livro estão reproduzidos com ortografia atualizada. Durante a vida de D. Isabel, a moeda corrente no Brasil era o mil-réis, que se escrevia 1$000. Mil mil-réis correspondiam a um conto de réis e eram grafados 1:000$000. Equivalendo a 55 centavos de dólar em 1846, ano do nascimento de D. Isabel, o valor do mil-réis flutuou consideravelmente, da cotação máxima de 59 centavos em 1851 à mínima de 33 centavos, em 1921, ano de sua morte. As equivalências em dólar citadas no texto são aproximadas.

A pesquisa deste livro e de *Citizen Emperor* foi subsidiada por diversas doações do Social Science and Humanities Research Council of Canada. Meu muito obrigado tanto ao Conselho como à Faculty of Arts da University of British Columbia, pela participação no financiamento de minha bolsa de licença no ano letivo de 1999-2000. Muito me auxiliaram na preparação do texto final os comentários do Dr. Jean Barman, do Dr. James N. Green, da Sra. Fernanda Selayzin Duarte de Sousa, e dos dois assessores da Scholarly Resources. Naturalmente, as opiniões aqui expressas são de minha inteira responsabilidade.

RJB

1
Gênero e poder no Brasil Imperial

Uma abastada família brasileira com os escravos domésticos
Jean Baptiste Debret, *Voyage pittoresque et historique au Brésil*. Paris, 1834

Os historiadores raramente mencionam D. Isabel, a filha de D. Pedro II. Quando eventualmente se referem a ela, é por duas realizações: em 1871, a princesa sancionou a Lei do Ventre Livre, assegurando a extinção paulatina da escravidão no país; em 1888, teve um destacado papel na supressão imediata da escravidão. Os abolicionistas não tardaram a intitulá-la *a Redentora*, e o epíteto perdurou. Na qualidade de *redentora*, D. Isabel continua a ser um verdadeiro ícone na cultura popular. À parte isso, tem recebido pouca ou nenhuma atenção. Após sua morte, em 1921, editaram-se apenas três biografias a seu respeito. As duas primeiras, de Pedro Calmon e Hermes Vieira, foram publicadas em 1941, e a terceira, de Lourenço Lacombe, em 1989. É notável a escassez de artigos sobre a princesa.

D. Isabel merece atenção. Durante quase quarenta anos (1851-1889), foi a herdeira do trono. Em três ocasiões, entre 1871 e 1888, que somam três anos e meio, governou o país durante a ausência do pai, que estava no exterior. Na qualidade de regente, exerceu o considerável poder que a Constituição de 1824 conferia ao monarca. Nesse mesmo período, deu à luz três filhos, possíveis herdeiros do trono. Os historiadores concordam que o caráter e os atos de D. Isabel foram fatores que muito contribuíram para a substituição do regime imperial pelo republicano em 15 de novembro de 1889.

Mesmo numa perspectiva mais ampla, também é considerável a importância da princesa Isabel. Ela é uma das nove — e apenas nove — mulheres, em todo o mundo, que ocuparam o posto de autoridade suprema de seus países no século XIX, seja no papel de monarcas (Maria II, de Portugal; Vitória, da Grã-Bretanha; Isabella II, da Espanha; Liliuokalani, do Havaí; Guilhermina, da Holanda), seja no de regentes (Maria Cristina de Bourbon, Nápoles; D. Isabel, do Brasil; Maria Cristina, de Habsburgo; Emma, de Waldeck e Pyrmont). Todas elas nasceram em famílias reais ou principescas e cresceram cercadas de privilégios. As nove foram educadas para as funções então consideradas típicas da mulher: filha, noiva, esposa e mãe. E todas desempenharam tais funções (a rainha Liliuokalani foi a única que não teve filhos), mas também foram convocadas a assumir uma função adicional, a de governar seus países.

Para elas, a posição de monarca ou regente não foi de modo algum uma sinecura. Dotadas de poderes substanciais, as nove tiveram uma influência considerável sobre a gestão dos negócios públicos. O papel que desempenharam era masculino por definição. Concebia-se o monarca como guerreiro, figura paterna e estadista. Ele ficava no ápice de um mundo público pertencente aos homens e era obedecido justamente por isso, por ser homem. Dessas nove mulheres, por mais que se reconhecesse que lhes faltavam as qualidades inatas ao homem, esperava-se o mesmo comportamento e o mesmo padrão de desempenho de seus predecessores masculinos. Quatro das cinco rainhas (também neste aspecto Liliuokalani é a única exceção) chegaram ao poder e passaram a governar antes dos vinte anos de idade, e as quatro regentes tinham entre 24 e 32 anos quando assumiram o cargo. Quando começaram a atuar como governantes, oito dessas nove mulheres se encontravam num período da vida em que também lhes cabia assumir e desempenhar as múltiplas e cumulativas obrigações femininas. A vida de D. Isabel oferece esclarecimentos para a da relação triangular, vigente para todas essas governantes do século XIX, entre o gênero (a existência como mulher), o poder (o exercício da função de agente) e o curso da vida.

Desses três conceitos, o curso da vida é o mais fácil de compreender. Todo ser humano desempenha alguns papéis na existência. Tamara Hareven (2000, p.327, 331), importante estudiosa do assunto, chamou a atenção para "o reconhecimento da etapa da vida como um importante determinante do impacto dos fatos históricos sobre a existência individual". Tal abordagem nos permite entender "o modo como as pessoas percebem a relação entre a sua vida, os fatos históricos e o seu próprio papel de agentes". No século XIX, os papéis atribuídos às mulheres no curso da existência eram, como no caso das nove monarcas ou regentes, cumulativos, não sequenciais. Em outras palavras, elas não se desvencilhavam dos papéis já existentes para assumir um novo. A natureza de cada papel, no curso da vida, é moldada pela capacidade individual, pelas circunstâncias, e também pelo conjunto predominante de noções, as quais vão se alterando ao longo da existência de cada um. Cada pessoa vive num contexto histórico mais amplo e mutável, com o qual interage.

Os conceitos de poder e gênero são mais complexos e fluidos em termos de significado. O exercício do poder ocorre quando um indivíduo ou grupo é capaz de levar outro a fazer algo que normalmente não faria, ou quando um indivíduo ou grupo pode impedir outro de fazer o que quer. O poder é um processo, não uma qualidade pessoal inata. A chave de seu exercício está no acesso e no controle diferenciado dos indivíduos e dos grupos sobre os recursos, tanto materiais quanto humanos em sua forma. Vão desde os metais preciosos e a força física até a tecnologia da computação e o domínio das línguas.

O poder é exercido em meio a uma gama de noções e entendimentos — inclusive crenças (religiosas ou não), maneiras de pensar, leis, costumes, convenções e padrões de comportamento — prevalecentes num dado momento. Aqui, para nossa conveniência, esse conjunto de noções e entendimentos será denominado "cultura". A cultura molda tanto as relações no interior de uma sociedade quanto o modo como os indivíduos percebem sua própria identidade. E, assim, dá diretrizes inclusive para o exercício do poder. A cultura sanciona alguns usos de determinado recurso e reprova outros. Por exemplo, a força física é sancionada quando empregada por um órgão do governo (as forças armadas, a polícia), mas não quando um indivíduo a ela recorre em benefício próprio. Tais restrições e tabus, no exercício do poder, não são obrigatórios. Os seres humanos podem desdenhá-los, e de fato o fazem. No entanto, os indivíduos absorvem, consciente e inconscientemente, a cultura em que vivem. Certos aspectos dela são assimilados conscientemente, como se fossem um código de fé e de comportamento. Em geral, esses aspectos são de tal modo aceitos e interiorizados que as pessoas perdem a capacidade de agir contrariamente a eles. Mas pode-se dizer que outros aspectos da cultura são instintivos, por serem absorvidos de modo virtualmente inconsciente desde a primeira infância. As pessoas a eles se sujeitam sem perceber.

Grande parte da cultura é concebida e estruturada mediante o que William H. Sewell Jr., importante historiador social, definiu como "a série de oposições binárias que constituem os instrumentos fundamentais do pensamento de uma sociedade" (Sewell Jr., 1992, p.7-8). Uma delas é o binário "homem-mulher", uma distinção básica na qual se esteia o poder. Em seu artigo seminal, "Gender: A Useful Category of Historical Analysis" [Gênero: uma proveitosa categoria de análise histórica], Joan Wallach Scott esquematizou o modo como essa oposição binária particular plasma a cultura. Em primeiro lugar, ela se expressa por símbolos. Nas culturas de tradição judaico-cristã, como a do Brasil, da Europa Ocidental e da América do Norte, um desses símbolos fundamentais é o binário Adão-Eva. Adão foi criado por Deus; Eva, feita de uma costela de Adão. Ela cedeu à tentação; o casal perdeu a inocência, seguindo-se a expulsão do Jardim do Éden. Adão foi o primeiro pai; Eva, a primeira mãe.

Uma ordem de "conceitos normativos", argumenta Scott, "suscita interpretações do significado dos símbolos". "Expressos em doutrinas religiosas, educacionais, científicas, legais e políticas", tais conceitos "adquirem a forma de uma oposição binária fixa, afirmando categórica e inequivocamente o significado de masculino e feminino" (Scott, 1988, p.43). É bem o caso das culturas judaico-cristãs. Como em termos físicos, as mulheres são "a costela de Adão", elas são consideradas biologicamente subordinadas e dependentes dos homens. A sucumbência de Eva à tentação significa que a natureza feminina é menos forte, inconstante e menos confiável que a masculina. Como "filhas de Eva", as mulheres têm o papel precípuo de parir e criar filhos, cabendo aos homens a função principal de provedor e protetor. As mulheres levam a vida dentro de casa, no interior da chamada "esfera privada", ao passo que os homens vivem no mundo da ação, na dita "esfera pública". Homens e mulheres existem em par a par, mas os primeiros têm, por definição, as qualidades e os papéis ideais. Constituem a norma à qual as mulheres não podem aspirar por não serem homens. A autonomia e a função de agente são vistas como prerrogativas masculinas; e os recursos humanos, percebidos de modo a privilegiar o acesso e o controle masculinos. A agressividade, mesmo a física, é uma qualidade "masculina"; para o sexo feminino, mostrar agressividade é masculinizar-se.

Como observa Scott, sempre existem múltiplas ordenações de conceitos normativos para interpretar os símbolos básicos, mas numa determinada cultura, só uma ordenação domina. É a única aceita como válida. Nas culturas de tradição judaico-cristã, a ordenação derivada da oposição binária Adão – Eva vigorou até muito recentemente. Em geral denominada "patriarcal", essa ordenação era tida como imposta por Deus (naturalmente, definido como homem) ou, alternativamente, como fundamentada na ordem natural, tal como a concebem a razão e a ciência. Permeava todos os aspectos da cultura, portanto, moldava o funcionamento da sociedade. A política, frequentemente definida em termos de poder, ou seja, de "quem tem o que, quando e como", ocupava-se do acesso e do controle dos recursos materiais e humanos. Era vista como parte da esfera pública, na qual as mulheres não tinham lugar.

A existência dessa ordem hegemônica de interpretações normativas teve um papel importantíssimo na formação da autonomia e da agência à disposição das mulheres do século XIX, fossem rainhas, fossem plebeias. Segundo Sewell, para o indivíduo "ser agente, significa ser capaz de certo grau de controle sobre as relações sociais em que está envolvido, coisa que, por sua vez, implica a capacidade de transformar essas relações sociais em certo grau"(Sewell Jr., 1992, p.20). As culturas patriarcais em que as mulheres existiam tinham o efeito de lhes restringir e regular as esferas de ação e as formas de expressão. Tão poderosa e arraigada era essa ordenação hegemônica de interpretação normativa que se tornava difícil contestá-la e fácil internalizá-la. Convém ressaltar que a existência do patriarcado não significava que as mulheres carecessem de autonomia e agência. Elas não eram passivas e submissas como supunha a maioria dos homens. Individualmente, às vezes questionavam o patriarcalismo, tal como fez Simone de Beauvoir em 1949, com o clássico *O segundo sexo*. Mas isso nunca alterou a realidade da persistência da hegemonia: os homens no domínio e as mulheres subordinadas.

Só no último terço do século XX, um ataque sistemático e sustentado veio contestar o patriarcalismo e enfraquecer o domínio masculino (embora sem eliminá-lo). O primeiro passo decisivo foi destruir o pressuposto segundo o qual as diferenças entre homens e mulheres eram pré-ordenadas, inatas e biologicamente determinadas. Para citar a frase famosa de Simone de Beauvoir, "ninguém nasce mulher, mas se transforma em uma"(Beauvoir, 1993, p.281). Seu livro iniciou a guinada que levou a encarar as diferenças entre homens e mulheres como constructos sociais. As diferenças são criadas, não são fruto da biologia.

Por essa razão, o termo "gênero" passou a substituir o termo "sexo" na análise da relação entre homens e mulheres. Natalie Zemon Davis, pioneira na história das mulheres, esclareceu em 1975,

> que devemos nos interessar tanto pela história das mulheres quanto pela dos homens, que não convém trabalhar unicamente com o tema sexo, assim como ao historiador das classes não convém se concentrar exclusivamente no campesinato. A nossa meta é compreender o significado dos sexos, dos grupos de gênero, no passado histórico. (Davis, 1975, p.90)

Empregado dessa maneira, gênero significa as divisões sociais e culturais geralmente fundamentadas no sexo anatômico, mesmo que não necessariamente coincidentes com ele. Tais divisões são relativas, isto é, construídas. Seu significado, interpretação e expressão variam nas diferentes culturas e no tempo. Fatores como classe, idade, raça, etnia e orientação sexual influenciam o modo como cada gênero é construído e compreendido.

O uso do gênero como categoria de análise leva a questionar proposições estabelecidas há muito tempo e que estão profundamente entrincheiradas, referentes à organização básica da sociedade humana, inclusive ao binário masculino-feminino. Os próprios conceitos homem e mulher se dissolvem. Mulheres e homens abrangem uma ampla gama de sexualidades, identidades e características comportamentais e de temperamento. Existem "feminilidades", não uma única feminilidade, e "masculinidades", não uma única "masculinidade". O resultado é um mundo em que tudo é relativo, fluido e descentrado. Já não há normas. Podemos ser e fazer o que quisermos, isto é, desde que sejamos entidades autônomas que sabem e agem.

A objeção a essa desconstrução tão cabal, que tudo reduz ao relativo e ao condicional, é que o gênero nada tem de neutro no funcionamento das sociedades humanas. Ele é fundamental no exercício do poder, que resulta em dominação e subordinação. Como categoria de análise, o gênero surgiu em consequência da contestação do patriarcado promovida pela intelectualidade feminina. O trabalho dessas mulheres questionou todo o espectro de premissas normativas arrimadas no binário masculino-feminino. Pode-se argumentar que isolar o estudo do gênero da luta contínua contra o patriarcalismo é transigir e sancionar taticamente um sistema que segue explorando e subordinando as mulheres. Tal percepção nos oferece uma advertência saudável. Mesmo que não estejamos estudando um tópico em termos específicos de gênero, é sempre necessário ter consciência das relações de dominação e subordinação criadas pelo gênero. Precisamos ser sensíveis não só àquilo que o funcionamento do gênero nos revela acerca do tópico analisado, mas também às nossas próprias suposições. A sensibilidade para o gênero é particularmente importante no estudo do passado. Temos de abordar o passado com o que se pode denominar uma visão dúplice. Primeiramente, é preciso entender e, portanto, respeitar a cultura da sociedade estudada, por mais que dela discordemos. Efetivamente, devemos permitir que as pessoas e os grupos do passado falem ao presente com sua própria voz. A segunda tarefa consiste em situar o tópico escolhido num contexto histórico mais amplo e, a seguir, empreender uma análise conceitual suficientemente aberta e flexível para levar em consideração e explicar o funcionamento da sociedade estudada. Por meio dessa abordagem dupla, é possível evitar a imposição de nossos pressupostos atuais a pessoas que viveram no passado.

A biografia, quando adequadamente trabalhada, é um gênero literário excelente para a realização dessa visão dupla. O estudo dos papéis de um indivíduo no curso da vida, expressos em escritos, cartas e reminiscências, dá acesso aos modos de pensar do período e permite ao passado falar com sua própria voz. Naturalmente, a voz de uma pessoa é singular e parcial, mas nem por isso há de ser inválida. Em qualquer época, há uma multiplicidade de pontos de vista geralmente em competição. Cada uma dessas vozes tem uma história para contar, contanto que reconheçamos que essa história é parcial e se situa num contexto. No caso de D. Isabel, a correspondência pessoal revela suas atitudes e noções particulares, acerca do poder e do gênero, em diversos pontos da trajetória da sua vida. Tais atitudes e noções podem não coincidir com as dos nossos dias, mas devem ser respeitadas e submetidas a uma análise histórica mais abrangente.

Um estudo do contexto histórico mais amplo, no qual nasceu D. Isabel, tem de começar pela sua terra natal. O Brasil do século XIX tinha poucas semelhanças com o Brasil de hoje. Era um país em formação. A unidade administrativa só se efetivou com a chegada da Corte ao Brasil, em 1808. A unidade política só se estabeleceu em 1816. A trajetória da luta pela Independência foi complexa e confusa. Embora poucos quisessem se submeter ao domínio de Portugal, muitos não desejavam participar do Estado-nação controlado por um governo no Rio de Janeiro. Independência, sim, mas com ampla autonomia local. O papel do governo nacional seria duplo: dirigir os assuntos estrangeiros, evitando ameaças externas, e assegurar a ordem e estabilidade nas pátrias que compuseram o Brasil. Mas os homens do governo estabelecido no Rio de Janeiro empenharam-se em espelhar o Brasil nas novas nações-Estado da Europa e triunfaram. A luta entre essas diferentes imagens do Brasil durou muitos anos, começando com eventos como o da Confederação do Equador (1824) e acabando com o da Revolução Praieira (1848). Quando do nascimento de D. Isabel, em 1846, o Brasil estava finalmente adquirindo certa coerência e estabilidade como nação-Estado, mas a herança colonial ainda era forte e influente em muitos aspectos.

A busca da riqueza, ligada à exploração da terra e de seus recursos, com o emprego de mão de obra involuntária, foi um elemento-chave nessa herança colonial. Durante todo o período colonial e até bem entrado o século XIX, a violência foi a chave da aquisição e da conservação da terra; e a coerção, o meio de assegurar a força de trabalho. Em 1822, os cativos correspondiam a 40% da população. Apesar da lei de 1830, que proibia a importação de escravos africanos, o tráfico negreiro ilegal continuou intacto. Só em 1851, cinco anos após o nascimento de D. Isabel, é que o governo imperial finalmente o extinguiu. Depois disso, a mão de obra servil continuou um elemento central no sistema de trabalho, e teve importância sobretudo na florescente produção de café.

Ao contrário dos Estados Unidos, a existência da escravidão não produziu uma sociedade de castas raciais rígidas. No período colonial, a vasta maioria dos colonizadores era composta de homens que tomavam as índias ou as africanas como parceiras sexuais. O fruto dessas uniões, geralmente não santificadas pela igreja católica, porém muitas vezes duradouras, criou um grupo racial e social intermediário, cujo número aumentou rapidamente. Os homens desse grupo assumiam os cargos e ocupações que a escassez comparativa de imigrantes portugueses deixava vagos. As mulheres tiveram um papel ainda mais crítico ao influenciar as relações raciais. Português na língua, na cultura e na aparência, esse grupo serviu para apagar as divisões raciais e mesclar as categorias de raça e classe. No fim do século XVIII, ser "branco" referia-se tanto à elevada posição socioeconômica e cultural quanto à aparência física. Sem dúvida, o desejo dos grupos dominantes na época da independência de fazer do país uma cópia das nações-Estado europeias significava que eles viam o Brasil como racialmente "branco", marginalizando, assim, a maioria da população.

Essa atitude era estimulada pelo sistema de relações de gênero que os portugueses trouxeram consigo para o Novo Mundo, sistema que ainda persistia no século XIX. As relações de gênero eram implacavelmente patriarcais. A família ficava no centro das relações sociais baseadas no binário honra-vergonha. A honra da família residia na pureza da sua linhagem, transmitida pelas mulheres. Percebidas como essencialmente passivas e submissas, elas não podiam defender pessoalmente a própria honra – para isso dependiam dos homens. A defesa da honra da família era uma atribuição do chefe masculino (o pai e/ou marido). Sua autoridade sobre os membros da família era incontestável e se manifestava claramente no direito de escolher os consortes dos filhos e dos parentes dependentes. Nas famílias de linhagem impecável, aplicava-se o título honorífico Dom aos homens e Dona às mulheres. Com o tempo, o título Dona passou a ser aplicado a todas as mulheres, cuja família podia reclamar o *status* de honorável.

A natureza patriarcal das relações de gênero se estendia à vida pública. Todos os cargos governamentais, com exceção do de monarca, eram reservados aos homens. Na igreja católica, somente os homens solteiros podiam ser padres, dotados da autoridade divina e do exercício do poder espiritual. Na área do comércio, as únicas mulheres que podiam administrar os negócios sem macular a honra eram as viúvas. Em todos os níveis da sociedade brasileira, tanto antes quanto depois da independência política, as mulheres se subordinavam aos homens. Um norte-americano que visitou a cidade do Rio de Janeiro em 1846, ano do nascimento de D. Isabel, observou que "faz poucos anos que as senhoras começaram a aparecer nas ruas. A antiga reclusão mourisca do sexo só foi profanada tardiamente"(Ewbank, 1856, p.80).

A herança colonial influenciou profundamente o Brasil em sua emergência como nação-Estado. Portugal jamais ofereceu às suas possessões as instituições necessárias a um sistema efetivo de governo. Manteve o controle das colônias, impedindo que nelas se criasse uma cultura pública autônoma. A imprensa era proibida; e a importação de material de leitura, censurada. Não se permitiam instituições de ensino superior, e o apoio à instrução primária e secundária era mínimo. Qualquer tipo de instituição cultural era vista com desconfiança e poucas eram autorizadas. A igreja católica, com seus seminários, fraternidades laicas e organizações beneficentes, era a exceção à regra, mas o governo português negava toda e qualquer independência à Igreja. Com carência de pessoal adequado e de financiamento, esta falhou escandalosamente em ostentar zelo, abnegação e santidade.

A invasão francesa de Portugal em novembro de 1807 foi a catálise indispensável para a unificação das colônias portuguesas e a independência política do Brasil. Da abertura dos portos e do estabelecimento do governo real no Rio de Janeiro, em 1808 à criação do Reino Unido de Portugal e Brasil transcorreram apenas nove anos. Do Reino Unido, em 1816, ao Grito do Ipiranga, outros seis anos. A luta pela independência foi muito mais problemática e sangrenta (especialmente na Bahia e no Maranhão) do que é admitido pela história pátria, mas foi uma luta coroada por completo êxito. Em 1783, os ingleses ainda possuíam as colônias do Canadá e da Nova Escócia. Em 1825, a Espanha ainda mantinha as ilhas de Cuba e Porto Rico. Aos portugueses não restou nem mesmo um pequenino pedaço de terra no Novo Mundo.

O panteão dos heróis da independência política do Brasil contém somente três mulheres. A imperatriz Leopoldina, filha do imperador da Áustria, incentivou o marido, D. Pedro I a desafiar o governo de Lisboa. Maria Quitéria, natural da província da Bahia, vestiu farda de soldado para lutar pela causa da independência política. Joana Angélica, uma freira, foi fuzilada à porta do seu convento em Salvador, na Bahia, por resistir à invasão das tropas portuguesas. Decerto, a participação feminina

A imperatriz D. Leopoldina do Brasil, avó de D. Isabel
Cortesia do Museu Nacional Histórico, Rio de Janeiro

Princesa Isabel do Brasil

foi maior e mais significativa do que deixam supor essas três histórias, porém, elas mostram como era difícil para as mulheres ter um papel autônomo. Madre Joana Angélica tornou-se heroína por causa de um ato de resistência passiva adequado ao seu gênero. D. Leopoldina limitou-se a apoiar e a estimular o marido, como cabia a uma boa esposa. Para participar da luta, Maria Quitéria teve de transgredir as convenções de gênero, travestindo-se. Uma mulher que fosse lutar com roupa feminina teria sido rejeitada. Em outras palavras, a independência política não alterou as relações de gênero nem as noções existentes acerca do poder.

Uma das causas da falta de mudança foi o papel central, na luta pela independência, representado pela maçonaria, uma ordem ou movimento exclusivamente masculino, que adotava a visão de mundo divulgada pelo iluminismo. Na Europa e nas Américas, os maçons se organizavam em lojas, unidades compartimentadas que se reuniam a portas fechadas, utilizavam rituais elaborados e mantinham suas práticas e convicções em absoluto segredo. As lojas maçônicas (modelo das confrarias universitárias) eram o foro ideal para a livre discussão das ideias radicais e a organização da ação política. Nelas, a exclusão das mulheres reforçava a percepção da política e dos negócios públicos como uma reserva masculina, mesmo porque, as lojas maçônicas continuaram a ter um papel importante na política e a servir de centros de socialização dos membros da classe dominante.

A Constituição, outorgada pelo imperador D. Pedro I no dia 24 de março de 1824,[1] definia o Brasil como "a associação política de todos os cidadãos brasileiros", e conferia cidadania a todos os nascidos no Brasil, quer fossem "ingênuos ou libertos". Embora a Constituição não chegasse a negar explicitamente o *status* de cidadãs às mulheres, suas disposições partiam do prin-

---

1 O texto da Constituição de 1824 foi reimpresso em Pimenta Bueno (1958, p.481-505).

cípio de que cidadãos eram os homens. O artigo 145 proclamava: "Todos os brasileiros são obrigados a pegar em armas, para sustentar a independência e integridade do império". As provisões referentes à constituição de eleições governamentais criaram uma prerrogativa de duas categorias, baseada no nível de

O imperador D. Pedro I do Brasil, avô de D. Isabel
Cortesia do Museu Nacional Histórico, Rio de Janeiro

renda e em algumas outras qualificações que não incluíam o fato de ser homem. A ideia da dependência e da incapacidade da mulher estava de tal modo entranhada e era tão axiomática, que não havia necessidade de proibi-las explicitamente de votar. "Só a massa dos *cidadãos ativos* é que goza de direitos políticos, e, consequentemente, os cidadãos inativos no sentido do direito público não gozam de tais faculdades" (Pimenta Bueno, 1958, p.189), afirma um comentarista da Constituição. "Nesta classe são incluídas as brasileiras, quaisquer que sejam, aliás, as suas capacidades e habilitações" (ibidem, p.460). Ademais, as mulheres eram apenas um dos vários grupos aos quais se negava o direito de votar, ainda que fossem livres ou libertos (p.481). "A razão e o interesse público não podem deixar de necessariamente admitir as incapacidades resultantes do sexo, da menoridade, da demência, da falta das luzes e da ausência das habilitações, que convertessem o voto em um perigo social" (p.498). Só em 1932 as mulheres alfabetizadas (uma pequena minoria na população feminina) foram contempladas com esse direito fundamental.

Ao recusar os direitos de cidadania às mulheres, a Constituição de 1824 se conformava com as noções prevalecentes. Não obstante, o artigo 117, que regulava a linha de sucessão do imperador D. Pedro I, permitia às mulheres herdarem o trono.

Em parte, essa concessão era uma questão de tradição e dava continuidade à prática em Portugal, em parte era uma questão de necessidade. Em março de 1824, quando a Constituição foi outorgada, D. Leopoldina e D. Pedro I tinham apenas três filhas (Maria, Januária e Paula), pois seu primeiro filho morrera ao nascer, e o outro, com onze meses de idade. Em 1824, D. Leopoldina deu à luz uma quarta filha, Francisca, e em 2 de dezembro de 1825, a um menino sadio, batizado Pedro, como o pai. Um ano depois, ela morreu em outro parto. Em 1829, o imperador casou-se em segundas núpcias com D. Amélia de Leuchtenberg.

O reinado de D. Pedro I foi breve e tumultuado. Em termos pessoais, faltavam-lhe a moderação e a flexibilidade necessárias a um monarca constitucional, e ele dependia excessivamente de um círculo de conselheiros portugueses. Além disso, prejudicava-o o fato de ter nascido em Portugal, o que o identificava com a herança colonial de autocracia e dependência. A nova classe política, predominantemente brasileira, desejava livrar o país dessa herança e assumir o controle direto de seus negócios. Não foi possível nenhum compromisso entre o monarca e seus adversários, particularmente porque D. Pedro I fazia questão de só nomear ministros de sua inteira confiança, não os que contavam com a confiança do Legislativo. Outros fatores intensificaram o confronto que degenerou em uma crise aberta em abril de 1831. A comprometer seus direitos, o imperador preferiu abdicar em favor do filho Pedro, então com apenas cinco anos de idade, e partir para a Europa. Antes de morrer, em 1834, o ex-imperador conseguiu restaurar a filha mais velha, Maria, no trono de Portugal (que tempos antes havia sido usurpado pelo tio dela, D. Miguel).

A década que se seguiu à abdicação de D. Pedro I (1831-1840) foi de instabilidade política e revoltas sociais, que levaram os brasileiros a ver no jovem imperador a chave da manutenção da unidade nacional e da ordem interna. Em julho de 1840, antes mesmo de completar quinze anos, D. Pedro II foi declarado maior de idade mediante um golpe parlamentar, muito embora a Constituição de 1824 fixasse a maioridade aos dezoito anos. O embaixador britânico no Rio de Janeiro comentou com afetada superioridade os motivos desse ato:

> O brasileiro exige a presença central de um soberano à cabeça do governo e faz questão de cercá-lo de certo grau de esplendor e demonstração de força e espetáculo, sem o qual o exercício do poder lhe é odioso e ilegítimo. Aliás, um dos principais argumentos invocados pelos advogados da maioridade imediata do imperador

sempre foi a necessidade de promover o "prestígio" ou o respeito e a veneração pelos atributos da realeza, a fim de viabilizar um governo eficiente no Brasil.[2]

Com a partida do pai para a Europa em 1831, Pedro II passou uma infância tristíssima, na qual experimentou carência emocional e manipulação psicológica. Desconfiado de qualquer pessoa ou política que lhe invadisse a autonomia pessoal, procurava, acima de tudo, não se sujeitar à obrigação. Achou conforto e segurança na família e a ela se manteve intensamente fiel. Refugiou-se no mundo dos estudos, particularmente nos livros, que lhe davam prazer e uma sensação de segurança. Em seus primeiros anos de governo, após atingir a maioridade prematura em 1840, D. Pedro II ostentou grande autocontrole pessoal e equilíbrio nos deveres públicos. Quando adulto, com mais de um metro e oitenta de altura, de pele muito clara e cabeleira loura, tinha a aparência que os brasileiros acreditavam que um imperador devia ter. No entanto, sua reserva e seu mau humor nas relações pessoais, bem como sua falta de maturidade emocional fizeram dele, inicialmente, um governante incompetente. A esposa que escolheram para ele, uma das irmãs do rei de Nápoles, não ajudou a melhorar as coisas. Longe de ser a bela e inteligente princesa dos sonhos de D. Pedro II, D. Teresa Cristina foi uma decepção quando eles se conheceram em setembro de 1843: baixa, gorda, de rosto achatado e pronunciadamente coxa. A primeira reação do imperador foi rejeitá-la e mandá-la de volta à Europa, mas, como a cerimônia de casamento estava marcada para o dia seguinte, persuadiram-no a se conformar com o destino. Ele passou várias semanas recusando-se a ter relações sexuais com a esposa e tratando-a com glacial indiferença.

---

2 PRO FO, série 13, Brazil Correspondence, v.161. William Gore Ouseley, encarregado de negócios, para o visconde Palmerston, secretário do exterior, memória confidencial, datada de 30 de julho de 1840, incluída no despacho n.54, Rio de Janeiro, 30 de julho de 1840.

À época em que se arranjou o casamento, D. Pedro II havia escrito a D. Teresa Cristina, expressando sua "determinação em fazê-la feliz". Ela, em resposta, afirma que à "garantia que o senhor me dá de querer a minha felicidade, esteja certo de que também eu farei tudo o que de mim depender para contribuir para a de Vossa Majestade; o meu desejo não é senão o de agradá-lo". A nova imperatriz cumpriu resolutamente essa promessa, apesar do tratamento que lhe dispensava o marido. A doçura e a consideração de D. Teresa Cristina finalmente o enterneceram. Iniciaram-se as relações sexuais e, em maio de 1844, ela estava grávida. Esse primeiro filho nasceu em fevereiro de 1845. Em outubro do mesmo ano, o casal empreendeu uma viagem de seis meses ao extremo sul do Brasil. Estimulado por essas novas experiências, D. Pedro II amadureceu tanto como indivíduo quanto como governante. Tornou-se cortês nas maneiras, constantemente acessível e adepto de tratar com os que ficava conhecendo. Para a imperatriz, estar constantemente na companhia do marido, que ela adorava, dava-lhe alegria e felicidade. Muito antes do fim do ano, anunciou-se a sua segunda gravidez. A vida de D. Isabel estava prestes a se iniciar. Este livro não é uma simples narrativa da vida princesa. Ele é estruturado para que se entenda D. Isabel ao longo do curso de sua vida e no contexto de sua época. O trabalho tem três objetivos específicos, dos quais o leitor deve estar consciente. Em primeiro lugar, procura-se fazer justiça à autonomia de D. Isabel ao permitir que ela fale por si. O texto inclui copiosos extratos de suas cartas e memórias, especialmente nos sete boxes intitulados "Com a sua própria voz". A segunda meta é apresentar o que se poderia nomear como uma interpretação de gênero da vida de D. Isabel. O livro procura mostrar quão cerceante para as mulheres eram os padrões de gênero do século XIX. As estruturas dominantes eram definidas e controladas por homens. As expectativas de subordinação e dependência femininas explicam por que mulheres, entre as quais D. Isabel, enfrentaram tamanhos obstáculos quando tentaram (e, de fato, tentaram) modificar os padrões vigentes, assegurar autonomia e exercer agência.

O terceiro e último objetivo é usar a vida da princesa como veículo para a análise da relação entre gênero e poder no século XIX. O gênero não funciona isoladamente, e se entrelaça com vários outros fatores – entre os quais raça e classe –, e mais do que em qualquer outro lugar do mundo, no Brasil imperial. Se o texto pode parecer, por vezes, dar mais atenção ao gênero que à raça ou à classe, nem por isso nega a importância dos outros dois elementos. D. Isabel pertenceu à privilegiada minoria dirigente no Brasil e as relações de gênero em que transcorreu sua vida refletiram sua posição de classe e racial. Este livro pretende chamar atenção para a importância do gênero para a compreensão da história do Brasil.

2
A filha, 1846-1864

D. Isabel (à esquerda) com o pai, a mãe e a irmã
Cortesia do Museu Nacional Histórico, Rio de Janeiro

Ao amanhecer do dia 29 de julho de 1846, a imperatriz D. Teresa Cristina sentiu as primeiras contrações. Enfrentou sem queixas a dor e o perigo que a aguardavam. Tinha sido criada para acreditar que a mulher devia enfrentar provações e agruras. Seu maior objetivo na vida era casar com o homem esco-

A imperatriz D. Tereza Cristina à época do nascimento de D. Isabel
Cortesia do Museu Nacional Histórico, Rio de Janeiro

lhido para ela e gerar filhos, de preferência meninos. Em 1843, viajou da Itália ao Brasil para contrair núpcias com o desconhecido D. Pedro II. Apaixonou-se de pronto e perdidamente por ele; não suportava sua ausência. "Eu não faço senão pensar em você, meu querido Pedro", escreveu-lhe durante uma breve se-

O imperador D. Pedro II à época do nascimento de D. Isabel
Cortesia do Museu Nacional Histórico, Rio de Janeiro

paração, em julho de 1844, "e já me parece que não o vejo há um século".[1] Dedicou a vida a ser uma esposa diligente e obediente. D. Afonso, seu primeiro e tão esperado filho, nasceu em fevereiro de 1845; era um bebê com muita saúde. Agora, dezoito meses depois, estava prestes a dar à luz novamente.

O parto ocorreu no Paço de São Cristóvão, situado no subúrbio norte da cidade do Rio de Janeiro. Um americano que visitou o palácio naquele mesmo ano descreveu os aposentos imperiais como "esse delicioso dormitório", "mobiliado com peças francesas" e "nove metros acima do solo, com suas janelas articuladas que dão para florestas, pomares e jardins perpetuamente em flor" (Ewbank, 1856, p.146). Nesse cômodo, acompanhando o trabalho de parto da imperatriz, havia algumas damas de honra, que a atendiam pessoalmente, e um bom número de criadas. Os dois homens presentes eram D. Pedro II e o Dr. Cândido Borges Monteiro, encarregado de assistir o parto na qualidade de médico da corte. O trabalho da imperatriz foi prolongado, e a criança só nasceu às seis e meia da noite. D. Pedro II levou-a imediatamente ao quarto contíguo para exibi-la ao grupo de ministros e conselheiros de Estado, aos presidentes do Senado e da Câmara dos Deputados, e aos dignitários da corte, todos homens. Constatou-se que o bebê — uma menina — era sadio e robusto. Para tanto, firmou-se imediatamente uma declaração oficial em três vias.

As testemunhas devem ter ficado decepcionadas, já que a imperatriz não havia gerado mais um filho homem. O fato de o parto não ter apresentado problemas acenava com a promessa de novas gravidezes — inclusive de mais garotos. Não temos como saber qual foi a reação de D. Teresa Cristina, uma vez que ela guardou seus pensamentos para si. É provável que tenha lamentado o "fracasso" de não haver parido um filho, mas o fato de agora ser mãe de um menino e de uma menina deve ter lhe dado alguma satisfação íntima.

---

1 AGP XXXIX-1, de D. Teresa Cristina a D. Pedro II, Santa Cruz, 19 de julho de 1844.

Após a apresentação formal, o bebê foi prontamente lavado e enfaixado. D. Tereza Cristina não teve muito tempo para tomá-lo nos braços, e menos ainda para cuidar dele. Ficou de cama, qual uma semi-inválida, conforme a prática médica da época. Não amamentou. Já se havia providenciado uma ama de leite, selecionada com muito cuidado na comunidade de imigrantes teuto-suíços, estabelecida em Nova Friburgo, no norte da província do Rio de Janeiro. A criança foi levada aos seus próprios aposentos, sob os cuidados de D. Rosa de Sant'Anna Lopes, uma das damas de honra da imperatriz. D. Rosa não cuidava pessoalmente da princesa, mas supervisionava as atividades das numerosas açafatas* e criadas, algumas delas escravas, incumbidas das tarefas domésticas diárias. Embora a vissem com frequência, os pais não se ocupavam da pequena D. Isabel. Esse sistema de criação correspondia inteiramente à prática das famílias reais e principescas da Europa no começo do século XIX. Tratava-se de uma ordem hierárquica que provavelmente produziria em qualquer criança, menino ou menina, um sentimento de superioridade e a expectativa de serviço e deferência.

A pompa e a cerimônia que cercaram o batismo de D. Isabel deixaram claro que ela era diferente dos outros. No dia 15 de novembro de 1846 foi levada à Capela Imperial, no centro da cidade. O bispo do Rio de Janeiro, que acumulava a função de capelão imperial, batizou-a com água proveniente do rio Jordão, na Palestina. Seus padrinhos ausentes, mas representados por procuradores, eram a mãe de sua mãe, Maria Isabel, a rainha viúva de Nápoles, e o cunhado de seu pai, o rei Fernando de Portugal. A criança recebeu oito nomes: D. Isabel Cristina Leopoldina Augusta Micaela Gabriela Rafaela Gonzaga. Os últimos quatro eram dados por tradição aos membros da famí-

---

* Fidalgas que serviam às damas de uma família real. Designação derivada do costume de utilizar açafates, cestos de vime, para transportar trajes e utensílios de toucador.

lia Bragança, que reinava em Portugal e no Brasil. Importantes eram os dois primeiros, em homenagem à avó e à mãe da princesa. Na infância e na adolescência, ela assinava suas cartas com "Isabel Cristina" ou "IC".

O Palácio de São Cristóvão
Cortesia da Biblioteca Nacional, Rio de Janeiro

Um mês depois do batismo, o pai de D. Isabel informou sua irmã, a rainha Maria II de Portugal:

> De cá nenhuma nova lhe tenho a comunicar a não ser as da boa saúde minha, da Imperatriz e dos pequenos, que se tornam cada vez mais bonitos, principalmente Afonsinho, que já anda e diz muitas palavras ainda meio ininteligíveis, o que ainda mais graça tem.[2]

---

2 AGP XXXVIII-14, de D. Pedro II a D. Maria II, Rio de Janeiro, 21 de dezembro de 1846.

A idade de Afonso, já com 22 meses, em comparação com os apenas cinco da irmã, explica em parte o interesse despertado no pai, mas seu gênero também era um fator importante. Como menino e herdeiro, todos os olhares se voltavam para ele, de modo que a filha estava inevitavelmente fadada ao segundo plano. Quando D. Pedro II escreveu à irmã em Portugal, D. Teresa Cristina já estava grávida de dois meses do terceiro filho. Esperava-se que fosse mais um garoto a assegurar a sucessão no trono.

Tal esperança ficou duplamente frustrada. Em 11 de julho de 1847, D. Pedro II escreveu à madrasta:

> Com a mais pungente dor, participo-lhe que meu caro Afonsinho, seu afilhado, morreu desgraçadamente de convulsões, que lhe duraram cinco horas sem interrupção, no dia 4 do passado, e que há poucos dias Isabelinha se achou no perigo d'um forte ataque de convulsões que muito me assustou."[3]

A tristeza da imperatriz era de cortar o coração de quem a via, e chegou a despertar o receio de que a levasse ao aborto e à morte. Mas no dia 13 de julho ela deu à luz, sem problemas, uma menina que recebeu o nome de Leopoldina Teresa.

D. Isabel, que ainda não havia completado um ano, não guardou lembrança da morte do irmão nem da chegada da irmã. Tampouco é provável que o nascimento de um novo irmãozinho, Pedro, no dia 19 de julho de 1848, pouco antes de seu segundo aniversário, lhe tenha deixado registro na memória. A capacidade de recordar os fatos geralmente surge, na criança, a partir do terceiro ano de idade. Tudo indica que as lembranças remotas de D. Isabel são mais de lugares que de pessoas, particularmente da residência imperial. "O Paço de São Cristóvão fica nas aforas do Rio, numa leve elevação, no centro de um belo e enor-

---

3 AGP XXXVIII-10, de D. Pedro II a D. Amélia, Rio de Janeiro, 11 de julho de 1847. A verdade é que D. Afonso faleceu em 11 de junho, não no dia 4 desse mês.

me parque", rememorou na velhice. E evocou "a bela fachada do palácio. Dos andares superiores dessa fachada, divisava-se um cantinho de mar do lado do Caju; de duas outras fachadas, via-se o panorama esplêndido que tem, no fundo, a Tijuca e o Corcovado".[4] Um comerciante local dera a propriedade de presente a D. João VI quando da chegada do governo português, em março de 1808. Mesmo ampliado e reformado com o passar dos anos, o prédio não deixou de ser uma estrutura vasta e desagradável. Já adulta, numa de suas cartas, D. Isabel mencionou "esta solidão de São Cristóvão", imagem que capta apropriadamente tanto o caráter do palácio (atualmente um museu) como o de sua infância nele.[5]

Os meses de verão eram quentes e insalubres. Tradicionalmente, a família imperial se mudava, nessa época, do Paço de São Cristóvão para a fazenda de Santa Cruz, situada numa planície a oeste do Rio de Janeiro. Todavia, Santa Cruz era quase tão tórrida quanto a cidade do Rio de Janeiro, e tinha pouca distração a oferecer. No final da década de 1820, D. Pedro I criara o hábito de passar o verão em uma fazenda nas montanhas do norte do Rio. Após sua abdicação, em 1831, a propriedade por ele comprada caiu nas mãos dos credores. Por ocasião da maioridade de D. Pedro II, em 1840, essas terras foram resgatadas com verba fornecida pela legislatura, e lá se projetou criar uma cidade. Em junho de 1845, D. Pedro II visitou a fazenda e escolheu o lugar para um palácio de verão. Dois meses depois, lá se estabeleceu um grupo de colonos renanos vindos da Alemanha. O nome da nova cidade inspirou-se no do jovem imperador: Petrópolis.

Em 1847 e nos dois anos seguintes, D. Pedro II, a esposa e os filhos passaram o verão em Petrópolis. A inovação contra-

---

4 AHMI, POB, Cat. A, Doc. 9335. Lembranças intituladas *Joies et tristesses*, escritas em francês por D. Isabel. A evidência interna situa o escrito nos últimos meses de 1908.

5 AGP LX-2, de D. Isabel aos pais, São Cristóvão, 2 de julho de 1887.

riou os membros da corte, que rejeitavam qualquer mudança que lhes ameaçasse o estilo de vida e os interesses. Em 1849, o imperador concordou em voltar a passar o verão na fazenda de Santa Cruz, como queria a tradição. Para lá se deslocou a família real e lá se abateu a desgraça. Atacado de febre, o príncipe imperial D. Pedro morreu de convulsão no dia 9 de janeiro de 1850. O imperador ficou arrasado, como atesta sua carta ao cortesão responsável por Santa Cruz:

> Senhor Macedo. Dê as ordens necessárias para que, com toda a comodidade, venham para S. Cristóvão esses filhos que me restam, e estimo mais que a vida ... Foi o golpe o mais fatal que poderia receber, e decerto a ele não resistiria se não me ficassem ainda mulher e duas crianças, que tenho a educar para que possam fazer a felicidade do país que as viu nascer, e é [sic] também uma de minhas consolações.[6]

Para agravar ainda mais a situação, D. Isabel contraiu febre na mesma época que o irmão. Nos dias que se seguiram ao falecimento deste, sua sobrevivência também esteve ameaçada. Embora ela tenha superado a crise, sua saúde ficou abalada. Em carta à irmã, a rainha de Portugal, em setembro de 1852, D. Pedro II explicou que havia nomeado "dois médicos especiais para a Isabel", porque "a pequena ainda não está de todo robusta" e "os seus incômodos têm o caráter de crônicos".[7] A saúde da princesa tinha suma importância, na medida em que, em setembro de 1852, fazia quatro anos que nascera o último rebento do casal imperial. Não se sabe ao certo o porquê dessa ausência de mais filhos. É possível que D. Teresa Cristina, então com trinta anos, tenha tido problemas ginecológicos que a

---

6 D. Pedro II a Joaquim Teixeira de Macedo, transcrita em Macedo, 1939, p.2.
7 A nomeação foi inusitada, já que, segundo o costume, o plantão dos médicos imperiais na corte durava apenas uma semana. Ver ANTT, Caixa 734, Cepilho 136, Doc. 1, de D. Pedro II a D. Maria II, Rio de Janeiro, 13 de setembro de 1852.

impediram de voltar a conceber, mas é igualmente possível que o motivo tenha sido o fim das relações sexuais do casal. Dois anos e meio mais velha que o marido, talvez em 1852 a imperatriz já não atraísse D. Pedro II, que passou a procurar conforto emocional e sexual em uma série de outras mulheres. Qual-

D. Isabel em 1851 ou 1852, com o cabelo raspado em virtude de um ataque tifoide. É possível que este daguerreótipo seja a primeira fotografia da princesa.
Cortesia da Fundação Grão-Pará, Petrópolis.

O Palácio Imperial de Petrópolis
Cortesia da Biblioteca Nacional, Rio de Janeiro

quer que fosse a causa, a ausência de outros filhos confirmou o *status* de D. Isabel de herdeira do trono.

A partir de 1852, a vida da família imperial oscilou entre o Rio de Janeiro e Petrópolis. No inverno e na primavera, ela residia em São Cristóvão, com visitas ocasionais ao Paço da Cidade, que ficava no centro. Em dezembro, no início do verão, mudava-se para Petrópolis e lá permanecia até o fim de abril, quando retornava ao Rio. Em *Joies et tristesses*, autobiografia inacabada escrita no início da década de 1860 (ver "Com a sua própria voz", a seguir), D. Isabel relembrou o entusiasmo causado por essa viagem anual a Petrópolis e a beleza da cidadezinha montanhesa. O breve relato de sua infância também identifica as pessoas mais importantes para ela, na primeira fase de sua vida.

Com sua própria voz

Nascida no Paço de São Cristóvão, no Rio-de-Janeiro, em 29 de julho de 1846, eu passei a infância e a juventude com minha irmã menor, na companhia dos meus adorados pais. Raramente saía do Rio no inverno ou de Petrópolis no verão. O paço de São Cristóvão fica nas aforas do Rio, numa leve elevação, no centro de um belo e enorme parque. Na minha infância, o parque era notável principalmente pelas alamedas à sombra das mangueiras, dos tamarindeiros e de outras árvores; pelas alamedas de bambuzais, cujas copas se uniam lá no alto, formando uma verdadeira abóbada de catedral. E, ainda menina, eu corria por elas com minha irmã e minhas amiguinhas ... No verão, nós nos mudávamos de São Cristóvão para Petrópolis. No Arsenal da Marinha, embarcávamos na galeota a vapor de meu pai e passávamos uma hora navegando, por entre ilhas verdejantes e pitorescas, até Mauá, deixando atrás o Pão de Açúcar e a fortaleza de Santa Cruz, no alto do morro, que guarda a entrada do Rio. E, diante de nós, erguiam-se as belas montanhas denominadas Serra dos Órgãos, cujos cumes lembram tubos de órgãos. Em Mauá, tomávamos o trem e, duas horas depois, estávamos em Petrópolis, a nossa residência de verão, uma residência deliciosa: jardins floridos, canais que atravessavam a cidade, bonitas casas, colinas cobertas de bosques, montanhas ao longe, algumas de granito, cujos flancos o sol tingia de rubro ao entardecer ...

No dia em que nasci, Dona Rosa de Sant'Anna Lopes, posteriormente baronesa de Sant'Anna, foi nomeada dama de honor junto à minha pequenina pessoa. A condessa de Barral e *mademoiselle* Templier chegaram depois para supervisionar a minha educação. Às três, o meu apreço afetuoso e agradecido (*Joies et tristesses*). [8]

---

8 A fraseologia foi muito corrigida, de modo que é difícil determinar o texto definitivo. A tradução procura reproduzir os leves defeitos da escrita.

Ao ser nomeada dama de honra por ocasião do nascimento da princesa, em julho de 1846, D. Rosa de Sant'Anna Lopes tinha 41 anos e era solteira. Desenvolveu vínculos estreitos, afetuosos e duradouros com D. Isabel, que, em suas cartas, sempre se referia a ela como "mª Rosa" (minha Rosa).[9] O tratamento exprime a natureza do relacionamento. Apesar da diferença de idade, D. Rosa nunca lhe serviu de guia ou modelo. Era uma dama portuguesa de alta classe, com uma limitadíssima gama de interesses, do tipo mais tradicional. Em 1853, escrevendo sobre a educação das filhas, D. Pedro II comentou que "as Senhoras dos seus respectivos quartos, ainda que muito cuidadosas (honra lhes seja feita) não possuem o grau de educação que mesmo na sociedade ordinária se requer".[10] Deferência e indulgência sempre caracterizaram o comportamento de D. Rosa, cortesã de nascimento e formação, nutrindo em D. Isabel aquele senso de separação e autointeresse tão comum na realeza. Por cálida e íntima que fosse, a relação das duas nunca deixou de ser, como implica a palavra "minha", a de uma criada com a patroa.

Se a dama de honra não teve um papel significativo na formação do caráter de D. Isabel, deve-se dizer todo o contrário no que se refere a seus pais. Em *Joies et tristesses*, D. Isabel afirmou: "Eu passei a infância e a juventude com minha irmã menor, *autour de* meus queridos pais", ou seja, literalmente *ao*

---

9 AGP XL-2, de D. Isabel a D. Pedro II, São Cristóvão, 11 de abril de 1856; Paço Isabel, 19 de janeiro de 1869; Petrópolis, 18 de outubro de 1874, em Barral (1977), que reproduz cartas de D. Isabel: as palavras "mª Rosa" estão equivocadamente transcritas como "Maria Rosa". Em 29 de maio de 1875, D. Isabel escreveu de Petrópolis para o pai: "A nossa boa Rosa faz hoje seus 70 anos!".

10 AHMI, POB, Cat. B, Maço 20, Doc. 1046, de D. Pedro II a D. Amélia, s.d. Rio de Janeiro, 14 de novembro de 1853. A data é mencionada na resposta de D. Amélia, Lisboa, 11 de janeiro de 1854, atualmente conservada no AGP; ver Lacombe, 1989, p.22-3.

redor deles, o que invoca a imagem, pertinente, das duas meninas girando como planetas ao redor de D. Pedro II e D. Teresa Cristina. A corte e a casa imperial constituíam uma sociedade fechada, sem outro propósito que não o de servir ao monarca e sua esposa. O favor do casal tinha importância em tudo. Sua autoridade era indiscutível. Sua contrariedade significava desastre. Nem a bondade e a generosidade da imperatriz, nem a indulgência do imperador, sempre disposto a relevar as faltas alheias, podiam dissimular a realidade do poder que detinham. A estreita proximidade de cortesãos, açafatas e lacaios com o casal imperial estava longe de pressupor igualdade ou intimidade. Os dois pairavam muito além e muito acima de todos os demais.

A atmosfera da corte reforçava a tendência natural das duas jovens princesas de alçar os pais a um pedestal. Essa atitude não se devia ao medo ou à coerção. Ao evocar os pais como "queridos", D. Isabel estava sendo sincera e precisa. As duas princesas giravam ao redor de um sol de calor e conforto. A imperatriz vivia para a família e se sentia realizada fazendo felizes o marido e as filhas. O imperador, um homem notável pelo autocontrole, era muito afetuoso e extrovertido com as crianças, sobretudo com as filhas, "que amo extremosamente", como escreveu em seu diário no fim de 1861. Dez anos antes, ele escrevera à esposa: "Dá um beijinho em cada uma das pequenas e dize-lhes que não pude achar bonecas de cara de cera, irão das outras".[11] No aniversário de D. Isabel, em 1852, ele construiu um jardim especial para as filhas no terreno de São Cristóvão, com bancos de pedra decorados com porcelana e conchas.

Apesar de sua bondade e dedicação, não se pode dizer que D. Pedro II fosse um pai indulgente, e ele jamais tolerou que lhe contestassem a autoridade em casa.

---

11 Registro de 31 de dezembro de 1861, em Vianna, 1956, p.17; AGP XXXVIII-3, de D. Pedro II a D. Teresa Cristina, "73/4", s.d. [datado por evidência interna em 1851].

Desse modo, só fazia confirmar as atitudes de gênero predominantes em todo o mundo ocidental. Na época, a França era amplamente aceita como o centro da civilização ocidental, suprema nas artes e nas ciências. Tal como a maior parte da classe dominante brasileira, o imperador aceitava a França como o modelo que a jovem nação devia adotar, tanto na vida pública como na privada. A cultura francesa contemporânea ratificava o conceito de esferas separadas. "O destino do homem era trabalhar e participar dos assuntos públicos; o da mulher, organizar o lar e criar os filhos", observou recentemente um historiador das mulheres na França do século XIX. Como registra o seu diário de 1862, D. Pedro II apoiava o princípio de "que o marido é quem deve mandar em casa" (McMillan, 2000, p.41-2).[12]

> Os manuais de etiqueta [franceses] eram unânimes em que as meninas burguesas deviam receber uma educação resguardada ... Nunca podiam sair sozinhas, sem a companhia de uma criada ou, nas visitas mais formais, da mãe ou de uma substituta credenciada. Deviam ser mantidas deliberadamente na ignorância do mundo exterior ao lar e tratadas como ornamentos decorativos que, ocasionalmente, ajudavam a mãe na administração doméstica. (ibidem, p.42)

Essa passagem descreve exatamente a existência protegida que D. Pedro II impunha às próprias filhas.

As princesas não viviam totalmente reclusas, como mostra o noticiário de um jornal do Rio de Janeiro na Semana Santa, em 1854, quando elas tinham, respectivamente, sete e seis anos de idade.

Consta-nos que, tendo SS. AA. mostrado desejo de ver pela vez primeira a procissão do Enterro do Senhor e não podendo

---

12 Registro de 12 de junho de 1862, em Vianna, 1956, p.133. D. Pedro II fez esse comentário durante uma discussão acerca do conflito conjugal entre o conde de Iguaçu, seu meio-irmão (ilegítimo), e a condessa de Iguaçu.

esperar para muito tarde, determina a Ordem 3ª de S. Francisco de Paula fazer sair a sua procissão às 7 horas em ponto, de maneira que passe pelo largo do Paço às 8 horas, a fim de satisfazer assim um desejo que ela recebe como uma ordem e que lhe é sobremodo lisonjeiro e honroso.

Não obstante, tais aparições das irmãs eram incomuns. Elas viviam muito afastadas do público, os vastos terrenos que cercavam os palácios de São Cristóvão e Petrópolis garantiam-lhes o isolamento espacial. O pessoal da corte, a serviço das princesas, formava um mundo à parte e fechadíssimo, muito consciente de seu *status* superior, cioso de seus privilégios e prerrogativas, e recrutado nas famílias com tradição no serviço da corte. A equipe incluía cortesãos de linhagem aristocrática como D. Manuel de Assis Mascarenhas; estrangeiros naturalizados, como o Dr. José Francisco Sigaud, e escravos domésticos. Uma carta que D. Isabel escreveu ao pai aos dezoito anos de idade identificava os escravos do seu serviço pessoal:

> Martha (negrinha do quarto), Anna de Souza (sua mãe), Francisco Cordeiro (preto do quarto), Maria d'Austria (mulher dele), Minervina (lavadeira), Conceição, Florinda, e Maria d'Alleluia (engomadeiras), José Luiz (preto que tocou todo o tempo de nossa dança e que toca ainda nos dias de divertimento), Antonio Sant'Ana (preto que me serviu algum tempo).[13]

Por vezes, os fatos da vida penetravam até mesmo o hermético mundo da corte. Em 1824, as instruções de D. Pedro I sobre a educação de suas filhas, as tias de D. Isabel, determinavam que "não consentirão que as Meninas conversem com os pretos ou pretas, nem que brinquem com os molequinhos, e cuidarão m^{to} especialmente que as Meninas os não vejam nus...".[14] Em 1834, o marquês de Itanhaém, tutor do pequeno Pedro II e de

---

13 AGP XL-2, de D. Isabel a D. Pedro II, s.d. [São Cristóvão, começo de outubro de 1864].

14 Artigo 14 das instruções escritas de D. Pedro I em Lacombe, 1946, p.245.

suas duas irmãs, então com doze e dez anos de idade, queixou-se de "entre as onze horas da manhã e as quatro da tarde nadarem pretos no mar que fica fronteiro ao Paço, pondo-se inteiramente nus, o que é nocivo à vista de SMI e de suas AA irmãs".[15] Em 1846, poucos meses antes do nascimento de D. Isabel, Thomas Ewbank e alguns amigos fizeram uma breve excursão ao Paço de São Cristóvão, e registraram: "[ao sair] nós passamos por um tanque ou lago oblongo", onde "duas negras estavam mergulhadas até os joelhos, lavando-se, e, a menos de dois metros delas, dois negros completamente nus se ocupavam da mesma operação" (Ewbank, 1856, p.151). Para o brasileiro comum, a nudez em público (sobretudo a masculina) era suficientemente usual para não provocar mais do que um comentário fortuito. Para a minoria dominante, a roupa constituía uma prova material de cultura e civilização. A nudez era bárbara; e a nudez masculina, abominável, uma ofensa aos sentimentos delicados das mulheres, todas fadadas a ser "espiritual" e moralmente superiores. É claro que, na realidade, o tabu não provinha das suscetibilidades femininas, mas da percepção masculina do pênis como a substancialização suprema do poder, um atributo que faltava às mulheres. Só depois de casadas é que podiam ver o órgão masculino, e mesmo assim na privacidade da alcova, como parte do ato sexual por meio do qual os maridos impunham seu domínio sobre elas.

D. Pedro II por certo acreditava na reclusão como a melhor maneira de proteger as filhas de experiências inadequadas, porém, esse mesmo isolamento as mantinha na ignorância de como realmente vivia a maioria dos brasileiros — e circunscrevia-lhes a capacidade de plasmar sua própria identidade. O isolamento tornava difícil para elas questionar as normas, os valores e os hábi-

---

15 Marquês de Itanhaém para Aureliano de Souza e Oliveira Coutinho, Rio de Janeiro, 1º de agosto de 1834. In: *Mensário do Arquivo Nacional*, v.V, n.6, p.25, 1974.

tos que o pai instilava. Caso D. Teresa Cristina tenha tido alguma restrição ao tratamento dispensado às suas filhas, jamais a expressou, tampouco fez o que quer que fosse para sabotar ou subverter os planos do marido. Quando era preciso tomar decisões, sua reação era submeter o problema ao imperador. Sempre aconselhava D. Isabel e D. Leopoldina a consultarem o pai.

Conquanto raramente se aventurassem fora do palácio, as princesas estavam autorizadas a receber colegas de sua idade, as filhas dos dignitários da corte e dos intelectuais do círculo do imperador. Do grupo cortesão participavam Maria Ribeiro de Avelar e Maria Amanda de Paranaguá. A mãe da primeira, Mariana Velho da Silva, fora, nas palavras do próprio D. Pedro II, "companheira dos folguedos de adolescência de minhas irmãs".[16] Amandinha, como costumavam chamar a segunda, era filha de João Lustosa da Cunha Paranaguá, um político em ascensão, cuja família tinha enormes propriedades na província do Piauí. Sua notória ascendência africana não o impediu de casar com uma mulher de origem portuguesa. Na aparência, Amandinha era morena clara, mas sua posição social e sua intimidade com as princesas faziam com que todos a vissem como branca. Entre as filhas de intelectuais figurava Adelaide Taunay, filha de Félix Émile Taunay, pintor nascido na França que ensinou desenho e francês ao jovem D. Pedro II. Adelaide, Mariquinhas (o apelido de Maria) e Amandinha foram amigas de D. Isabel a vida toda.

Embora as conservasse apartadas do mundo mais vasto e restringisse seu círculo de relações àqueles que ele aprovava, D. Pedro II tomou o cuidado de evitar que as filhas crescessem num estado de ignorância cultural. A partir do dia 1º de maio de 1854, D. Isabel e a irmã começaram a aprender a ler e escre-

---

16 Bibliothèque Nationale, Paris, *Nouvelles Acquisitions Françaises* 6644, de D. Pedro II a Frederica Planat de la Faye, Rio de Janeiro, 22 de maio de 1874. O pai de Mariana Velho da Silva serviu interinamente como mordomo do imperador de 1847 a 1854.

ver com um preceptor que, republicano convicto, as tratava por "doninhas", não por "altezas", como seria de esperar. A falta de deferência de Francisco Crispiniano Valdetaro era contrabalançada por sua competência como professor. A primeira carta datada de D. Isabel à mãe, aos oito anos e meio, foi escrita com letras enormes e não sem dificuldade:

> Mamãe, eu mando este amor-perfeito repenicado. A Mana e Eu mandamos muitas saudades. 28 de dezembro de 1854 ...
>
> Isabel Cristina.

Cinco semanas depois, na primeira carta remanescente endereçada ao pai, a caligrafia de D. Isabel tinha diminuído e se tornara mais caprichada (aliás, bem mais legível do que posteriormente).

> Petrópolis, 9 de fevereiro de 1855
>
> Meu Caro Papai
> Eu estimo que chegasse bem e que o tempo desse lugar fosse o que desejava. Eu dei bem minhas lições e ainda vou ler esta tarde com o mestre.
> Adeus Papai, aceite um abraço e deite sua Bênção a Sua filha do coração,
>
> Isabel Cristina.[17]

Ambos os bilhetes foram redigidos sob orientação e copiados de um rascunho anterior. Não obstante, eles, e os que se seguiram, dão valiosas provas da natureza do relacionamento de D. Isabel com os pais, particularmente de como encarava cada um deles. Era significativo que, no bilhete, ela fizesse questão de garantir: "Eu dei bem minhas lições".

Inicialmente, D. Isabel tratava os pais como uma entidade única, geralmente enviando-lhes cartas de conteúdo idêntico. Numa carta ao pai, de outubro de 1859, chegou a escrever "Mamãe" em

---

17 Ver AGP XL-2 e XL-3.

certo trecho, palavra que então riscou e substituiu por "Papai".[18] Nessa fase da infância, era-lhe mais fácil comunicar-se com a mãe, em parte porque sua correspondência se concentrava nas atividades do dia a dia e na troca de presentes como prova de carinho. A relação era de apoio e reciprocidade, de um tipo que então predominava entre as mulheres. Com o pai, a relação de D. Isabel era mais complexa e, por isso mesmo, mais exigente. Suas cartas continham referências tanto ao mundo exterior (além dos palácios imperiais) como ao reino do pensamento abstrato (particularmente a leitura). Para ela, D. Pedro II era o grande porteiro desses dois mundos, e também, literalmente, seu guia ou instrutor. A mãe não tinha função em nenhum desses mundos. O fato de D. Isabel atribuir aos pais papéis diferentes em sua vida fica evidente na carta que endereçou a ambos em 3 de março de 1857:

> Papai, diga-me se o barômetro tem subido ou descido lá por São Cristóvão e a quantas anda a cubazinha. Não se esqueça do livro que lhe pedi, e se puder trazer um barômetro melhor perceberei as suas explicações, mesmo que seja um barômetro de quadrante. Mamãe, faça o favor de comprar as bonecas nuas para eu as vestir ao meu gosto.[19]

Nada indica que os diferentes papéis dos pais tenham afetado a princesa. Ela não era uma criança introspectiva. Os aspectos exteriores e visíveis, como a alameda de bambus em São Cristóvão, que lembrava a abóbada de uma catedral, cativavam-lhe a imaginação e deles se lembraria na velhice. D. Isabel tinha muita tendência a aceitar o mundo tal como era. Como comentou em 1876: "Eu nunca me inclinei a ver as coisas totalmente pretas. Pode ser um hábito bom ou mau, no entanto, é uma sorte para mim que ainda o conservo".[20]

---

18 AGP XL-2, de D. Isabel a D. Pedro II, São Cristóvão, 6 de outubro de 1859.

19 AGP XL-2, de D. Isabel aos pais, Petrópolis, 3 de março de 1857.

20 AGP XL-4, de D. Isabel a Luís, duque de Nemours, Petrópolis, 26 de dezembro de 1876.

Essa tendência a ter uma visão alegre da vida, bem como a falta de introspecção, ligavam-se a outra característica da personalidade da princesa, visível nas cartas que escreveu aos pais. No fim da década de 1850, sua caligrafia havia se tornado de tal modo descuidada que quase beirava a ilegibilidade e, por vezes, era obscura a ponto de dificultar a leitura. As cartas sugerem que D. Isabel não tinha naturalmente muita paciência nem uma capacidade notável de resistência. Oscilava de um interesse a outro conforme iam caindo no seu agrado. Não receava exprimir sua opinião e tinha pontos de vista ousados. No entanto, quando deparava com algo que não a agradava, era-lhe difícil enfocar e organizar a resistência de modo a impor seu ponto de vista. Tendia a se exaltar para, a seguir, submeter-se ou perder o interesse.

As tradições da corte portuguesa exigiam que, ao completar sete anos, o herdeiro do trono ficasse sob os cuidados de um aio, responsável por sua criação e educação. Por ocasião do sétimo aniversário de D. Isabel, em julho de 1853, o imperador inicialmente pensou em assumir esse papel com a herdeira e com sua irmã. Mas como comentou posteriormente, naquele mesmo ano, "o tempo que me resta de minhas obrigações não mo permitiria e, além disso, não sou dos mais habilitados para lidar com Senhoras, principalmente com as desta casa, que, afora as ocasiões de serviço, vivem na mais completa ociosidade".[21] Era preciso encontrar uma mulher em condições de servir de aia de suas filhas.

Na Europa do século XIX, a sabedoria convencional determinava que a educação das meninas era incumbência das mulheres, e D. Pedro II, como deixam observações, não tinha o menor desejo de contrariar tal convenção. Os manuais de etiqueta da França pós-revolucionária exaltavam o papel da "professora-

---

21 AHMI, POB, Cat. B, Maço 29, Doc. 1046, de D. Pedro II a D. Amélia, s.d. [Rio de Janeiro, 14 de novembro de 1853].

-mãe" e da "educação maternal". As progenitoras tinham o dever, primeiro, de transmitir os preceitos morais e religiosos a todos os filhos e, a seguir, de lhes ensinar a ler, escrever e contar. Além de instruírem as filhas para serem boas donas de casa, supervisionavam-lhes a educação acadêmica ministrada por preceptores em casa. No dizer de um historiador, as meninas se limitavam a "assimilar os rudimentos das belas-artes e a se preparar para a vida doméstica" (McMillan, 2000, p.50, 58). Por diversos motivos, D. Pedro II não confiou a educação de D. Isabel e D. Leopoldina à esposa. Encarregar D. Teresa Cristina de semelhante tarefa significaria privá-lo do monopólio do poder na família imperial. A seu ver, faltavam-lhe a capacidade e sobretudo a inteligência que a missão requeria.

Na avaliação do soberano, o tipo de educação tradicionalmente ministrada às meninas não prepararia suas filhas para o futuro papel de herdeiras do trono, como observou num documento de 1857.

> Quanto à educação, só direi que o caráter de qualquer das princesas deve ser formado tal qual convém a Senhoras que poderão ter que dirigir o governo constitucional d'um Império como o do Brasil ...
>
> A instrução não deve diferir da que se dá aos homens, combinada com a do outro sexo, mas de modo que não sofra a primeira.[22]

O grande problema do imperador era encontrar uma mulher capaz tanto de supervisionar a criação de suas filhas como de dirigir esse sistema educacional híbrido. Convencido de que tal pessoa não existia no Brasil, ele se voltou primeiramente para a madrasta, D. Amélia, então fixada em Lisboa, pedindo-lhe que assumisse a responsabilidade. Uma mãe era a única mulher a

---

22 Documento sem data, com a caligrafia de D. Teresa Cristina, intitulado "Atribuições da aia", original no AHMI, POB e impresso em Lacombe, 1946, p.250. A evidência interna data-o aproximadamente de abril de 1857.

que um homem podia se sujeitar sem comprometer a própria honra. Caso D. Amélia não aceitasse a proposta (e ela a recusou peremptoriamente), D. Pedro II queria que encontrasse uma mulher adequada na Europa. A candidata devia ser "alemã, católica romana e religiosa, viúva e sem filhos menores". Precisava falar bem "as línguas mais usadas". Convinha que tivesse "gênio dócil, maneiras delicadas", e conhecesse "perfeitamente os diversos misteres em que as senhoras passam as suas horas vagas". O imperador estava em busca de uma aia educada e ajustada a tudo quanto a convenção exigia de uma mulher, para que ela não viesse a lhe contestar a autoridade. A transferência de conhecimento ficaria a cargo do próprio D. Pedro II e de outros homens. "Quanto à instrução, não carece muito porque as minhas filhas hão de ter mestres."[23]

Por mais que procurasse entre as viúvas da Alemanha e da Áustria, D. Amélia não conseguiu achar uma à altura da missão. Por fim, o imperador solicitou o auxílio de sua irmã, D. Francisca, que, em 1843, havia se casado com Francisco d'Orléans, príncipe de Joinville e sétimo filho do rei Luís Felipe da França. A queda deste, em 1848, levou a família Orléans ao exílio na Inglaterra, e várias pessoas estreitamente identificadas com a dinastia deposta optaram pelo exílio voluntário. Desse grupo faziam parte a condessa de Barral e seu marido. Luísa Margarida Portugal de Barros era brasileira de nascimento e estirpe. A família a levara à Europa, onde seu pai, o visconde de Pedra Branca, foi o primeiro embaixador do império brasileiro em Paris. Criada na França e falando português, francês e inglês com fluência, ela se casou em 1837 com o nobre francês Jean Joseph Horace Eugène de Barral, conde de Barral. Na década de 1840, foi dama de honra da recém-casada princesa de Joinville. Com a

---

23 Ver a nota 21. É provável que a preferência de D. Pedro II por uma alemã estivesse relacionada às supostas características dessa nação: honestidade, asseio, diligência e interesse pelo estudo.

deposição da dinastia de Orléans, os Barral se refugiaram na Inglaterra. A pedido do visconde de Pedra Branca, pai da condessa, o casal se mudou para o Brasil, a fim de administrar suas fazendas de cana-de-açúcar na província da Bahia. Foi justamente a condessa de Barral que D. Francisca recomendou encarecidamente ao irmão para o cargo de aia.

A condessa de Barral
Cortesia do Museu Nacional Histórico, Rio de Janeiro

A vida de fazendeira, com um pai idoso para cuidar, não devia ser das mais atraentes para uma pessoa acostumada aos prazeres de Paris e Londres. O nascimento de um filho em 1854, o primeiro depois de muitos anos de casamento, foi um consolo que preencheu o tempo da condessa de Barral. O convite para ser aia das princesas, feito no início de 1856 pelo mordomo imperial, chegou no momento oportuno. O pai dela acabara de falecer, e o casal estava indeciso quanto ao futuro. A condessa não aceitou o convite imediatamente, preferiu negociar habilmente o que hoje se denominaria um excelente "pacote contratual". Foram-lhe dados o posto de dama de honra da imperatriz, um belo salário, uma residência e uma carruagem. Garantiu-se-lhe autoridade independente sobre a sua função e a assistência de uma preceptora aprovada por ela, que, aliás, ficaria encarregada da maior parte do trabalho de supervisão.

A família Barral chegou ao Rio de Janeiro no fim de agosto de 1856, e a condessa assumiu suas funções uma semana depois, em 9 de setembro. D. Isabel tinha dez anos e um mês, e sua irmã D. Leopoldina, um ano a menos. O que viram as duas meninas? Baixa, de cabelo escuro e pele azeitonada, a nova aia era uma quarentona atraente, embora não chegasse a ser bonita, e acima de tudo, vestia-se e comportava-se com estilo e autoconfiança. Exalava uma sofisticação e um *savoir-faire* inexistentes na corte imperial. O que a condessa escreveu sobre o arquiduque Maximiliano da Áustria, quando de sua visita a Petrópolis em 1860, foi um verdadeiro autorretrato: "Ele tem um todo elegante e boas maneiras, fala muito e tem grande uso dessas conversas de salão".[24] As cartas da condessa são a prova cabal de sua capacidade de encantar e cortejar. Palpitam com uma prosa reluzente que entretém o leitor sem comprometer de modo algum a autora.

---

24 Da Condessa de Barral a D. Teresa Cristina, [Petrópolis] 1º de fevereiro de 1860, original no AGP e impresso em Barral, 1977, p.53.

Seu estilo e seus modos agradáveis dissimulavam uma inteligência poderosa e uma vontade de ferro. Ela era adepta de insinuar-se para os influentes, de seduzir qualquer um que lhe pudesse ser útil, e de ser agradável, mas firme, com o secundário. Dona de um senso agudo do viável, tinha a cautela de não transgredir as convenções e, acima de tudo, de não ultrapassar os limites permitidos às mulheres. Ao assumir o posto de aia, empenhou-se sistematicamente em conquistar o afeto das pupilas, em seduzir o imperador (que ela conhecera durante uma breve visita ao Brasil em 1847) e em neutralizar todos os adversários potenciais na corte.

Tais objetivos, a condessa de Barral os atingiu rapidamente — e com o mínimo de confronto direto. A pessoa que mais sofreu com seu sucesso foi a imperatriz. As duas mulheres eram muito parecidas na estatura e na cor da pele, mas as semelhanças terminavam aí. A condessa era elegante e sofisticada. A imperatriz não. A condessa era bem-educada e sabia agradar. A imperatriz não. A condessa tinha autoconfiança e abundantes recursos. A imperatriz não. Em suma, a condessa ostentava todas as qualidades que D. Pedro II achava atraentes numa mulher. E ela o encantou desde o momento que chegou. Não incentivava as atenções do soberano, mas tampouco as rejeitava. Sabia exatamente como lidar com ele. Com uma habilidade admirável, tratou de mantê-lo fascinado, mas sem lhe permitir nenhum ato que viesse comprometer sua reputação de esposa, mãe e boa católica.

O vínculo da condessa de Barral com o imperador propiciou-lhe uma posição incontestável na corte. D. Pedro II chegou a dar uma ordem, através do mordomo, nos seguintes termos:

> S. M. o Imperador espera que a dama e a açafata do quarto de S. A. I. não continuarão a contrariar por seus atos ou palavras a influência que deve a condessa de Barral ter sobre a educação de S. S. A. A. que por S. M. o Imperador lhe foi cometido [sic], evitan-

do assim que o mesmo Augusto Senhor se veja obrigado a tomar alguma medida severa.[25]

Sem dúvida, para D. Pedro II, essas palavras eram fortíssimas. O acesso da condessa ao soberano deixava os políticos ansiosos por cair em suas graças, para que ela não dissesse nada capaz de prejudicá-los no conceito do soberano. Em troca, tratavam de satisfazer os desejos que ela expressava no referente a nomeações sem grande importância e pequenos favores, a conhecida troca de patronagem tão decisiva no exercício do poder. A condessa tomava o cuidado de não pedir demais nem ser insistente. Sem nunca deixar de ser discreta e elegante, usava da melhor maneira as oportunidades disponíveis a uma mulher de sua posição social.

Ela sempre tratou D. Teresa Cristina com deferência excessiva e cortesia exagerada. "Quis Vossa Majestade me dar um grande alegrão, e preencheu seu fim perfeitamente, escrevendo-me a cartinha que depois de lida levei à boca e ao coração", dizia uma carta escrita em outubro de 1859. "Mil e mil graças Minha Senhora, é um tesouro que depois de minha morte passará a meu filho."[26] Tais efusões não custavam nada e tampouco alteravam a realidade de que, com sua simples presença na corte e na família imperial, a condessa marginalizara mais do que nunca a posição de D. Teresa Cristina. Esta a detestava, mas, sabendo que de nada serviria qualquer expressão de ressentimento ou franca recriminação, dissimulava seus sentimentos tanto quanto possível. Conformada com a presença constante da condessa, tolerava-lhe a influência sobre suas filhas e seu marido.

Não se sabe até que ponto D. Isabel e a irmã se deram conta, na fase final da infância e na adolescência, do fascínio do pai

---

25 Documento do arquivo de Paulo Barbosa da Silva, impresso em Lacombe, 1944, p.16.

26 Da Condessa de Barral a D. Teresa Cristina, s.d. [São Cristóvão, 18 de outubro de 1859], original no AGP e impresso em Barral, 1977, p.29.

e da antipatia da mãe pela condessa de Barral. Como D. Pedro II acompanhava com frequência as aulas dadas pela condessa, é provável que as meninas tenham percebido seus sentimentos. No início, as mudanças na rotina cotidiana operadas pela chegada da nova aia e o colorido que ela imprimiu às suas vidas sin-

D. Leopoldina e D. Isabel ainda meninas
Cortesia do Museu Histórico, Rio de Janeiro

gularmente enfadonhas decerto lhes absorveram totalmente a atenção. Além do marido, a condessa tinha um filho de 2 anos e meio, que as princesas não tardaram a tratar como o irmão caçula que nunca haviam tido. No começo de junho de 1857, chegou Mlle. Victorine Templier, recomendada pela rainha Maria Amélia, a viúva de Luís Felipe, para, sob a autoridade da condessa, atuar como *institutrice* (preceptora) das princesas. Solteira, de aparência simples e maneiras despretensiosas, trabalhava com dedicação. D. Isabel apegou-se profundamente a ela. As duas meninas começaram a passar quase o dia inteiro na sala de aula.

Princesa Isabel do Brasil

Desde o começo, a condessa de Barral se relacionou com as princesas mais como uma tia benevolente, com quem elas podiam se distrair e trocar confidências. Chamava D. Isabel de sua "camaradinha" e D. Leopoldina de *boson friend* (amiga do peito). O chicote estava sempre pronto para estalar e de vez em quando estalava, como se vê num escrito a D. Isabel de 29 de junho de 1863:

> Creia que sofri muito hoje mortificando-a tanto, mas talvez nunca lhe desse maior prova de amor. Triste prova de amor, dirá V. A., e na verdade muito me custa abdicar o papel de sua Camarada para m'enfronhar na severidade de sua governanta, mas que remédio, se V. V. A. A. não se querem emendar de outro modo![27]

Embora a aia procurasse evitar toda e qualquer aparência de parcialidade no tratamento das duas princesas, suas cartas denunciam-lhe a preferência pela irmã mais velha. D. Leopoldina "está mais gordinha, com linda cor, e já que Ela não lê minha carta, posso dizer, sem despertar vaidades, que está ficando muito bonitinha", escreveu em novembro de 1859. Em comparação, "a Princesa D. Isabel está muito gorda, e sua inalterável bondade e angélica candura cada vez mais a metem dentro do meu coração". Das irmãs, parece, D. Isabel tinha personalidade mais forte e mais inteligência. D. Leopoldina sofria todas as desvantagens de ser a mais nova. Havia certa tensão entre as duas, o que causava brigas intermitentes. Em outubro de 1859, quando do seus pais estavam visitando o Nordeste, D. Isabel informou D. Teresa Cristina: "Não temos brigado, ao menos quase nada; são coisas passageiras. Mamãe não se deve admirar!". Três me-

---

27 Sobre o uso desse tratamento, ver AGP, sem número, da condessa de Barral a D. Isabel, 30 de outubro de 1864; condessa de Barral a D. Pedro II, [Petrópolis] 13 de julho [de 1875], original no AGP e impresso em Barral, 1977, p.117; AGP, sem número, da condessa de Barral a D. Isabel, "Dia de São Pedro!" [29 de junho de 1863].

65

ses depois, a contrariedade de D. Leopoldina com a prolongada ausência dos pais manifestou-se em franco ressentimento. "Não estou contente com o comportamento de Sua Alteza a Senhora Princesa D. Leopoldina", comunicou a condessa de Barral. "Ela tem tratado mal a todos, principalmente à pobre Mlle. Templier, que sem o mais leve motivo incorreu em sua aversão, como Ela o diz."[28] É provável que a professora fosse uma substituta conveniente do verdadeiro objeto do rancor de D. Leopoldina. Não está claro se esta chegou a ter realmente afeição pela condessa de Barral. O certo é que, depois de casada, passou a evitar cada vez mais intimidade com ela.

Ao contrário da irmã, D. Isabel criou vínculos duradouros tanto com a aia como com a preceptora. Por correspondência e mediante visitas, manteve um contato constante com elas até que morressem, respectivamente, em 1891 e 1883. Conforme se aproximava da adolescência, passou a ter mais satisfação e estímulo no relacionamento com a aia do que na ligação com a mãe, por íntima e afetuosa que fosse. O leque de interesses da imperatriz era demasiado modesto, e seu modo de encarar a vida excessivamente passivo para satisfazer a filha mais velha. Ela dedicava grande parte do tempo ao tricô e ao crochê. Além disso, não tinha nenhum papel na sala de aula, onde as filhas passavam a maior parte do tempo. Lá, as personalidades dominantes eram a condessa e D. Pedro II.

Para D. Isabel, o pai continuava a ser o porteiro do mundo do conhecimento e da vida fora do Paço. A condessa de Barral nada fazia nem dizia que desdourasse a percepção que a princesa tinha dele. Acreditava nas atitudes tradicionais de gênero e as transmitia às pupilas. "Deus assinou aos homens seu quinhão de trabalho e às mulheres outro. Cada um que fique na

---

28 Da Condessa de Barral a D. Teresa Cristina, s.d. [São Cristóvão, 18 de outubro de 1859], original no AGP e impresso em Barral, 1977, p.31, 49; AGP XL-3, de D. Isabel a Teresa Cristina [São Cristóvão, 6 de outubro de 1859].

sua esfera, a não ser uma Jeanne d'Arc inspirada por Deus."[29] Por mais íntima que se tenha tornado, a relação da condessa com D. Pedro II jamais transgrediu esses preceitos. Ela podia discutir e gracejar com o imperador, mas nunca contestou sua preeminência masculina. Tanto nas normas quanto no exemplo, D. Isabel aprendeu a encarar as mulheres como subordinadas e dependentes dos homens. Só eles podiam comandar e empreender a ação.

No final da década de 1850, o formidável programa de instrução concebido por D. Pedro II mantinha suas filhas ocupadas, na sala de aula, nove horas e meia por dia, seis dias por semana. A gama de matérias acadêmicas que estudavam incluía as línguas latina, francesa, inglesa e alemã, a história de Portugal, da França e da Inglaterra, a literatura portuguesa e a francesa, geografia e geologia, astronomia, química, física, geometria e aritmética. A isso se acrescentavam desenho, piano e dança. Em 1863, quando as princesas completaram, respectivamente, dezessete e dezesseis anos, as aulas passaram a incluir também o italiano, história da filosofia, economia política e o grego.

A condessa de Barral e Mlle. Templier ensinavam algumas matérias, principalmente francês, literatura e história, mas todos os outros professores eram homens, vários deles antes preceptores do próprio imperador na juventude. Quando seus deveres de monarca permitiam, D. Pedro II participava ativamente da instrução das filhas. No fim de 1861, declarou que "meus principais divertimentos" são "o estudo, a leitura e a educação de minhas filhas, que amo extremosamente". No começo, ensinava geometria e astronomia, e chegou mesmo a escrever um tratado sobre a segunda matéria para elas. "Esmerei na exatidão e informações na época em que o escrevi", jactou-se na velhice.[30] No começo da

---

29 AGP, sem número, da condessa de Barral a D. Isabel, 88 Boulevard Haussmann, [Paris] 19 de outubro de 1865.

30 Registro de 31 de dezembro de 1861, em Vianna, 1956, p.15. AHMI, POB, Cat. B, Maço 37, Doc. 1057. Registro no diário de D. Pedro II, 8 de agosto de 1891.

década de 1860, tanto em Petrópolis como no Paço de São Cristóvão, ele arranjava tempo para lhes dar aula de latim e ler para elas *Os Lusíadas*, de Luís de Camões, e *Décadas da Ásia*, de João de Barros, duas obras clássicas em verso e prosa que celebravam os

D. Isabel e D. Leopoldina pré-adolescentes
Cortesia da Fundação Grão-Pará

feitos épicos dos portugueses quando estabeleceram um império marítimo na Índia e no restante da Ásia.

Por certo, D. Pedro II elaborou esse programa de estudos a fim de preparar as filhas para o seu futuro papel, mas é difícil não concluir que correspondia ao seu próprio gosto e autodidatismo. A educação que havia recebido na década de 1830 estava longe de ser adequada, e ele adorava estudar. Em outras palavras, o programa que criou era inteiramente apropriado a um adulto culto de trinta e poucos anos, mas não a quem — menino ou menina — estava passando da infância para a adolescência. Dois bilhetes datados do fim de 1863 ou de 1864, cada um deles com a pergunta e a resposta escritas na mesma folha de papel, dão a entender que D. Isabel geralmente não conseguia lidar com o fluxo enorme de informação que recebia, sobretudo por não ser ela uma natureza fascinada pelas ideias abstratas.

— O que devemos ler em lugar de economia política?

— *Leiam física e química.*

— Papaizinho, ainda está zangadinho comigo?

— Não senhorinha, e toma um abraço, contanto que me dê boa lição depois da audiência. Já está vindo lenha para a fogueira. Vale.[31]

Para ser bem-sucedido, o curso de instrução das princesas precisava tornar o conhecimento contido nos livros compreensível nos termos da sua própria experiência pessoal. Um modo eficaz de preparar D. Isabel para a função de governante do Brasil seria dar-lhe, desde muito cedo, experiência pessoal nas tarefas que ia enfrentar, e relacioná-la com o aprendido na sala de aula. D. Pedro II não adotou essa orientação. No princípio da década de 1860, quando as princesas já haviam deixado de ser crianças, ele continuava a mantê-las reclusas no palácio. Quan-

---

31 AGP XL-2. Os dois bilhetes estão sem data, mas as princesas tiveram a primeira aula de economia política no fim de 1863.

do não estavam estudando, dedicavam as horas vagas às atividades apropriadas às mulheres. Uma carta endereçada a D. Teresa Cristina, quando D. Isabel tinha treze anos, mostra o abismo que separava a sala de aula da sua vida ordinária:

> Mamãe eu me esqueci de lhe dizer u'a cousa. No outro dia eu tive Mamãe u'a vontade tal de coser de noite que não pude cessar. No outro dia eu ia coser, mas a Condessa não quis que eu cosesse porque Mamãe tinha proibido. Esperarei que Mamãe me perdoará.[32]

Longe de ser uma incursão não autorizada ao mundo do conhecimento, a transgressão da princesa envolvia uma ocupação que, de acordo com as noções da época, era exclusivamente feminina. Pode ser que a instrução ministrada a D. Isabel na sala de aula nada tivesse de diferente "da que se dá aos homens", para citar as determinações de D. Pedro II, mas em todos os outros aspectos sua educação era inteiramente tradicional. A consequência inesperada foi a princesa ter aprendido a encarar o conhecimento como uma reserva essencialmente masculina, como um território no qual ela não passava de uma intrusa.

O envolvimento pessoal de D. Pedro II com a educação das filhas levou D. Isabel a identificar o universo do aprendizado com o pai. "O quanto lhe agradeci no meu interior por me ter ensinado, me ter dado mestres", escreveu-lhe por ocasião de sua primeira viagem à Europa, "que agora compreendo a maior parte das cousas que vejo, ainda que ignoro muito".[33] Num gesto de generosidade, ele a havia admitido no universo masculino do conhecimento. Como aprendera com a experiência a não com-

---

32 AGP XL-3, de D. Isabel a D. Teresa Cristina, [São Cristóvão] 8 de outubro de 1859. O fascínio pela costura talvez fique explicado numa carta (3 de janeiro de 1860), em que ela pedia: "Mamãe, dá licença que nós cosamos na máquina de noite?".

33 AGP XL-2, de D. Isabel a D. Pedro II, Claremont, Inglaterra, 20 de fevereiro de 1865.

Princesa Isabel do Brasil

petir com o pai e a não o contestar, a princesa, já crescida, sentia-se inibida para empreender qualquer incursão independente ao mundo do saber. Tal incursão a teria levado a questionar os papéis tradicionais ou inspirado a traçar sua própria trajetória como herdeira do trono. Na infância, a criação e a educação escolhidas por seu pai não lhe causaram grandes problemas. Mas o tempo não para. À medida que crescia, ela ia passando por mudanças físicas e psicológicas. A chegada da adolescência foi simbolizada por uma cerimônia pública, realizada em seu décimo quarto aniversário. No dia 29 de julho de 1860, um cortejo de seis carruagens oficiais, escoltadas por numerosos funcionários do palácio e dois esquadrões de cavalaria, saiu do Paço de São Cristóvão. Na última carruagem ia D. Isabel. Quando o séquito chegou ao prédio do Senado, no centro da cidade do Rio de Janeiro, uma comissão de representantes das duas câmaras a recebeu e conduziu ao plenário. Lá, como dispunha o artigo 106 da Constituição, ela jurou, sobre as mãos do presidente do Senado, "manter a religião católica apostólica romana, observar a Constituição política da Nação brasileira e ser obediente às leis e ao imperador" (Pimenta Bueno, 1958, p.494).

A primeira menstruação, que assinala o início da adolescência, não era considerada um tema digno de menção e muito menos de ser discutido. As meninas não eram preparadas para essa alteração física, e não se lhes explicava seu significado sexual. D. Isabel não foi exceção. Sua ignorância sobre o próprio corpo fica patente em uma carta que escreveu ao marido em agosto de 1865. "Este mês eu tive menos o meu período, já não o tenho hoje. Diga, será que não terei o período no próximo mês se você não voltar? Eu não sei nada dessas coisas, querido, e não me atrevo a perguntar senão a você."[34]

---

34 AGP XL-1, passagem datada de 10 de agosto em D. Isabel a Gastão, conde d'Eu, São Cristóvão, 7 de agosto de 1865.

As mudanças fisiológicas que ocorrem na adolescência — a menstruação, a formação dos seios, o crescimento de pelos no corpo — geralmente vêm acompanhadas e, aliás, contribuem para o surgimento de oscilações no estado de espírito, de depressões e de agressividade. Os adolescentes procuram estabelecer uma identidade própria, afirmar sua personalidade e reivindicar um espaço autônomo, muitas vezes mediante comportamentos que os adultos consideram antissociais. É claro que D. Isabel não escapou a essa fase. Se o seu boletim semanal de abril de 1860 registra apenas quatro marcas de mau comportamento, em março de 1862, aos quinze anos, ela incorreu em nada menos que quatorze transgressões. Uma carta sem data aos pais, provavelmente escrita por volta de 1860, começa assim: "Mil perdões lhes peço de lhes ter ofendido tantas vezes. Hoje a minha confissão durou uma hora".[35] Entre os pecados confessados, é provável que figurassem palavras rudes e insolentes, negligência no vestir e no proceder, desmazelo e atraso, bem como atos de franca desobediência.

Essa falta de cuidado e atenção pode ter contribuído para o acidente do qual D. Isabel foi a causadora em meados de 1862, época próxima do seu décimo sexto aniversário. Cavando um canteiro em São Cristóvão, a princesa não reparou que Amandinha de Paranaguá estava atrás dela e lhe atingiu o olho direito com a pá. Apesar do tratamento com um especialista, ela ficou com o que se denominou "um pequeno defeito na vista", na verdade, a perda total da visão nesse olho. O acidente, embora não tenha afetado a amizade entre as duas moças, deve ter intensificado a preocupação com o comportamento de D. Isabel. Mas certamente não a levou a se corrigir. Um ano depois, a condessa de Barral tomou a iniciativa, sem precedentes, de escrever à pupila uma carta formal de censura: "Lembre-se, mi-

---

35 AGP XL-2, de D. Isabel a D. Pedro II, s.d. [pela evidência interna, provavelmente escrita entre 1º de outubro de 1859 e 11 de fevereiro de 1860].

nha querida Princesa, que V. A. vai em breve ter 17 anos e que não deve mais perder um só dia para corrigir o que por demasiado amor e indulgência temos todos mais ou menos permitido até aqui!" (Monteiro, 1925, p.78).[36]

Lidar com filhos adolescentes nunca é tarefa fácil para os pais, que não acham um método seguro de evitar problemas. A pouca disposição para reconhecer que deixaram de ser crianças e a recusa a tratá-los como adultos incipientes geram, virtualmente, problemas e retaliação. D. Teresa Cristina caiu no primeiro erro; e D. Pedro II, no segundo. A adoração da imperatriz pelas filhas significava que ela não lhes podia outorgar a autonomia pessoal que desejavam. Qualquer problema de D. Isabel suscitava em sua mãe uma preocupação invasiva e asfixiante, expressa em "uma avalanche de perguntas incessantes que me irritam e que tanto mais me irritam quanto eu procuro responder polidamente".[37] O resultado era a grosseria de D. Isabel e a tristeza de sua mãe.

O que levou o imperador a se negar a tratar as filhas como adultas incipientes é mais complexo. Ele tinha apenas 14 anos e meio quando foi declarado maior de idade e alçado ao comando do governo, com plenos poderes. Desse momento em diante, teve forçosamente de proceder como adulto. Seria de esperar que semelhante experiência tivesse suscitado nele alguma compreensão e simpatia pelo anseio das filhas por uma vida de estilo adulto. Mas o que se deu foi justamente o contrário. Ele não permitiu quase nenhuma mudança. A vida social das princesas continuou restrita ao palácio. Em outubro de 1864, quando as irmãs tinham respectivamente dezoito e dezessete anos,

---

36 A evidência apresentada em Calmon (1975, p.571) situa esse acidente em meados de 1862. AGP, sem número, da condessa de Barral a D. Isabel, "Dia de São Pedro!" [29 de junho de 1863].

37 AGP XL-1, passagem datada de 10 de agosto em D. Isabel a Gastão, conde d'Eu, São Cristóvão, 17 de setembro de 1869.

Roderick J. Barman

um visitante europeu relatou com assombro: "Imagine que essas pobres princesas nunca foram a um baile nem a um teatro e ardem de vontade de ir". O máximo que o pai permitia era que participassem de produções teatrais amadoras em São Cristóvão, para um público de convidados que ele, não as filhas, selecionava. Amandinha de Paranaguá recordou na velhice: "Em 1862 e 1863 nós realizávamos representações no teatrinho do Paço". Quando lhe perguntaram sobre as peças, ela respondeu que evocava "muita coisa da época. Assim de pronto, lembro-me da peça *Rira mieux qui rira le dernier, Le Plaideur* de Racine ... e outros. A princesa Isabel também representava". Essas diversões eram uma exceção. As duas moças continuavam passando o dia na sala de aula. "A família janta às 5h e com uma rapidez prodigiosa", contou um visitante da Europa.

Então, quando faz bom tempo, eles vão passear na chácara, uma espécie de jardim quase inculto, composto sobretudo de alamedas de mangueiras e bambus gigantescos. Depois vão tomar chá, as princesas tocam música, olham fotografias ou jogam jogos de palavras, e tudo termina às 9h 30 (Monteiro, 1925, p.76-7).[38]

Além de lhe negar uma vida social independente, D. Pedro II mantinha D. Isabel totalmente excluída de qualquer contato com os negócios públicos. Essa exclusão era estranhíssima, já que a princesa ia completar dezoito anos em 29 de julho de 1864. Conforme o artigo 121 da Constituição, daquele dia em diante, a morte de seu pai faria dela imperatriz, com um papel importantíssimo nos assuntos do governo. O próprio D. Pedro II ficara afastado das questões de Estado até a prematura maioridade, em julho de 1840. Coube-lhe um duro aprendizado. Visitas às repartições oficiais e outras instituições públicas tomavam grande parte de seus primeiros meses de governo. Quando

---

38 AGP XLI-4, de Gastão, conde d'Eu, a Marguerite d'Orléans, Rio de Janeiro, 20 de setembro, 8 de outubro de 1864.

D. Isabel estava se aproximando da maioridade, seu pai devia ter começado a prepará-la para a função que a aguardava, mas não o fez. Não lhe mostrava nenhum documento oficial. Não discutia política com ela. Não a levava consigo em suas constantes viagens oficiais. Não a incluía nos despachos, nas reuniões semanais com o gabinete, tampouco lhe permitia participar das audiências públicas realizadas duas vezes por semana. D. Isabel era a princesa imperial, título dado à herdeira do trono, mas o tratamento que o imperador lhe dispensava desprovia a honra de qualquer significado.

Como ele amava inquestionavelmente a filha mais velha, e como era um mestre da *Realpolitik*, o tratamento que dava a D. Isabel parecia contraditório, inclusive autodestrutivo. Parte da explicação está na própria psicologia do imperador. Ele precisava ter o controle absoluto do seu mundo tanto político como familiar. Ensinar D. Isabel a arte de governar significava criar, em casa e no governo, um centro de poder autônomo, portanto, capaz de competir com ele e até mesmo de substituí-lo. A percepção dessa ameaça, provavelmente jamais declarada nem mesmo entendida, foi um dos fatores que o levou a excluir a herdeira dos negócios públicos.

Por mais significativo que isso tenha sido para a motivação de D. Pedro II, é provável que suas atitudes de gênero tenham tido um papel mais importante na modelação de sua conduta. Com a notável exceção da extensiva instrução na sala de aula, a educação que o imperador impôs às filhas era a mesma que se dava às mulheres da classe dominante desde os tempos coloniais. D. Isabel e D. Leopoldina estavam sujeitas à sua autoridade e constituíam propriedade sua. Eram mantidas reclusas porque sua integridade física simbolizava a honra da família e comprovava o poder paterno. Convém sublinhar que a atitude de D. Pedro II em relação às mulheres não era misógina. Ele apreciava a companhia de mulheres atraentes, inteligentes e cultas. Gostava de estar com a filha mais velha porque podiam conversar livremente sobre seus temas prediletos. D. Isabel defendia as próprias convicções e não temia questionar as do pai. Para ele, a companhia dela era estimulante. A relação de D. Pedro II com as mulheres nunca passou de uma diversão ou de um entretenimento privado. No tocante aos assuntos públicos, ele não podia concebê-las — nem mesmo as suas filhas — participando do governo. A natureza não as havia projetado para semelhante função. Consequentemente, embora valorizasse a herdeira, na fria realidade ele simplesmente era incapaz de aceitá-la ou de percebê-la como sucessora, ou de encará-la como uma governante viável.

E, o que era igualmente importante, D. Pedro II acreditava, como a maioria dos homens do seu tempo, que uma mulher não conseguiria administrar sozinha os problemas da vida, mesmo que tivesse poder e autoridade de imperatriz. Ele certamente concordaria com a frase de Jules Michelet, principal historiador francês da época: "Sem lar nem proteção, a mulher morre". Em setembro de 1863, dez meses antes que D. Isabel chegasse à maioridade e pudesse reinar sozinha, seu pai iniciou a busca de um marido adequado. "Muito desejaria que minhas filhas se casassem quando a Isabel fizesse 18 anos ou pouco depois". (McMillan, 2000, p.58).[39]

---

39 AGP pasta de correspondência, de D. Pedro II a François, príncipe de Joinville, Rio de Janeiro, 21 de setembro de 1863, cópia com a caligrafia de D. Teresa Cristina.

3
A noiva, 1864-1865

Fotografia de casamento de D. Isabel e o conde d'Eu,
outubro de 1864
Cortesia do Museu Nacional Histórico, Rio de Janeiro

No século XIX, o casamento era o destino da maioria das mulheres ocidentais nascidas nas classes média e alta. A missão de vida da mulher consistia em prestar apoio, conforto e lealdade ao marido e em gerar e criar seus filhos. As mães educavam as filhas não só para contar com esse destino, mas também para aceitá-lo de bom grado. A falta de alternativas na vida, a possibilidade de escapar à condição dependente e obediente de filha e a atração da sexualidade masculina eram poderosos incentivos para aceitar esse fado. Aos olhos da sociedade, o casamento conferia *status* e certa influência à mulher. Atualmente, consideramos o amor romântico — "a capacidade de espontaneidade e empatia num relacionamento erótico" (Shorter, 1975, p.15) — um requisito indispensável ao matrimônio. É evidente que tal concepção inexistia no tempo de D. Isabel, muito menos em sua classe social. Na melhor das hipóteses, as moças podiam escolher o mais atraente dos poucos pretendentes aprovados. Na pior, não tinham escolha nenhuma. Essencialmente, o casamento era uma transação de bens arranjada pelos pais, que, segundo afirmavam certos manuais de etiqueta franceses, compreendiam as necessidades dos filhos melhor que eles próprios.

Nos acertos de casamento, os mais prejudicados eram os rebentos da realeza, tanto homens como mulheres. Cônjuges adequados eram escassíssimos, e as uniões, frequentemente firmadas com a perspectiva de criar vínculos familiares ou tirar vantagens políticas. Uma carta da rainha Vitória da Inglaterra à sua filha, de abril de 1858, mostra como se orquestravam esses noivados — no caso, entre o príncipe herdeiro da Saxônia e a prima da rainha, a princesa Maria Ana de Portugal. Em sua viagem para o sul, o príncipe herdeiro esteve com a soberana no Castelo de Windsor:

> O príncipe Jorge da S. [Saxônia] partiu ontem, pouco antes das oito da manhã, para Southampton e, às duas, embarcou para Lisboa, onde eu espero muito que tenha sucesso, como acho que seria sumamente desejável. Isso ligará a nossa família à linhagem

real da Saxônia — ela é inteligente, flexível, simpática, forte e sadia e pode fazer muito bem — em todos os sentidos. Ele é um belo rapaz, apenas um pouco distraído, como o pai, mas tem muito talento para a música, que é a sua paixão.[1]

A princesa Maria Ana, também prima-irmã de D. Isabel, concordou devidamente em se casar com o pretendente sonhador.

Geralmente os matrimônios reais eram planejados — talvez "tramados" seja o termo mais apropriado — com anos de antecedência, antes mesmo que os envolvidos tivessem chegado à puberdade. No fim de 1855, quando D. Isabel e sua irmã tinham nove e oito anos, respectivamente, D. Pedro II cogitou com seu cunhado, o rei Fernando de Portugal, a possibilidade de promover a união das duas famílias. O tema foi retomado em 1857, mas as discussões não prosperaram, pois as especulações da imprensa acerca desse casamento suscitaram uma oposição intensa no Brasil. Já que, como se acreditava na época, o marido controlava e dirigia a esposa, a união de D. Isabel com o príncipe português equivalia, na mente do público, a recolonizar o Brasil. Porém, a princesa não podia se casar com nenhum brasileiro, pois no país não havia um único homem de linhagem aceitável. E, mesmo que houvesse, tal união não seria admissível, pois permitiria que os parentes do marido se refestelassem no governo, monopolizando cargos e pensões. Era preciso procurar o candidato nas famílias reais europeias de religião católica.

A ideia de casar os filhos com a futura imperatriz do Brasil ou com sua irmã não deixava de ser atraente para essas famílias. Mas o Brasil ficava longe, e sua monarquia era uma exceção em meio às repúblicas do Novo Mundo. O noivo teria de residir no Brasil e renunciar aos direitos de sucessão ao trono de sua própria família. O primeiro artigo da Constituição

---

1 Da rainha Vitória à princesa Vitória, Castelo de Windsor, 10 de abril de 1858, impressa em Fulford (1964, p.87). "Nossa família" refere-se aos parentes da casa ducal de Saxe-Coburg-Gotha.

brasileira proibia qualquer laço "de união ou federação que se oponha à sua independência". Tais desvantagens não bastaram para que se perdesse o interesse. O arquiduque Maximiliano de Habsburgo, irmão de Francisco José, imperador da Áustria, visitou o Rio de Janeiro e outras regiões do Brasil no início de 1860. E ele, que era casado, foi a Petrópolis, onde as princesas estavam morando enquanto os pais percorriam o Nordeste, e se encontrou três vezes com as primas. Como relatou a condessa de Barral, "dizem uns que ele veio *ver* nossas Princesas para o Irmão, o Arquiduque Luís José Antônio Vitor, que tem 18 anos, outros para o cunhado, o Conde de Flandres, que tem 23 anos, e isso logo me pós de *orelhas em pé*". Ela fez o que pôde para realçar o charme de suas pupilas, selecionando para seu primeiro encontro "vestidinhos de cassa cor-de-rosa que rivalizam com as faces d'Elas em frescura" (Pimenta Bueno, 1958, p.481).[2] As princesas tiveram um comportamento encantador. Tocaram piano para o primo, dançaram com ele e lhe deram presentes. O arquiduque gostou do que viu e disse ao irmão, o imperador Francisco José, que as duas "seriam a felicidade de qualquer príncipe europeu".[3]

D. Isabel e a irmã adoraram a visita do primo, que lhes propiciou uma rara incursão ao mundo adulto. Sem contar que Maximiliano era homem. "É bem amável, bonito, alto, e parece-se, eu acho, um pouco com Papai", informou D. Isabel à mãe. Aos 13 anos e meio, a princesa já se interessava pelo sexo oposto. Sua formação só lhe permitia sonhar com homens bonitos no contexto do matrimônio. Casado, Maximiliano não estava disponível, mas não faltavam primos de sua faixa etária, com os quais D. Isabel podia sonhar à vontade. O aperfeiçoamento re-

---

2 Da condessa de Barral a D. Teresa Cristina, Petrópolis, 1º de fevereiro de 1860, original em AGP e publicado em Barral (1977, p.54-5).

3 Do arquiduque Maximiliano ao imperador Francisco José, Salvador, Bahia, 12 de fevereiro de 1860, originalmente no *Österreichische Historische Staatsarchiv*, Viena, e citado em Calmon (1975, 2, p.627).

Princesa Isabel do Brasil

cente da fotografia, inclusive a produção de retratos de ateliê e a reprodução de diversas cópias a partir de um negativo, oferecia-lhe a possibilidade de conhecer a fisionomia desses parentes. Ela passou algum tempo dormindo com a foto de um deles embaixo do travesseiro. Seu interesse não tardou a se fixar na figura alta, loira, e um tanto esguia de seu primo-irmão Pierre, duque de Penthièvre, filho da tia D. Francisca com o príncipe de Joinville. Em fins de 1860, com seu peculiar entusiasmo, D. Isabel comunicou ao pai que só aceitaria se casar com Pedro — como o duque era conhecido no Brasil — "e nenhum outro!". Três anos depois, mantinha a predileção pelo primo, na ocasião servindo na marinha norte-americana. "A Isabel muitas vezes me tem dito que não quer casar senão com teu filho Pedro", contou o imperador ao príncipe de Joinville em setembro de 1863, "mas só lhe respondo que há de casar com quem eu escolher, no que ela concorda por ser muito boa filha".[4]

A observação de Pedro II tocava o núcleo da dinâmica da relação de gênero em vigor. Um elemento-chave desse sistema era o poder paterno de sempre controlar o corpo das filhas, sobretudo quando chegavam à adolescência, e de lhes negar a possibilidade de ter vida autônoma. Por diversos motivos, a menor contestação a essa prerrogativa despertava muito temor e ressentimento nos homens. A hipótese de as mulheres escolherem seus parceiros com base na atração sexual tornava absurda a convicção predominante de que a pureza e a superioridade moral a elas inerentes, em comparação com os homens, se deviam à suposta inexistência de um forte impulso sexual feminino. A liberdade das moças de escolher marido contradizia a suposição

---

4 AGP XL-3, de D. Isabel a D. Teresa Cristina, [Petrópolis] 30 de janeiro de 1860; o comentário de D. Isabel é mencionado em D. Amélia a D. Pedro II, Lisboa, 12 de dezembro de 1860, atualmente em poder do AGP, e citado em Lacombe (1989, p.61); AGP, pasta de documentos manuscritos, de D. Pedro II a François, príncipe de Joinville, Rio de Janeiro, 21 de setembro de 1863, cópia com a caligrafia de D. Teresa Cristina.

D. Isabel com cerca de dezoito anos, retrato de ateliê possivelmente tirado para ser enviado à Europa
Cortesia da Fundação Grão-Pará, Petrópolis

implícita no Código de Napoleão, de 1804, segundo o qual, "só o homem era o verdadeiro indivíduo social, e as mulheres não passavam de criaturas subordinadas, definidas a partir da sua relação com os homens: os pais, os maridos e as demais relações masculinas" (McMillan, 2000, p.37). Tal liberdade de escolha liquidaria a autoridade absoluta do pai na família, privando-o do controle de uma importante forma de propriedade, o corpo de suas filhas, e solapando na mente delas a ideia da superioridade sexual masculina.

No Brasil, as mulheres, sobretudo as da classe dominante, costumavam se casar no início da adolescência com homens bem mais velhos. Consequentemente, para muitos deles, a mulher ideal era a que estava vivendo os primeiros ardores da sexualidade, mas ainda ostentava uma inocência pueril. Os viúvos às vezes se casavam com mulheres não muito mais velhas que as filhas do seu primeiro casamento. D. Pedro II, claro, tinha sua esposa, mas nos primeiros anos da década de 1860, já há tempos ela deixara de satisfazê-lo sexual e emocionalmente. Eram as filhas e sua aia, a condessa de Barral, que lhe proporcionavam a companhia feminina mais desejável. Segundo ele mesmo afirmou, as três constituíam "o tripé de minhas afeições mais vivas".[5] Não surpreende que o imperador ficasse contrariado com o fato de sua filha mais velha demonstrar interesse por outros homens. D. Isabel só se casaria quando e com quem ele escolhesse.

Como o artigo 120 da Constituição dispunha que "o casamento da princesa herdeira presuntiva da coroa será feito a aprazimento do imperador", D. Pedro II agia rigorosamente de acordo com seu próprio direito. Em carta de 21 de setembro de 1863 ao príncipe de Joinville, na qual expressava o desejo de que D. Isabel e D. Leopoldina se casassem quando a primeira "fizesse 18 anos ou pouco depois", D. Pedro II identificou os maridos de sua preferência. "Para marido da Isabel prefiro a todos o teu filho [Pedro, o duque de Penthièvre], e para o da Leopoldina o Conde de Flandres" (filho do rei Leopoldo I da Bélgica). "Sabes tão bem como eu qual o caráter que deve ter sobretudo o marido de Isabel, e portanto somente acrescentarei que a Isabel parece que há de ser imperiosa, e o contrário a irmã." Se

---

5 AHMI I, 6.4.865, PI. B. c. 1-27, de D. Pedro II à condessa de Barral, Caçapava, 17 de agosto de 1865, impressa em Magalhães Jr. (1956, p.52).

os noivos escolhidos não estivessem dispostos ou disponíveis, o príncipe de Joinville devia sugerir outros candidatos. "O marido deve ser católico, de sentimentos liberais, e não ser português, espanhol ou italiano, desejando que não seja austríaco" (Pimenta Bueno, 1958, p.496).[6]

D. Pedro II também enfatizou para o príncipe de Joinville que não obrigaria D. Isabel nem D. Leopoldina a aceitar um marido sem levar em conta seus sentimentos:

> Nada se fará que comprometa a palavra sem que minhas filhas sejam ouvidas e anuam, sendo então preciso que eu use das informações que para isso deres, e me envies fotografias não favorecidas dos noivos, e mesmo outros retratos pelos quais se possa fazer ideia exata de sua fisionomia.[7]

Essa insistência era menos motivada pelo respeito da autonomia das filhas do que por sua amarga experiência. Quando D. Teresa Cristina chegou ao Rio de Janeiro, em setembro de 1843, ele constatou que ela não tinha a menor semelhança com a bela mulher do quadro que lhe haviam mandado. Foi necessária uma noite inteira para convencê-lo de que não podia devolver D. Teresa Cristina à família, e de que a única saída era enfrentar o casamento — era de experiência semelhante que ele queria poupar as filhas.

O príncipe de Joinville respondeu à longa carta do imperador em 6 de novembro de 1863 e, embora aceitasse a incumbência, observava que "nada é mais difícil do que casar uma jovem princesa, como me disse há pouco tempo a rainha Vitória". O duque de Penthièvre, que, além de totalmente surdo e socialmente intratável, não tinha o menor interesse pelo sexo opos-

---

6 AGP, pasta de documentos manuscritos, de D. Pedro II a François, príncipe de Joinville, Rio de Janeiro, 21 de setembro de 1863, cópia com a caligrafia de D. Teresa Cristina.

7 Ibidem.

to, recusou-se terminantemente a cogitar a união com D. Isabel. Tampouco o conde de Flandres se mostrou disposto a casar-se com D. Leopoldina. No lugar deles, o príncipe de Joinville sugeriu outros dois parentes:

> Pense no meu jovem sobrinho August [de Saxe-Coburg-Gotha, filho de sua irmã Clementine]. Não lhe faltam vantagens e garantias. Ele para a sua filha mais velha e um dos filhos de Nemours [irmão do príncipe de Joinville] para a mais nova. Eis o arranjo que me parece ideal. Vou lhe mandar algumas fotografias que lhe darão uma ideia dos indivíduos.[8]

Em fevereiro de 1864, o príncipe reiterou a sugestão:

> Envio-lhe a fotografia mais recente que pude obter do conde d'Eu, o filho mais velho de meu irmão Nemours. Se for possível tomá-lo para uma de suas filhas, será a perfeição. Ele é alto, forte, bonito, bom, gentil e muito simpático, muito instruído, amante do estudo e, ademais, já tem certo renome militar. 21 anos. É um pouco surdo, é verdade, mas não tanto que chegue a ser uma enfermidade.[9]

E acrescentou quase defensivamente:

> August de Saxe-Coburg é mais moço [dezoito anos]. Eu o acho bom e muito inteligente. Foi bem educado, mas não tem o talento do conde d'Eu para o estudo. É um belo rapaz e bem constituído. É muito animado e talvez um pouco leviano. Creio que a passagem pela marinha austríaca lhe fará bem.[10]

A recusa peremptória do duque de Penthièvre a se casar com a prima D. Isabel causou "profundo desgosto" no impera-

---

8 AGP XXIX-1, de François, príncipe de Joinville, a D. Pedro II, Claremont, Inglaterra, 6 de novembro de 1863, 6 de dezembro de 1863.

9 Ibidem, 6 de dezembro de 1863.

10 Ibidem, 7 de fevereiro 1864.

dor: "Sinto profundamente que teu filho não seja meu genro".[11] D. Pedro II acolheu com cautela a proposta de unir as filhas aos sobrinhos de Joinville. Com base nas informações e fotografias que lhe enviaram, manifestou preferência pelo conde d'Eu para a mais velha. Os dois rapazes e seus pais manifestaram-se favoráveis à ideia do casamento, mas todos fizeram questão de que, antes de assumir qualquer compromisso, ambos viajassem ao Brasil para conhecer as princesas. Então surgiu uma dificuldade. Nas palavras do príncipe de Joinville, "toda a tribo dos Coburg ficou influenciada pela ideia de um novo trono e o está pressionando [a August] para que aceite a oferta" da mão de D. Isabel.[12] Mas o imperador se recusou a atender a esse pedido. Somente ao chegar ao Rio de Janeiro é que os dois poderiam escolher a princesa de sua preferência.

Em maio de 1864, na abertura da sessão parlamentar, a fala do trono comunicou: "Anuncio-vos com prazer que trato do casamento das Princesas, minhas muito amadas e queridas filhas, o qual espero se efetue no corrente ano". Não se deu nenhuma informação sobre a identidade dos pretendentes. Propôs-se e aprovou-se rapidamente uma lei concedendo dote e pensão a D. Isabel e à sua irmã. Entrementes, os pais de August continuavam a se exceder nas exigências, insistindo que Gousty, como chamavam o filho, se casasse com a futura imperatriz, e solicitando alterações no contrato nupcial. No último instante, acabaram por consentir que ele embarcasse com Gastão d'Orléans, o conde d'Eu, no vapor que zarparia em 9 de agosto para o Rio de Janeiro, onde se tomaria a decisão final. A inexistência de cabos telegráficos até o Brasil significava que os pais de Gousty não teriam como controlar a rodada final das negociações, que mui-

---

11 AGP, pasta de documentos manuscritos, de D. Pedro II a François, príncipe de Joinville, Rio de Janeiro, 7 de janeiro de 1864, 8 de fevereiro de 1864, cópia com a caligrafia de D. Teresa Cristina.

12 AGP XXIX-1, de François, príncipe de Joinville, a D. Pedro II, Claremont, Inglaterra, 4 de maio de 1864.

Princesa Isabel do Brasil

to se assemelhou a uma transação imobiliária moderna. Aliás, as duas uniões não eram mais que uma complexa transferência de propriedades. Como dizem que teria comentado o rei Leopoldo I da Bélgica, tio dos dois rapazes, "nós lhe despachamos mercadoria de primeira".[13] Quanto a D. Isabel e D. Leopoldina, cujos corpos e vidas estavam sendo barganhados, foram mantidas na mais completa ignorância das negociações. Conforme seu pai informou o príncipe de Joinville em abril de 1864, "minhas filhas sabem somente o que está na fala do trono, e conservam o espírito completamente desprevenido". D. Isabel e a irmã só souberam da identidade dos homens escolhidos pelo imperador vinte dias antes de os conhecerem. Em meados de agosto, quando o vapor que trazia os primos já se encontrava a meio caminho no Atlântico, D. Pedro II finalmente notificou as filhas sobre a iminente chegada dos pretendentes. "Transmiti-lhes a informação recebida sobre os dois jovens, sem omitir, porém, a surdez do conde d'Eu, a fim de evitar qualquer surpresa."[14]

No dia 2 de setembro de 1864, quando chegaram, os dois primos foram levados ao palácio para uma visita breve às princesas e aos seus pais. No dia seguinte, o encontro foi bem mais prolongado, inclusive com jantar e reuniões no salão e no gabinete de D. Teresa Cristina. A carta do conde d'Eu à irmã, escrita pouco depois da chegada e dando conta de suas primeiras impressões, é um documento bem masculinamente autocentrado. No entanto, não deixa de ser sincero em seu modo de ver, e oferece uma franca descrição de como eram D. Isabel e sua irmã:

---

13 Fala do trono de 3 de maio de 1864, em *Fallas do throno desde o anno de 1823 até o anno de 1889 acompanhadas dos respectivos votos de graças* (Rio de Janeiro, 1889, p.503); AGP XXI-1 de François, príncipe de Joinville, a D. Pedro II, Viena, 28 de outubro de 1864.

14 AGP, pasta de documentos manuscritos, Pedro II a François, príncipe de Joinville, Rio de Janeiro, 23 de maio de 1864, 23 de agosto de 1864, cópias com a caligrafia de D. Teresa Cristina.

As princesas são feias, mas a segunda é *decididamente* pior do que a outra, mais baixa, mais atarracada e, em suma, menos simpática. Foi esta a minha primeira impressão, obviamente antes de saber quais eram as intenções do imperador com elas. Quanto ao seu espírito, nada revelaram, pois, nas duas primeiras entrevistas, não fizeram senão responder com monossílabos, como é natural.[15]

Em 4 de setembro, D. Pedro II informou o general francês, que acompanhava os rapazes na qualidade de conselheiro, que, conforme uma deliberação longamente ponderada, havia escolhido o conde d'Eu para se casar com D. Isabel. Este não rejeitou a proposta. No dia seguinte, o imperador contou à filha mais velha que Gastão d'Orléans a preferia à irmã como noiva.

Doze meses depois, D. Isabel escreveu uma série de cartas ao conde d'Eu, então ausente do Rio de Janeiro, nas quais, consultando seu diário de 1864, recordou "cada pequena coisa que aconteceu nesta época do ano passado".

2 DE SETEMBRO: Hoje é o feliz aniversário da tua feliz chegada ao Rio.

3 DE SETEMBRO: Aniversário do nosso primeiro jantar e da conversa na sala de mamãe ... Foi nesse dia que eu comecei definitivamente a preferir-te a Gousty, que comecei a te amar ternamente e muito.

5 DE SETEMBRO: Meu querido, hoje faz um ano que eu chorei de alegria quando papai me contou que tu me preferias.[16]

Na época, ao contrário de D. Isabel, o conde d'Eu estava longe de incluir o amor romântico em seus cálculos. A propos-

---

15 AGP XLI-4, de Gastão, conde d'Eu, a Marguerite d'Orléans, Rio de Janeiro, 6 de setembro de 1864. O texto foi redigido em francês, mas a palavra "decididamente" está em inglês (*decidelly*).

16 AGP XL-1, de D. Isabel a Gastão, conde d'Eu, São Cristovão, 1º, 2, 3, 5 de setembro de 1865. A referência "que anotei em meu diário do ano passado" foi feita na carta de 12 de setembro de 1865. Todas as cartas escritas por D. Isabel ao conde d'Eu estão em francês, com ocasionais palavras e frases em português.

ta do imperador "me perturbou muito no começo", contou ele à irmã, "mas eu estou cada vez menos inclinado a acreditar que deva rejeitar esta posição importante que Deus pôs no meu caminho". Ele ia se casar por conta do interesse de sua família, não por um desejo pessoal. Mesmo assim, gostava das atividades sociais com a princesa, coisa que tornou mais palatável a ideia de se casar com ela.

Gastão d'Orleáns, o conde d'Eu, trajando sua farda espanhola
Cortesia da Fundação Grão-Pará, Petrópolis

Voltemos à cronologia de D. Isabel:

5 DE SETEMBRO: Nesta tarde também faz um ano que montamos o campo de croqué no jardim.

7 DE SETEMBRO: Hoje faz um ano que eu te achei lindo com a farda [espanhola] de paramentos vermelhos, que jogamos o *furet* e que tanto nos divertimos no Paço da Cidade.

8 DE SETEMBRO: Hoje faz um ano que visitamos a Tijuca debaixo de um aguaceiro e estávamos com os penachos vermelhos nos chapéus.

10 DE SETEMBRO: Meu querido, hoje faz um ano que estivemos em Piraí! Faz um ano que me deste este lindo broche que eu uso sempre.[17]

Se D. Isabel e Gastão d'Orléans passaram a sentir cada vez mais prazer na companhia um do outro, o mesmo ocorreu com August de Saxe-Coburg-Gotha e D. Leopoldina. Os pais o haviam instruído para que se casasse unicamente com a herdeira do trono. Gousty, por sua vez, como ele mesmo teria dito a Gastão d'Orléans, "nunca teve o menor desejo de fazer tal coisa, abriu mão disso com satisfação", pelo menos foi o que o conde contou ao pai.[18] Quanto ao caráter, D. Leopoldina era diametralmente diferente da mãe dominadora de Gousty, a princesa Clementine d'Orléans, de modo que os rapazes ficaram satisfeitíssimos com as noivas oferecidas por D. Pedro II. Mesmo assim, protelaram até o dia 18 de setembro a aceitação formal do casamento, para que August pudesse mostrar aos pais que não tinha sido fácil demovê-lo. O adiamento também permitiu algumas barganhas de última hora na redação dos detalhes dos contratos nupciais. As princesas foram meras espectadoras das decisões que lhes definiriam o destino.

---

17 AGP XL-1, de D. Isabel a Gastão, conde d'Eu, São Cristóvão, 5, 7, 8, 11 de setembro de 1865.

18 RA, VIC Y 51/66, de Luís, duque de Nemours, à rainha Vitória, Claremont, Esher, 19 de outubro de 1864.

D. Isabel recordou o dia do noivado com muita emoção. "Hoje faz um ano que, nesta mesma hora, eu tive a felicidade de receber o seu pedido de casamento", escreveu a Gastão d'Orléans em 18 de setembro de 1865. "Como estávamos trêmulos, mas também como estávamos contentes."[19] Já a versão do noivado que o conde d'Eu ofereceu à irmã foi bem mais prosaica.

> Anteontem, 18 de setembro, eu decidi aceitar a mão da princesa imperial. Acho-a mais capaz do que a irmã caçula de assegurar a minha felicidade doméstica; o país no qual ela deve ter sua residência principal não me desagradou; e eu vejo a possibilidade de tudo conciliar com viagens à Europa, a cuja duração e a cuja frequência não me impuseram nenhum limite. Portanto, não te zangues quando, daqui a quatro meses, eu levar a Claremont uma nova irmã que há de gostar muito de ti, e nós ficaremos bem juntos.
>
> Mas, para que não te surpreendas ao conhecer minha Isabel, aviso-te que ela nada tem de bonito; tem sobretudo uma característica que me chamou a atenção. É que lhe faltam completamente as sobrancelhas. Mas o conjunto de seu porte e de sua pessoa é gracioso.[20]

A princesa ficou então entusiasmadíssima com a ideia de ser noiva de um belo rapaz e começar vida nova em sua companhia. A satisfação de ser a figura central da cerimônia e a proximidade do dia do casamento, dali a apenas um mês, não deixavam na mente de Isabel nenhum espaço para especulações ou reconsiderações. Ela não pensou unicamente em si. Escreveu ao pai, solicitando-lhe que, em homenagem ao seu casamento, libertasse dez escravos palacianos, oito dos quais tinham sido criados pessoais dela. Os outros dois eram uma mãe e uma esposa.

---

19 AGP XL-1, de D. Isabel a Gastão, conde d'Eu, São Cristovão, 18 de setembro de 1865.

20 AGP XLI-4, de Gastão, conde d'Eu, a Marguerite d'Orléans, Rio de Janeiro, 20 de setembro de 1864.

Em 15 de outubro chegou o grande dia. Depois que os noivos assistiram à missa no Paço de São Cristóvão, um cortejo de dez carruagens levou a família imperial e os dignitários da corte à Capela Imperial, no centro da cidade do Rio de Janeiro. A igreja barroca, pródiga em esculturas douradas, estava abarrotada de áulicos, nobres e políticos. Como na ocasião do nascimento de D. Isabel, a assembleia de seu casamento foi predominan-

Os casais de noivos: D. Isabel, o conde d'Eu, D. Leopoldina e August de Saxe-Coburg-Gotha, com D. Pedro II e D. Teresa Cristina
Cortesia da Fundação Grão-Pará, Petrópolis

temente masculina. O imperador, a imperatriz e D. Leopoldina se instalaram sob um sofisticadíssimo dossel. A noiva e o noivo entraram cada qual acompanhado de um padrinho. O jovem casal ajoelhou-se diante do altar-mor, e o arcebispo da Bahia, ajudado por uma legião de clérigos, consagrou-os numa união indissolúvel até a morte. D. Isabel já não era apenas filha. Tornara-se também esposa.

A princesa e o marido partiram naquele mesmo dia para Petrópolis, onde passariam as duas semanas de lua de mel na casa do pai de Maria Ribeiro Avelas, amiga de infância de D. Isabel. A viagem foi como de costume: travessia da Baía da Guanabara de lancha, percurso de trem até o sopé das montanhas, e finalmente, o vagaroso trajeto de carruagem escarpa acima. A princesa já tinha percorrido aquele caminho centenas de vezes e, a cada etapa da jornada, recebeu o tratamento e a deferência habitualmente devidos à herdeira do trono. Mas dessa vez tudo foi diferente: "No caminho, se Gaston não estivesse comigo, a barca e tudo me pareceriam muito solitários".[21] Ela não ia na companhia dos pais e da irmã, mas a sós com um rapaz. Havia-o conhecido apenas seis semanas antes, e, desde então, seus contatos tinham sido tão restritos e controlados que ela não tinha ideia do caráter e dos hábitos do marido. Sem nenhuma experiência íntima com moços de sua idade e totalmente carente de experiência sexual, o que D. Isabel sabia do assunto se limitava a explicações discretíssimas, muito provavelmente dadas pela condessa de Barral. No entanto, agora estava viajando com um jovem que era o seu marido. Naquela noite e em todas as outras, sempre que ele assim o quisesse, teria o dever de sujeitar o corpo à satisfação sexual daquele homem. Seu próprio prazer e suas próprias neces-

---

21 AGP XL-2, de D. Isabel a D. Pedro II, 15 de outubro de 1864. Doze meses depois ela confessou a Gastão: "No ano passado, eu achei tão bom e, ao mesmo tempo, tão esquisito ir sozinha contigo no carro a caminho de Petrópolis" (AGP XL-1, de D. Isabel a Gastão, conde d'Eu, São Cristóvão, 15 de outubro de 1865).

sidades eram irrelevantes. Seria obrigada a servi-lo, a priorizar os interesses dele e a gerar filhos, pois estes eram a justificativa principal tanto do casamento como das relações sexuais.

Ao anoitecer, quando o casal chegou a Petrópolis, suas perspectivas suportavam o fardo do potencial de desventura e até de desastre. Ambos estavam exaustos com os eventos do dia, psicologicamente desgastados e perturbados com as expectativas da noite de núpcias. Os telegramas de felicitações e de inquirição que D. Pedro II enviou a Petrópolis tinham por objetivo lembrar o jovem casal de que sua existência ficaria sob a vigilância constante dos pais de D. Isabel. Aliás, nessa mesma noite, ela se encerrou no "meu gabinete" e, filha obediente que era, escreveu um bilhete ao pai, contando-lhe que se achava "muito feliz", e que "muitas saudades tenho tido suas".[22]

Sabe-se o que aconteceu naquela noite graças à carta que D. Isabel enviou a Gastão em seu primeiro aniversário de casamento. "Decerto esta noite eu vou dormir mais do que há um ano, mas que diferença!!! Eu estava agitada, é verdade, mas, deves compreender, estava tão contente e feliz!!! A deliciosa casinha Avelar!!!" No dia seguinte, 16 de outubro, ela recordou: "Hoje faz um ano que me deste um beijo de manhã, ao te levantares. Como isso me agradou!!!". D. Isabel não se limitou a sobreviver à iniciação sexual. Teve prazer no aspecto físico do casamento, como Gastão informou indiretamente o sogro em 17 de outubro: "Eu tenho a alegria de lhe contar que Isabel está passando perfeitamente bem".[23] E a satisfação foi mútua. "Tenho certeza", escreveu à irmã, referindo-se a D. Isabel,

---

22 AGP XL-2, de D. Isabel a D. Pedro II, 15 de outubro de 1864.

23 AGP XL-1, passagens datadas de 15 e 16 de outubro em D. Isabel a Gastão, conde d'Eu, São Cristóvão, 14 de outubro de 1865; XLI-11 de Gastão, conde d'Eu, a D. Pedro II, 17 de outubro de 1864. A carta está escrita em francês. A partir de então, Gastão d'Orléans passou a redigir em português a correspondência para o imperador.

de que gostarás muito dela quando a conheceres e terás muito prazer na sua companhia. Porque ela é verdadeiramente muito boa e doce e me faz muito feliz. Nós estamos hospedados numa linda *cottage* [casa de campo], entre montanhas cobertas com a mais bela vegetação e quase constantemente envoltas em neblina.[24]

Uma semana depois, em carta ao sobrinho, o rei Luís I de Portugal, D. Pedro II descreveu o casamento e acrescentou que os recém-casados "consideram-se inteiramente felizes, como julgar que sempre o serão, porque têm excelentes qualidades e gostos muito semelhantes". O imperador demonstrou muita sagacidade em sua avaliação. A lua de mel em Petrópolis inaugurou uma coisa que só se pode definir como uma devoção apaixonada e para a vida toda. Nada na educação da princesa lhe ensinara a igualar o matrimônio ao amor romântico. O imperador, secundado pela condessa de Barral, decerto incentivou a filha a ver no conde d'Eu um príncipe encantado, não uma mercadoria. Não estranha então que, depois de casada, D. Isabel tenha se apaixonado perdidamente pelo marido. Notável foi a facilidade e a rapidez com que aprendeu a adornar o matrimônio com os conceitos e a linguagem do amor romântico. Convenceu-se a si mesma de que, desde o começo, aquela fora uma verdadeira união de corações, na qual ela exercera a escolha. No primeiro aniversário de casamento, escreveu a Gastão: "Oh, meu querido, eu nunca me arrependerei de haver-te escolhido para mim, pois antes que me escolhesses eu já pensava em ti, te amava tanto".[25] Mais de quarenta anos depois, em suas memórias autobiográficas, D. Isabel relembrou:

---

24 AGP XLI-4, de Gastão, conde d'Eu, a Marguerite d'Orléans, Petrópolis, 22 de outubro de 1864.

25 ANTT, Caixa 7336, Cepilho 312, Doc. 10, de D. Pedro II a Luís I, Rio de Janeiro, 23 de outubro de 1864; AGP XL-1, de D. Isabel a Gastão, conde d'Eu, São Cristóvão, 15 de outubro de 1865.

No dia 2 de setembro de 1864, o conde d'Eu e o duque de Saxe chegaram ao Rio. Meu pai quisera essa viagem tendo em mente os nossos casamentos. O conde d'Eu se destinava à minha irmã; e o duque de Saxe, a mim. Deus e os nossos corações decidiram de outro modo, e, em 15 de outubro de 1864, eu tive a felicidade de desposar o conde d'Eu. (*Joies et tristesses*)

Pode ser que o casal tenha se apaixonado durante a lua de mel em Petrópolis, mas nem por isso D. Isabel escapou ao seu papel de obediente subordinação. Nas primeiras semanas de casamento, o conde se deu o prazer de fazer as vezes de mentor da esposa. "Nós lemos muito em português, em francês e em alemão", notificou à irmã.[26] Podia ter acrescentado o inglês à lista, já que também apresentou à princesa *Ivanhoe*, de Sir Walter Scott, talvez o romance romântico mais famoso da época. "Sei muito bem que o Gastão não se descuida das leituras sérias", confidenciou D. Pedro II à filha vinte dias depois do casamento. Na ocasião, também deixou claro como via o relacionamento do casal com ele próprio. Disse a D. Isabel, provavelmente com muita sinceridade: "Cada vez estou mais satisfeito de haver abdicado nele o poder de pai, tão docemente substituído pelo amor de mais um filho".[27]

Como a sua formação lhe negara deliberadamente tanto a autonomia quanto a responsabilidade, é compreensível que, para D. Isabel, fosse difícil ter o comportamento que o mundo esperava de uma mulher casada. Fazia apenas uma semana que estava casada quando a condessa de Barral lhe passou uma firme descompostura sobre o tema apresentação e boa aparência:

> "Mudo de roupa quando estou muito suada ou muito suja", me escreve V. A. Pois em tão poucos dias esqueceu meus conselhos? Para que uma mulher continue a agradar a seu marido é mis-

---

26 AGP XLI-4, de Gastão, conde d'Eu, a Marguerite d'Orléans, Petrópolis, 22 de outubro de 1864.

27 AGP XXXVIII-1, D. Pedro II a D. Isabel, Rio de Janeiro, 4 de novembro de 1864.

ter que sempre una aos dotes do coração e do espírito aqueles do físico. Deve sempre andar bem vestidinha e sobretudo muito limpinha. Deus me livre que V. A. se enfeite nunca com mais apuro para aparecer a indiferentes, do que a seu marido, e que adquira hábitos de desleixo na sua pessoa.[28]

Passadas as duas semanas de lua de mel, os recém-casados retornaram ao Rio de Janeiro para os bailes e as festividades em homenagem às bodas. Nessa ocasião, como costumava fazer quando solteira, D. Isabel pediu à condessa de Barral que a representasse em certos compromissos. O pedido lhe rendeu uma dupla reprovação. Consultado pela condessa, D. Pedro II a instruiu, segundo ele mesmo contou à filha, que "era melhor que as encomendas de vocês fossem feitas por pessoa de sua casa".[29] E a própria condessa de Barral lhe assestou uma nova reprimenda:

V. A. I. deve hoje se acostumar a pensar por Si e unicamente consultar seu Marido mesmo nas coisas pequenitas, porque das pequenitas passa-se rapidamente às grandes e que a mulher não deve querer assumir liberdade nem no juntar que não vá de acordo com o juntar de seu Marido."[30]

Não admira que um ex-professor da princesa, em visita ao casal em Petrópolis no começo de novembro, tenha observado que "me recebeu com sorriso nos lábios, como a um velho conhecido. Ela também foi muito benevolente, embora um pouco perturbada por causa de sua nova posição".[31]

---

28 AGP, sem número, da condessa de Barral a D. Isabel, [Rio de Janeiro] 22 de outubro de 1864.
29 AGP XXXVIII-1, de D. Pedro II a D. Isabel, Rio de Janeiro, 29 de outubro de 1864.
30 AGP, sem número, da condessa de Barral a D. Isabel, [Rio de Janeiro] 30 de outubro de 1864.
31 Passagem datada de 3 de novembro em João Batista Calógeras a Lucille Calógeras, Rio de Janeiro, 28 de outubro de 1864, citada em Gontijo de Carvalho (1959, p.116).

Se lhe era difícil administrar seu comportamento público de mulher casada, ela estava igualmente insegura quanto ao desempenho do duplo papel de esposa e filha. Só no fim da lua de mel foi que deixou de encerrar as missivas endereçadas aos pais com as palavras "sua filha tanto de coração", substituindo-as por "sua filhinha e amiga tanto de coração".[32] Em carta escrita a D. Pedro II vinte dias depois do casamento, D. Isabel houve por bem esclarecer que seu florescente amor por Gastão e os deveres de esposa não significavam que ela quisesse menos o pai:

> Acho-me com efeito muito feliz, Gastão é sempre muito bom e carinhoso comigo, eu também tenho feito muito para agradar--lhe e creio que não tenho desempenhado muito mal minha tarefa, acho-me pois muito feliz, mas Papai há de ver também que isto não me impede de ter saudades suas e de desejar o sábado vivamente [quando eles iam se encontrar].[33]

O momento decisivo, no qual D. Isabel finalmente conseguiu conciliar os papéis de esposa e filha, chegou em meados de dezembro, quando sua irmã, D. Leopoldina, enfim se casou com August de Saxe-Coburg-Gotha. O fato de ter de participar da cerimônia na qualidade de mulher casada desencadeou uma mudança em sua percepção de si mesma. Também contribuiu para isso o fato de seu pai passar a tratá-la como adulta. Dois dias antes do casamento da filha mais nova, D. Pedro II levou D. Isabel e o marido a uma turnê de inspeção e mostrou à filha "tudo quanto há necessidade de se ver, para que ela tenha ideia de todas as cousas, fortalezas, navios, acampamentos militares, departamentos públicos, tudo enfim."[34] Terminada a visita, o jovem casal foi a Petrópolis. De lá, a princesa enviou ao pai uma

---

32 AGP XL-2, de D. Isabel a D. Pedro II, [Petrópolis] 5 de novembro de 1864.
33 Ibidem
34 Passagem datada de 18 de dezembro em João Batista Calógeras a Lucille Calógeras, Botafogo, [Rio de Janeiro] 11 de dezembro de 1864, citada em Gontijo de Carvalho (1959, p.161).

carta significativa em dois sentidos. A caligrafia está visivelmente mais firme, denotando mais segurança do que antes, e contém bem menos erros de gramática e ortografia. O pós-escrito diz: "Sem dúvida, S. Cristóvão deve-lhe agora parecer bem aborrecido, mas também sem dúvida que o sentimento de tristeza está unido ao do prazer de ver-nos felizes e contentes".[35] Esse "nos" revela que D. Isabel já se via como parte de um conjunto binário. Anteriormente, assinava as cartas aos pais "Isabel Cristina" ou "IC". Agora e definitivamente, passava a assinar toda a sua correspondência, qualquer que fosse o destinatário, "Isabel, condessa d'Eu".

A maturidade e a autoconfiança recentes não coincidiam com nenhuma expansão equivalente nos horizontes da princesa. A maneira como D. Isabel foi criada não fomentava nem compreensão nem interesse pelas questões públicas. O programa de leitura estipulado pelo conde d'Eu visava remediar pelo menos a primeira lacuna. Incluía, segundo ele mesmo explicou a D. Pedro II, obras sobre "a história contemporânea de seu país e de outros onde verá exemplos bons e maus do modo de praticar a sua futura situação". E acrescentou: "Hoje temos começado um livrinho inglês que dá ideias muito claras e exatas sobre a constituição daquela tão notável nação".[36] Como já se mencionou, tais leituras se complementavam com visitas às repartições públicas da cidade do Rio a convite do imperador. Na falta de outra motivação, uma repentina crise política e militar, envolvendo o Uruguai, o Brasil e o Paraguai, deve ter suscitado na princesa o interesse pelos assuntos públicos.

Desde o período colonial, a Banda Oriental, a margem setentrional do rio da Prata, era objeto de disputa entre Espanha e Portugal. Após a independência, Brasil e Argentina passaram a

---

35 AGP XL-2, de D. Isabel a D. Pedro II, Petrópolis, 17 de dezembro de 1864.
36 AGP XLI-11, de Gastão, conde d'Eu, a D. Pedro II, Petrópolis, 20 de outubro de 1864.

Roderick J. Barman

rivalizar pelo controle do território. Em 1828, numa negociação mediada pela Grã-Bretanha, os dois países renunciaram às suas exigências, e o território passou a ser o Estado Independente do Uruguai, com capital em Montevidéu. O terço setentrional da nova república era povoado principalmente por colonos oriundos do Rio Grande do Sul. Para o Brasil, era muito grande a tentação de interferir nos assuntos internos do Uruguai, sobretudo porque os colonos e seus descendentes se queixavam constantemente, no Rio de Janeiro, do tratamento opressivo que as autoridades uruguaias lhes dispensavam. No começo, o Uruguai se valeu do apoio da Argentina para se proteger de uma intervenção brasileira. Em 1864 houve um desentendimento entre os governos uruguaio e argentino, coisa que deixou o campo livre para o Brasil. Em setembro, justificando-se com o sofrimento de seus cidadãos, o Brasil enviou tropas ao Uruguai. Em dezembro, o exército e a marinha brasileiros tomaram Montevidéu e sitiaram a cidade de Paissandu.

Sem dúvida, o governo imperial não levara em conta a reação da república do Paraguai, limítrofe tanto com o Brasil como com a Argentina, e sem saída para o mar, governada pelo jovem presidente Francisco Solano López. Ambicionando um papel mais relevante na política regional e disposto a defender o governo constituído em Montevidéu, López deu um ultimato ao Brasil em agosto, instando-o a não atacar o Uruguai. O Rio de Janeiro não fez caso da advertência. Tão logo tiveram notícia da invasão, as tropas de López atacaram o Mato Grosso, limítrofe com o Paraguai. Pode-se avaliar a reação de D. Isabel a esses dramáticos acontecimentos pelo pós-escrito de uma carta a seu pai, datada de 20 de dezembro: "As notícias do sul são muito interessantes".[37] Em outra missiva, remetida três dias depois, os comentários são algo mais extensos. O que lhe despertava o interesse pela crise do Uruguai era o impacto que podia

---

37 AGP XL-2, de D. Isabel a D. Pedro II, [Petrópolis] 20 de dezembro de 1864.

ter na vida de seus conhecidos pessoais. Ela não vislumbrou a crise mais amplamente, como um problema que envolvia a alta política pública e o destino do país. Não que lhe faltasse patriotismo. "O amor pela pátria é uma bela qualidade", observou a Gastão, "e eu me envergonharia de não o ter, especialmente pela minha pátria que sempre nos tratou tão bem".[38] A política, propriamente, continuava fora de seus horizontes, muito embora estivesse fadada a dirigir o destino político do país. Muitos motivos explicam esse seu modo de ver as coisas.

Em primeiro lugar e acima de tudo, a atitude de D. Isabel refletia a mentalidade predominante. Os pensadores, tanto conservadores como progressistas, eram unânimes em afirmar que as mulheres não tinham lugar na política, pois lhes faltavam todos os atributos — inteligência, conhecimento, força, atenção, dedicação e abnegação — necessários ao exercício do poder. Só os homens contavam com os predicados pertinentes à esfera da ação. Muito diferentes eram as qualidades atribuídas às mulheres (desde que fossem membros da classe média ou superior): modéstia, pureza, devoção, abnegação e diligência. Indispensáveis à felicidade doméstica, tais virtudes floresciam unicamente na esfera privada, pois não sobreviveriam nas asperezas da vida pública. Por isso, os homens prestavam um grande favor às mulheres impedindo-as de participar da política.

A princesa estava totalmente propensa a depositar os negócios públicos e políticos nas mãos do pai e do marido. Ficava mais do que satisfeita quando Gastão, que tinha talento para a análise, lhe explicava os desenvolvimentos políticos. Tanto a coisa pública como o universo do conhecimento, ela os concebia como pertencentes, por direito, a D. Pedro II e Gastão. Só os adentrava a convite deles e nos termos por eles estabeleci-

---

38 AGP XL-1, passagem datada de 8 de agosto em D. Isabel a Gastão, conde d'Eu, São Cristóvão, 7 de agosto de 1875; AGP XL-3, de D. Isabel a D. Teresa Cristina, Petrópolis, 17 de dezembro de 1864.

dos. Além disso, os assuntos públicos, como lhe mostrou muito bem a convivência com a agenda diária do pai, eram cansativos, estressantes e tomavam demasiado tempo. Ao contrário de D. Pedro II, D. Isabel não considerava o cumprimento do "dever" algo ao mesmo tempo virtuoso e gratificante. Preferia uma vida agradável e confortável. "O ar está delicioso, que diferença com a cidade!", escreveu a D. Teresa Cristina, de Petrópolis, em pleno verão. "Conquanto Mamãe está [sic] morrendo de calor com as janelas abertas, nós estamos gozando de uma muito boa temperatura com as janelas fechadas". Para D. Isabel, a vida doméstica e as relações sociais eram os verdadeiros prazeres, e a isso dedicava seu tempo. "Amanhã iremos jantar às 6 em casa dos Srs. Duque e Duquesa de Saxe", contou ao pai. "Espero ter um bom jantar, quanto à sobremesa, porém, já tenho notícias que não tem sido famosa a respeito de doces."[39] O que intensificou sua paixão pela vida doméstica foi a perspectiva de ter sua própria residência, que, segundo rezava o contrato nupcial, devia ser adquirida para o casal. Encontrou-se um palacete adequado, em meio a um terreno enorme, no distrito de Laranjeiras, então um subúrbio retirado da cidade do Rio de Janeiro.

O ingresso de D. Isabel na vida pública e suas incursões na domesticidade foram interrompidos menos de três meses depois das bodas. No dia 8 de janeiro de 1865, o jovem casal embarcou para a Europa, numa extensão da lua de mel. Nos seis meses seguintes, os dois visitaram Portugal, Inglaterra, Bélgica, Alemanha, Áustria e Espanha. Filha obediente, ela enviou a D. Pedro II e a D. Teresa Cristina longos e reveladores relatos de tudo quanto viu e fez durante a viagem, que foi um grande sucesso.

D. Isabel já tinha uma boa ideia do que esperar da Europa. Sua identidade de mulher havia sido formada principalmente

---

39 AGP XL-2, de D. Isabel a D. Pedro II, Petrópolis, 19 de dezembro de 1864.

pela aia. Embora nascida no Brasil, a condessa de Barral era essencialmente europeia no estilo, nos modos e na mentalidade, e sua discípula se parecia com ela. De modo que D. Isabel não sofreu nenhum choque cultural ao chegar ao Velho Continente. Nada ocorreu que lhe tivesse despertado o desejo de ação independente ou suscitado ressentimento contra o que se lhe reservava. O estilo de vida que encontrou nas visitas à família e aos outros parentes do marido, na Inglaterra e no Continente, já lhe era conhecido. Quanto mais vivia tais experiências, mais gostava delas. Era uma existência agradável e confortável para todos, homens e mulheres. Ninguém lutava para ganhar a vida. Ninguém precisava se preocupar com o orçamento. O mundo exterior estava organizado para o benefício e a conveniência do indivíduo. As casas eram espaçosas e densamente povoadas de criados; os dias, cheios de atividade e entretenimento. As roupas finas, as joias maciças e o capricho dos penteados mostravam que se dedicava muito tempo ao guarda-roupa e ao toucador.

Os passeios, a equitação, a retribuição de visitas sociais, as atuações em teatros amadores, a leitura em voz alta, a pintura e o piano ocupavam as horas entre as refeições, e à noite havia os bailes, a ópera e as peças teatrais, os concertos e os banquetes. Os de inclinação intelectual liam os últimos livros e revistas, iam a palestras e participavam de *conversaziones* (tertúlias intelectuais). Os interessados pelas obras beneficentes patrocinavam hospitais, orfanatos e outras instituições do gênero, organizavam festas de arrecadação de fundos e faziam as devidas visitas aos doentes e aos pobres. Toda e qualquer possibilidade de tédio era afastada graças às viagens frequentes para ficar com os parentes e amigos, para visitar os inúmeros balneários e estâncias hidrominerais da Europa, ostensivamente por motivos de saúde, e para passar o inverno na Itália ou no sul da França. O ciclo da vida oferecia nascimentos, batizados, noivados, casamentos, aniversários, doenças e mortes que davam ocasião a muita correspondência e a mexericos incessantes.

O estilo de vida aristocrático encantou D. Isabel, então com dezoito anos e meio e ainda habituada à sala de aula e à existência austera em São Cristóvão. Nem sua aparência nem seu procedimento a caracterizavam como forasteira. Aonde quer que fosse, colhia a aprovação geral. Ao conhecer a sobrinha quando de sua chegada à Inglaterra, em fevereiro de 1865, o príncipe de Joinville comentou: "Ela não é bonita, mas é boa, simples e *ladylike*, como dizem os ingleses. Conversa muito bem e não faz ostentação da educação que recebeu".[40] A rainha Vitória manifestou opinião semelhante:

> Nemours chegou no dia 2 com Marguerite e Gastão com sua esposa brasileira Isabelle, que é a futura imperatriz do Brasil. Ela é muito serena, modesta e espontânea, e parece boa e gentil. Nós passamos algum tempo juntos antes do almoço, depois eles foram embora.[41]

As cartas que a princesa escreveu à família dão copiosa informação sobre suas atividades, que na Inglaterra incluíram não só almoço no Castelo de Windsor, mas também bailes e recepções oferecidas pela família Orléans e pelo futuro rei Eduardo VII. Ela teve aula de pintura com o professor de Marguerite d'Orléans, sua nova cunhada, e fez inúmeras visitas a galerias de arte, museus, universidades — e até a fábricas. Percorrendo a Europa, jantou em Bruxelas com a família real belga e em Viena com o imperador Francisco José e outros membros da família Habsburgo. Uma atividade de que não participou foi discutida numa carta de abril de 1864: "Recebi ontem de noite a sua carta que me escreveu pelo Bearn. Estou muito contente de saber que Mamãe tem a esperança de ser cedo Vovó; eu por ora

---

40 AGP XXIX-1, de François, príncipe de Joinville, a D. Pedro II, Cleremont, [Inglaterra] 21 de fevereiro de 1865.

41 RA, QVJNL, anotação de 21 de fevereiro de 1865, no diário da rainha Vitória.

Princesa Isabel do Brasil

D. Isabel, tirada em Bayswater, Londres, CA. Março de 1865
Cortesia da Fundação Grão-Pará, Petrópolis

não tenho nenhum projeto".[42] Decididamente, ao contrário de sua irmã Leopoldina, ela não estava grávida.

A atração exercida em D. Isabel pelo estilo de vida da classe dominante aumentou com o fato de ela o associar ao relacionamento cálido e afetuoso com os parentes europeus. No Brasil, sua família consistia apenas nos pais e na irmã, com a condessa de Barral como mãe substituta. Na Europa, residiam as duas irmãs ainda vivas de seu pai e as quatro de sua mãe. "A tia de Toscana veio nos ver em Praga com o marido e filha e nós fomos vê--los em Brandeis no dia seguinte", ela escreveu em 2 de maio de 1865. "A tia me lembrou muito Mamãe, as feições, a expressão dela parecem muito com as suas."[43] A essas tias e tios, a princesa podia somar os familiares do marido, inclusive o pai dele, quatro tios e uma tia, a mãe de Gousty. Como a maioria desses parentes — tanto dela quanto dele — tinha filhos, D. Isabel pôde conhecer numerosos primos-irmãos de sua idade.

Durante os meses de Europa, o idioma usado por ela nesses contatos familiares e nas relações sociais mais amplas foi o francês. Tinha-o aprendido na sala de aula, o seu noivado transcorrera nessa língua, e ela e Gastão a empregavam nas conversas e na correspondência que trocavam. Nesse período europeu, ela ficou mais fluente e mais à vontade tanto para falar como para escrever em francês. Como todo idioma expressa, no vocabulário e inclusive na própria estrutura, um conjunto característico de valores culturais e conceitos existenciais, seu uso influencia a mentalidade e o senso de identidade de quem fala. Geralmente, os bilíngues apresentam duas *personae* ou identidades diferentes. A passagem de uma língua para outra altera o modo de pensar e de agir desses indivíduos. Foi o que aconteceu com D. Isabel. Em dezembro de 1864, ela passara a assinar

---

42 AGP XL-3, de D. Isabel a D. Teresa Cristina, Claremont, [Inglaterra] 9 de abril de 1865. D. Leopoldina sofreu um aborto no dia 2 de maio de 1865.

43 AGP XL-3, de D. Isabel a D. Teresa Cristina, Viena, 2 de maio de 1865.

O conde d'Eu, tirada em Bayswater, Londres, *CA*. Março de 1865.
Cortesia da Fundação Grão-Pará, Petrópolis

as cartas "Isabel, condessa d'Eu". O deslumbramento com o estilo de vida aristocrático, a cordialidade de seus novos laços familiares e sua imersão no francês combinaram-se para nela promover a satisfação e a autoconfiança com sua outra identidade, a da "comtesse d'Eu".

A aquisição dessa identidade bilíngue e bicultural não a apartou nem lhe destruiu o senso primitivo de identidade como filha e herdeira do pai, expresso em português. Toda a sua correspondência da Europa para os pais foi escrita neste idioma. Ela continuou firmemente leal a seu país como entidade física, comentando com o imperador, em um pós-escrito de 2 de maio de 1865, "ainda não vi nada de semelhante ao Brasil quanto à natureza".[44]

Por mais que a permanência na Europa tenha intensificado o seu amor pela pátria, as experiências de D. Isabel não lhe deram oportunidade de se perceber como governante do Brasil. A viagem não lhe ofereceu oportunidade de representar o país na qualidade de princesa imperial. O estado das relações do Brasil com a Inglaterra, onde ela passou as primeiras semanas da excursão, contribuiu para a ausência de compromissos oficiais. No começo de 1863, a apreensão arbitrária de navios mercantes brasileiros pelos ingleses nas proximidades do porto do Rio de Janeiro levou D. Pedro II à ruptura das relações diplomáticas. Como seria de esperar, o governo britânico não organizou nenhuma recepção oficial quando a princesa desembarcou em Southampton. A rainha Vitória a convidou para almoçar não como herdeira do trono brasileiro, mas como esposa do conde d'Eu, cuja mãe, Vitória de Saxe-Coburg-Gotha, fora a prima-irmã predileta da rainha. Como a família de Orléans, à qual pertencia Gastão, fora deposta e expulsa da França, os governos europeus preferiram não dar recepções de Estado à princesa e ao marido. Os monarcas que chegaram a convidar o jovem casal

---

44 AGP XL-2, de D. Isabel a D. Pedro II, Viena, 2 de maio de 1865.

em suas cortes receberam-no oficiosamente como parentes, não como princesa imperial e consorte. D. Isabel não gostou muito do protocolo que encontrou nessas cortes. Pouco depois de sua estada na capital austríaca em maio de 1865, comentou: "Viena é uma bonita cidade ... porém Deus me livre morar lá sempre com a imensidade de arquiduques e arquiduquesas etc. que é preciso aturar da manhã à noite; são jantares sobre jantares, visitas sobre visitas".[45] Ela valorizava mais a existência aristocrática, com seus prazeres e informalidades, do que a vida cortesã repleta de compromissos e cerimônias. A permanência no estrangeiro estimulou D. Isabel a ser a comtesse d'Eu, não a princesa imperial do Brasil.

Os meses passados na Europa tiveram a influência oposta em Gastão d'Orléans. Aumentaram nele a confiança em sua capacidade e em sua importância, e lhe reforçaram o desejo de desempenhar um papel no governo do Brasil. Tal como o rei Guilherme III da Inglaterra, ele não tolerava a perspectiva de passar o resto da vida na função de "escolta" da esposa, sempre a seguindo dois ou três passos atrás. Como herdeira do trono, D. Isabel tinha um lugar legítimo nos negócios públicos. O conde d'Eu acreditava que, ao se casar, ela lhe havia transferido efetivamente esse lugar. Em suas cartas a D. Pedro II, que raramente contêm mais do que menções passageiras à esposa, sua principal preocupação era impor seus direitos. Procurava manter o imperador a par dos acontecimentos na Europa e não hesitava em fazer comentários ou dar conselhos acerca dos desenvolvimentos no Brasil. A distância o tornou audacioso. Ele tentou demonstrar ao monarca que devia ser tratado como igual, como um poder em si, como uma pessoa importante na condução dos negócios. Simplesmente desdenhou a negação nas cartas de D. Pedro II, as quais deixavam claro que D. Isabel era o objeto principal

---

45 AGP XL-2, de D. Isabel a D. Pedro II, Claremont, [Inglaterra] 20 de maio de 1865.

de seu interesse, e que Gastão não tinha nenhuma função além da de seu marido. Gestava-se um conflito de vontades.

A crise enfrentada pelo Brasil no rio da Prata à época da partida do casal evoluiu para uma guerra em grande escala pouco antes de seu retorno ao Rio de Janeiro, em 16 de julho de 1865. Após a invasão da província de Mato Grosso, no fim de 1864, uma segunda força paraguaia entrou em território argentino em abril de 1865, violando a neutralidade daquele país. Em junho, as mesmas tropas invadiram a província do Rio Grande do Sul. D. Pedro II tomou as ações do Paraguai como uma afronta à honra da nação e à sua própria, abuso que só a vitória total seria capaz de compensar. Em 10 de julho embarcou para o Rio Grande do Sul, levando consigo o genro August. Deixou uma carta em que instava o conde d'Eu a ir se encontrar com ele na frente de batalha assim que chegasse. Essa ordem, pois não era menos que uma ordem, Gastão a cumpriu celeremente. Já tivera o seu batismo de fogo no Marrocos, combatendo como oficial da artilharia espanhola, e ambicionava aumentar sua reputação militar. Estava à procura de um papel masculino. Quanto a D. Isabel, esta comemorou o décimo nono aniversário em 29 de julho, três dias antes da partida de Gastão. Com essa idade, em 1844, seu pai já governava o Brasil havia quatro anos e meio. Se ela fosse homem, teria sido nomeada regente do Brasil durante a permanência do soberano na frente de batalha — ou talvez até mesmo o acompanhado na luta. No mínimo, desempenharia um papel autônomo, participando da missão de governar. Beneficiar-se-ia de um preparo inestimável para a futura missão de governante. Se fosse homem, decerto seria autorizada a morar na residência do casal, no distrito de Laranjeiras. Mas era mulher. O *status* tão elevado nada significava diante de seu gênero, como atesta a carta que escreveu a D. Pedro II em 31 de julho:

> Meu Gaston amanhã vai partir, Papai há de fazer bem ideia de quanto me custará esta separação! Não tenho necessidade de pedir-

Princesa Isabel do Brasil

-lhe que tenha cuidado de meu bom, excelente e caríssimo Gaston ... A mana tem passado comigo estes dias. Amanhã iremos almoçar em S. Cristóvão. Gaston partirá às 10 e eu ficarei lá.[46]

Durante a ausência dos maridos, as duas irmãs foram obrigadas a ficar com a mãe, afastadas do mundo. E isso não foi tudo. No dia em que Gastão se foi, D. Isabel recebeu dele uma longa lista de instruções sobre como se portar em sua ausência.

Procura recordar, na medida do possível, onde está cada um dos teus pertences pessoais e, para tanto, guarda-os sempre no lugar.

Nunca saias da chácara sem eles [o barão e a baronesa de Lajes, mordomos do casal].

Nunca recebas homens, a não ser na companhia de outra mulher.

Não relaxes na postura: fica erguida e bem plantada nos dois pés. Estando sentada, não os mostres. Não faças caretas e pensa em Banting [fazer dieta].

Cuida do teu físico.

Sê gentil, tem deferência pela tua mãe. Na minha ausência, é a tua primeira obrigação. É a tua obrigação com Deus, contigo mesma, comigo, com a humanidade.

Todas as noites e na missa, reza pelo Brasil, por mim e por teu pai.

Relê tudo isto algumas vezes.[47]

Diante dessa peça de sublime arrogância masculina, é difícil imaginar que, se D. Pedro II tombasse no campo de batalha, a princesa subiria ao trono para exercer os amplos poderes que a Constituição conferia ao monarca.

---

46 AGP XL-2, de D. Isabel a D. Pedro II, Laranjeiras, 31 de julho de 1865.

47 AGP XLI-3, de Gastão, conde d'Eu, a D. Isabel, Laranjeiras, 22 de julho de 1865. O envelope é endereçado: "À minha bem-amada Isabel na ocasião da minha partida para a província do Rio Grande do Sul. Enviada 1/8/865". Em 1863, William Banting havia publicado na Inglaterra A Letter on Corpulence, Addressed to the Public [Uma carta sobre a obesidade, endereçada ao público], o primeiro livro de dieta famoso, do qual se venderam ou distribuíram cinquenta mil exemplares.

D. Isabel com a mãe e a irmã em agosto de 1865
Cortesia da Biblioteca Nacional, Rio de Janeiro

D. Isabel se sujeitou às determinações. Se morar com a mãe era o que lhe ordenavam o pai e o marido, ela não oporia resistência. "As saudades tuas são bem grandes, meu querido", escreveu a Gastão algumas horas depois de sua partida. "Li o teu bilhete e vou tentar fazer o que me pedes." No dia seguinte, contou: "Eu dormi bem com o teu retrato e o teu bilhete sob o travesseiro". As cartas seguintes mostram com que determinação ela se empenhou em realizar os desejos do esposo, apesar de sua existência reclusa e aborrecida. "Não posso dizer que os dias que passam não são parecidos, pois há pouquíssima diversão em minha vida em São Cristóvão", escreveu-lhe em 11 de agosto, acrescentando: "Eu gosto tanto de fazer as coisas para ti, gosto tanto de te ser útil de algum modo". Esforçou-se para emagrecer, adotando o primeiro sistema famoso de dieta: "O Banting está indo muito bem. Ontem eu resisti corajosamente a um apetitoso feijão preto". No entanto, "A verdade é que não segui muito o Banting", D. Isabel confessou no fim de setembro. "Vou tentar segui-lo com bastante rigor. Mas, em S. Cristóvão, é deveras difícil ser rigorosa. Há muita comida que engorda." Também tratou de se aplicar no programa de autoaprimoramento cultural exigido pelas instruções de Gastão. "Hoje eu descobri que, desde a tua partida, li 181 páginas de obras sacras, 687 de francesas, 1.392 de portuguesas", relatou em 9 de outubro, "que traduzi dez páginas e meia do inglês, dez do italiano e quatorze do alemão, que copiei 137 páginas do livro de salmos do Papai. Acho que não está tão mal". Essas atividades não serviram para diminuir o tédio da vida de D. Isabel. No Paço, o único acontecimento digno de nota foi o noivado de Martha, sua criada pessoal, que fora libertada da escravidão em homenagem ao casamento da princesa: "Hoje eu dei ... 100$000 à minha negrinha [*ma petite négresse*], que vai se casar. Pode comprar o enxoval com o dinheiro". Três meses depois da partida do conde d'Eu, D. Isabel foi obrigada a confessar: "Não tenho nada de novo a contar. Os meus dias se sucedem e são todos muito parecidos".[48]

À medida que os dias se transformavam em semanas, as semanas em meses, e o marido não retornava, a saudade de Gastão

---

48 AGP XL-1, de D. Isabel a Gastão, conde d'Eu, São Cristóvão, 1º de agosto de 1865; passagens datadas de 2, 3 de agosto de 1865, "às 2 e meia", 3 de agosto de 1865, "às 10 horas da noite", e 9 de agosto de 1865, 11 de agosto de 1865 e 20 de outubro de 1865; passagem datada de 24 de setembro, 22 de setembro de 1865, 9 de outubro de 1865 e 20 de outubro de 1865.

passou a dominar o pensamento e a correspondência de D. Isabel. "Eu tenho rezado muito a Nosso Senhor, todos esses dias, por ti, por papai e pelo Brasil", explicou — não "pelo Brasil, por mim e por teu pai", como recomendara Gastão. Escrevia-lhe duas vezes por dia na tentativa de abrandar a dor da sua ausência:

> Faz uma semana que partiste e me parece mais tempo do que os seis meses que passamos viajando.
>
> Meu corpo está aqui em S. Cristóvão, mas meu pensamento geralmente está muito longe daqui.
>
> Eu não tenho outro consolo senão escrever-te, meu querido, e pensar em ti me faz chorar neste momento.
>
> Tu és tão bom, tão bom, me amas tanto, todo dia eu o reconheço com mais e mais gratidão.

Algumas semanas depois, ela escreveu: "Faz dois meses que partiste e me parece que faz um século! Esta noite, eu chorei de saudades de ti, meu querido, esta noite, quando estava com mamãe".[49]

Boa parte da solidão de D. Isabel provinha da frustração sexual. "Aqui a minha cama é muito menor que a de Laranjeiras, mas me parece muito mais vazia!!!", escreveu no dia seguinte à partida de Gastão. Nas cartas da princesa, o uso de três pontos de exclamação sempre indicava que ela estava sentindo uma emoção maior do que era capaz de exprimir em palavras. O desejo erótico impregnou a referência, nas missivas, ao aniversário de seu primeiro encontro e aos galanteios.

Ela ansiava tanto por contato físico que chegou a tirar uma mecha de cabelo e incluí-la na carta (ver "Com a sua própria voz", a seguir).

---

49 AGP XL-1, passagem datada de 5 de agosto em D. Isabel a Gastão, conde d'Eu, São Cristóvão, 1º de agosto de 1865, 7 de agosto de 1865, 12 de agosto de 1865, 25 de agosto de 1865, 1º de outubro de 1865, 20 de outubro de 1865.

Com a sua própria voz

São Cristóvão, 18 de setembro de 1865, 8 horas da noite

Meu querido, meu adorado Gastão,

Hoje faz um ano que, nesta mesma hora, eu tive a felicidade de receber o teu pedido de casamento no salão de onde acabo de sair para te escrever. Não posso deixar passar o abençoado dia de hoje sem escrever alguma coisa nesta hora, uma cartinha separada. Já derramei algumas lágrimas, olhando para o lugar em que estávamos há um ano, exatamente neste dia e nesta hora. Como estávamos trêmulos, mas também como estávamos contentes. Oh, querido, eu nunca me arrependerei de te haver escolhido originalmente no meu coração e, depois, de te haver aceitado com todo o coração, de te haver aceitado como marido. Eu te amo muito, querido; amo-te mais a cada dia. Como eu gostaria de te ver aqui, meu amor! O que me consola um pouco, como a ti, é pensar que estás pensando em mim, que também me amas muito. Envio-te de lembrança uma mecha de cabelo que cortei neste momento.

Oh, meu amor, meu querido, meu bem-amado, meu tudo, nunca duvides do amor que a tua mulherzinha querida sente por ti, desta que te adora.

Isabel

Eu tenho tantas saudades, principalmente em dias como hoje.[50]

---

50 AGP XL-1, de D. Isabel a Gastão, conde d'Eu, São Cristóvão, 18 de setembro de 1865. O pequeno embrulho com o cabelo é endossado pelo conde: "Mecha de cabelo de Isabel cortada em 18/9/864 e enviada para mim na Pr. do R. G. do Sul".

Uma folha de papel dobrada ainda contém esse cacho castanho-claro, tão viçoso e brilhante quanto no dia em que ela o enviou ao marido. Em outubro, as cartas dão franca expressão ao desejo sexual: "Hoje eu já não tenho o meu período. Estou certa de que também estás ansioso por me ver grávida. Eu quero tanto ser a mãe do teu filho, ter um filho de quem eu amo tanto, de quem eu amo acima de tudo, meu amor!!! Que saudades eu tenho de ti". Cinco dias depois, escreveu: "Querido, com que ardor eu quero rever-te, eu te amo tanto, meu amigo, meu queridinho, como vou ficar contente quando estiver nos teus braços sempre tão bons para mim!!! Quando eu poderei dormir no teu ombrinho!!! Espero que seja logo!!!".[51]

A correspondência trocada pelo casal era unilateral, como deixa claro o início de uma das cartas de Gastão. "Minha querida, no dia 5 eu recebi as tuas cartas a partir de 12 de agosto, e podes imaginar com que alegria as devorei", ele escreveu em 11 de setembro, "no acampamento em frente a Uruguaiana". "Queria muito responder cada ponto do que me contas, mas a mobilidade perpétua em que papai nos obriga a viver todos estes dias não me permite."[52] Ao chegar ao Rio Grande do Sul, o conde se viu confrontado com um mundo muito mais duro e exigente do que ele imaginava. Seu sonho de assumir um papel de liderança na luta e ter voz na direção dos negócios não deu em nada. Dois egos masculinos colidiram durante as longas semanas passadas no Rio Grande do Sul. Infenso, por inclinação e experiência, a dividir o poder e hostil a qualquer tipo de coerção e controle, D. Pedro II não tinha a menor intenção de dar ao genro um comando militar autônomo. Imaturo para os seus 23 anos, o conde d'Eu era extremamente irritável, ofendia-se

---

51 AGP XL-1 passagem datada de 2 de agosto em D. Isabel a Gastão, conde d'Eu, São Cristóvão, 1º, de agosto de 1865; passagem datada de 8 de outubro em 7 de outubro de 1865; 13 de outubro de 1865.

52 AGP XLI-3, de Gastão, conde d'Eu, a D. Isabel. Au camp devant Uruguayana, 11 de setembro de 1865.

facilmente e perdia o ânimo com a mesma facilidade. Já beirando então a meia-idade, o imperador tinha muito autocontrole, não se ofendia à toa e era um verdadeiro mestre em política, por isso não teve a menor dificuldade para bloquear as solicitações do genro. Os motivos com que justificou sua recusa foram tão plausíveis que não deram margem a cisões nem a uma aparência de briga entre os dois, se bem que, dali por diante, suas relações tenham sido afetadas por uma boa dose de tensão e desconfiança.

Depois da capitulação das forças paraguaias cercadas em Uruguaiana, vitória presenciada pelo imperador e seus genros, o conde d'Eu perdeu toda esperança de participar da planejada invasão do Paraguai. "Não me resta senão me confinar em Laranjeiras e mergulhar nos livros", escreveu ao pai.[53] No fim de outubro, o desentendimento com o sogro, a frustração de seus desejos e o estresse da campanha provocaram nele um problema gástrico. O tratamento ministrado pelo velho médico francês indicado pelo imperador piorou o seu mal, pelo menos foi essa sua queixa a D. Isabel. Ele só podia tomar canja.

D. Pedro II, que nunca adoecia e se agigantava no estresse, manifestou escassíssima solidariedade pelo genro, comunicando laconicamente à esposa: "Não há novidade além dum incômodo de Gastão de que está quase restabelecido de todo. Não vai comigo até Porto Alegre para descansar mais. Não é cousa de cuidado". [54] Aliás, a ausência do imperador acelerou a recuperação do rapaz: "Eu estou passando bem em Pelotas, livre das intermináveis visitas a escolas e repartições de que Papai gosta tanto".[55] A perspectiva de reunir-se com a esposa depois de

---

53 AGP XLI-1, de Gastão, conde d'Eu, a Luís, duque de Nemours, rio Uruguai, 25 de setembro de 1865.
54 AGP XXXVIII-3, de D. Pedro II a D. Teresa Cristina, Pelotas, 26 de outubro de 1865.
55 AGP XLI-3, de Gastão, conde d'Eu, a D. Isabel, Desterro, Santa Catarina, 6 de novembro de 1865.

três meses de ausência também o estimulou. No dia 9 de novembro de 1865, a comitiva imperial desembarcou no Rio de Janeiro. A princesa estava esperando. Aquela noite, terminada a longa separação, D. Isabel se atirou nos braços de Gastão como tanto sonhara. Agora podia se dedicar de corpo e alma a ser a esposa dele.

4
A esposa, 1865-1872

D. Isabel e o conde d'Eu, Richmond, Inglaterra,
fins de 1870
Cortesia da Fundação Grão-Pará, Petrópolis

"O Paço Isabel, nossa residência no Rio depois do casamento, situado nas aforas da cidade, bem longe de São Cristóvão, é uma bela casa erguida no meio de um jardim enorme, no sopé de uma colina bastante alta", recordou D. Isabel na velhice. "Suas alamedas arborizadas e sinuosas, rodeadas de miríades de borboletas, algumas de grandes asas de um azul iridescente, levavam-nos a uma vista esplêndida da baía, do Pão de Açúcar e das outras ilhas e montanhas da baía." A princesa e o marido haviam ocupado brevemente o palacete em julho de 1865, pouco antes que ele viajasse ao Rio Grande do Sul, por isso este representava para ela a alegria de ser esposa. "Não consegui conter as lágrimas", contou a Gastão quando de uma visita ao Paço Isabel pouco depois de sua partida, "ao rever aquela casa em que passamos dias felizes juntos". "Não tenho prazer em ir para lá sem ti", confessou dois meses depois; "é tão triste; tudo faz com que me lembre de ti e me deixa tão triste!!!" (*Joies et tristesses*).[1]

Com o retorno do conde d'Eu do extremo sul em novembro de 1865, o casal se instalou no novo lar, ao qual não tardaram a imprimir a sua própria marca. Encheram os jardins de plantas e árvores exóticas. Na recém-inaugurada rua Paissandu, que ia do paço à Baía de Botafogo, plantaram uma fileira dupla de palmeiras-reais que lá estão até hoje. Decoraram e mobiliaram o interior da mansão no estilo e no gosto pesado em voga na época. Nos 24 anos seguintes, o Paço Isabel foi a sua residência na cidade do Rio de Janeiro e o principal cenário em que a princesa cumpriu seus deveres de esposa.

No século XIX, uma mulher casada de classe média ou alta tinha cinco obrigações principais. A primeira e mais importante era servir ao esposo, dando-lhe apoio, afeição, fidelidade e proteção irrestritos. Em segundo lugar, tinha de governar o lar, tornando-lhe a vida privada confortável. O terceiro dever

---

1 AGP XL-1, passagem datada de 12 de agosto em D. Isabel a Gastão, conde d'Eu, São Cristóvão, 11 de agosto de 1865, 28 de setembro de 1865.

O Paço Isabel, Laranjeiras, Rio de Janeiro
Cortesia da Biblioteca Nacional, Rio de Janeiro

era desempenhar o papel de mediadora e facilitadora no interior da malha familiar, conciliando os quatro pais e outros parentes mais velhos que ela. Quarto, devia construir um círculo de amigos e conhecidos a fim de empreender atividades sociais tanto para proclamar o *status* do marido como para criar uma rede de amizades gratificantes. A última e não menos importante das cinco obrigações da esposa consistia em parir e criar os filhos do esposo.

Pode ser que a extensão e a complexidade desses deveres, bem como o pesado fardo que eles impunham, nos pareçam excessivas e intoleráveis e, de fato, por vezes se tornavam insuportáveis. Algumas mulheres, física e mentalmente assoladas, se refugiavam na invalidez, passando meses ou anos de cama. Não se sabe se, no início da vida de casada, D. Isabel chegou a parar para pensar no que lhe era exigido, mas como, em suas próprias palavras, ela nunca se inclinou "a ver as coisas totalmente pretas", é provável que não. Aceitou as responsabilidades que lhe cabiam. No começo de 1867, contou ao sogro que deplorava qualquer situação em que "não possa fazer por ele [Gastão] tudo que estiver ao meu alcance".[2] Para ela, o fato de ser herdeira do trono não alterava nem abrandava suas obrigações conjugais. Nos primeiros anos de casamento, a determinação da princesa em ser uma esposa-modelo plasmou-lhe a vida.

Quando passou a residir no Paço Isabel, estava muito mais bem equipada para cumprir os deveres de esposa do que um ano antes, à época do casamento. Nos meses que passou com os parentes dela e de Gastão na Europa, teve oportunidade de compreender o papel desempenhado pela esposa no estilo de vida aristocrático que adotou como modelo, e suas viagens lhe deram mais equilíbrio e refinamento. Os três meses de reclusão em São Cristóvão, durante os quais tentou bravamente seguir as instruções de Gastão, desenvolveram-lhe a autodisciplina e aumentaram sua perseverança e autoconfiança. Embora ainda jovem — não completara ainda vinte anos — e inexperiente, amadureceu consideravelmente a partir de outubro de 1864.

D. Isabel tinha muita satisfação em executar a primeira de suas obrigações de esposa, devotando a Gastão apoio incondicional, afeto, fidelidade e proteção. Decerto a adoração pelo marido lhe facilitou a tarefa. Ao enviar ao sogro uma fotografia de Gastão com farda de voluntário da pátria, ela observou: "Na minha opinião ele fica *charmant* [atraente] com essa farda"; e acrescentou num lampejo de cândida introspecção: "a verdade é que, para mim, ele é sempre *charmant*". O conde d'Eu não poupava elogios à esposa. "Aqui nós levamos uma vida muito agradável", escreveu a uma conhecida europeia em agosto de 1866, "e

---

2 AGP XL-4, de D. Isabel a Luís, duque de Nemours, São Cristóvão, 5 de fevereiro de 1867.

Princesa Isabel do Brasil

a cada dia eu agradeço mais a Deus por tudo quanto encontrei no casamento".[3] A cálida amizade que D. Isabel oferecia ao marido explica boa parte de seu sucesso conjugal. Não menos importantes eram o apoio e a solidariedade que demonstrava durante os achaques, geralmente de natureza bronquial, que ele tendia a sofrer nos momentos de estresse. "Gastão passou mal ultimamente", ela relatou ao pai em fevereiro de 1867; "anteontem, ficou de cama a maior parte do dia, mas, graças a Deus, hoje está melhor. Estava com a garganta tão inflamada que mal conseguia falar".[4] No papel de anjo da guarda, ela era menos a esposa que uma substituta da mãe do conde, falecida quando ele tinha treze anos e meio.

A princesa procurou cumprir da melhor maneira possível o segundo dever conjugal: proporcionar ao marido uma confortável vida doméstica. A administração do Paço Isabel estava a cargo de um mordomo e de uma legião de criados, e parece que o conde d'Eu se envolvia nas questões do lar. A se dar crédito a um comentário feito por ele em julho de 1867, apenas lentamente a princesa tornou-se competente no papel de dona de casa. "Isabel, que se vai tornando muito boa diretora de casa com a filha de Borges, está absorvida em organizar relações de balas e sorvetes para a noite de segunda-feira."[5] E Gastão perdoava prontamente as eventuais imperfeições da esposa, já que ela se dedicava de bom grado a uma ampla variedade de tarefas domésticas. Na cozinha, preparava coisas como compota de pêssego e bolinhos. Servia-se da agulha e dos pincéis para criar obras de arte, algumas das quais decoravam a casa.

---

3 De Gastão, conde d'Eu, a Mme. Bernard de Lagrave, Laranjeiras, 5 de agosto de 1866, citado em Rangel (1935, p.127).

4 AGP XLI, de D. Isabel a Luís, duque de Nemours, São Cristóvão, 3 de setembro de 1865; Laranjeiras, 5 de fevereiro de 1867.

5 AGP XL-2, de Gastão, conde d'Eu, a D. Pedro II, [Laranjeiras] 5 de julho de 1867.

Aspectos do interior do Paço Isabel
Cortesia da Biblioteca Nacional, Rio de Janeiro

No jardim do Paço Isabel, passou a cultivar uma enorme coleção de orquídeas. A primeira menção a essas plantas aparece em uma carta dela ao pai datada de 24 de janeiro de 1868: "Estou fazendo uma coleção de orquídeas e confesso-lhe que algumas delas furtei-lhas no jardim". Quinze dias depois, acrescentou: "Vou adiantando bastante o álbum das orquídeas; quase todos os dias tenho pintado uma, duas ou três".[6] No fim de abril, reunira um total de 93 espécies. Em setembro de 1869, contou a Gastão: "Agora nossas orquídeas em Laranjeiras [Paço Isabel] estão dando muitas flores e das mais bonitas".[7]

No manejo da terceira função, a de mediadora e facilitadora da malha familiar, a princesa mostrou segurança e muita competência. Suas cartas ao sogro, o duque de Nemours, revelam um relacionamento amigável e respeitoso de ambas as partes. Também mantinha contatos frequentes com muitos tios e tias

---

6 AGP XL-2, de D. Isabel a D. Pedro II, Petrópolis, 21 de janeiro e 3 de fevereiro de 1868.

7 AGP XL-1, passagem datada de 27 de setembro em D. Isabel a Gastão, conde d'Eu, São Cristóvão, 17 de setembro de 1869.

na Europa. Com D. Leopoldina e Gousty, que moravam no Rio de Janeiro, as relações eram cordiais, mas não íntimas. Eram os seus próprios pais que mais dificuldade causavam a D. Isabel. No começo de dezembro de 1865, pouco depois de voltar da frente de batalha para o Rio de Janeiro, D. Pedro II se queixou à condessa de Barral: "A minha vida não é como dantes; sinto-o todos os dias; porém minhas [filhas] são felizes, e a amizade é grande remédio".[8] A verdade é que o imperador continuava a esperar das filhas que despertassem nele o interesse e o estímulo que lhe faltavam na companhia da esposa. Esta, por sua vez, que vivia para os demais e em função deles e tinha muita satisfação nas relações familiares, desejava estar constantemente em contato com D. Isabel e sua irmã.

Criada para ser uma filha dedicada e possuidora de fortes vínculos emocionais com o pai, D. Isabel se empenhava em corresponder às expectativas dos pais. Tinha "a obrigação de visitar S.S. M.M. de dois em dois dias", o conde d'Eu informou o pai em dezembro de 1867. "Isabel nunca passa 48 horas sem percorrer aos solavancos as ruas da cidade, cujo calçamento às vezes deixa muito a desejar."[9] A nova situação de esposa e dona de casa a ajudou muito a manter uma relação confortável com a mãe. As duas trocavam uma infinidade de presentes, que iam das guloseimas à indumentária. Uma fazia encomendas e compras para a outra. Em 1868, o relacionamento havia desenvolvido uma rotina familiar que, pelo menos do ponto de vista de D. Isabel, não dava muito que pensar nem preocupava.

Por diversos motivos, ela não conseguia ter uma relação tão despreocupada com D. Pedro II. Segundo as convenções da época, os deveres da filha para com o pai não cessavam com o ca-

---

8 AHMI I, DBM, 6.4.865, PI. B. c. 1-27, de D. Pedro II [Laranjeiras] à condessa de Barral, s.d. [Rio de Janeiro, 7 ou 8 de dezembro de 1865], impresso em Magalhães Jr. (1956, p.56).

9 AGP XLI-1, de Gastão, conde d'Eu, a Luís, duque de Nemours, Petrópolis, 22 de dezembro de 1867.

samento. Era ela quem devia agradá-lo, não o contrário. D. Pedro II esperava que seus desejos fossem acatados como ordens, mesmo quando não eram expressos como tais e se referiam a questões mínimas. No começo de 1867, cooptou a filha e seu marido para a missão de corrigir e ler as provas — "uma chatice de primeira ordem", resmungou Gastão — do catálogo em francês, "muito mal feito em todos os aspectos",[10] para o estande brasileiro na planejada Exposição de Paris. Na época, a Guerra do Paraguai não ia bem, e o imperador dedicava seu tempo e sua energia a assegurar a vitória. Continuava a querer o contato das filhas, mas nas ocasiões e de modo que lhe fosse conveniente. Organizar jantares ou idas ao teatro em que todos se sentissem satisfeitos exigia tato da parte de D. Isabel. "Se Papai quisesse hoje ir ao teatro lírico para ver a abadia de Melrose, a catedral de Paris e outras coisas bonitas, nos faria muito prazer",[11] escreveu em novembro de 1867; "espero pois por uma resposta e creio que ela será favorável". Às vezes usava a mãe para preparar o terreno: "Quarta-feira iremos jantar em S. Cristóvão? Como Papai tem despacho de manhã, supomos que seria melhor irmos para o jantar e ficar lá à tarde".[12]

De 1865 em diante, o fator que passou a criar mais dificuldade para D. Isabel no relacionamento com D. Pedro II foi a tensão crescente entre ele e seu marido. Superficialmente, a relação dos dois era boa, até mesmo cordial. No fundo, porém, as emoções ferviam. O motivo era muito simples. O conde d'Eu queria retornar à frente de batalha e o imperador não deixou. Nunca explicou a razão dessa proibição. Provavelmente não queria perder Gastão de vista: temia os possíveis riscos (sobretudo o de morte em combate) de autorizá-lo a integrar as forças brasi-

---

10 AGP XLI-1, de Gastão, conde d'Eu, a Luís, duque de Nemours, Laranjeiras, 11 de março de 1867, citado em Rangel (1935, p.160).
11 AGP XL-2, de D. Isabel a D. Pedro II, Petrópolis, 19 de novembro de 1867.
12 AGP XL-3, de D. Isabel a D. Teresa Cristina, Laranjeiras, 16 de dezembro de 1867.

leiras e, basicamente, detestava dar autonomia de ação a quem quer que fosse.

Quinze dias depois de chegar do Sul, em 9 de novembro de 1865, ele nomeou o genro comandante geral da artilharia e presidente da Comissão de Melhoramentos do Exército. Apesar dos títulos gloriosos, nenhum desses cargos envolvia responsabilidades reais — não passavam de funções burocráticas que só serviam para intensificar o ressentimento do conde. A partir de 1866, Gastão passou a fazer reiteradas solicitações públicas para ser dispensado desses cargos e enviado ao Paraguai para lutar. E toda vez D. Pedro II obstruía astuciosamente o pedido sem mostrar que estava envolvido, lançando mão dos ministros e do Conselho de Estado (sempre servis aos seus desejos) para que indeferissem os requerimentos do genro. O descontentamento do conde não tardou a chegar ao conhecimento público, tanto que os elementos políticos de visão liberal radical e na oposição começaram a cortejá-lo na tentativa tanto de criar como de explorar a cisão entre ele e o sogro.

Em dezembro de 1867, no começo do verão, quase irrompeu um desentendimento público. Para poder fazer frente a qualquer emergência súbita na Guerra do Paraguai, D. Pedro II decidiu não se mudar para Petrópolis e, apesar do calor sufocante, permanecer na cidade do Rio de Janeiro. À imperatriz só restou fazer-lhe companhia. "Minha filha Isabel e seu marido foram sábado [21 de dezembro] passar a estação calorosa em Petrópolis", informou D. Pedro II à condessa de Barral. "Eu aqui fico quase só."[13] Escrevendo para o pai, o conde d'Eu justificou a mudança de residência por questão de saúde e outros motivos. Por plausível que fosse a explicação, a mudança podia ser vista — e, de fato, assim foi interpretada pelos liberais radicais —

---

13 AHMI I, DBM, 8.1.867, PI. B. c. 1-27, de D. Pedro II à condessa de Barral, Rio de Janeiro, 23 de dezembro de 1867, impresso em Magalhães Jr. (1956, p.56). O texto impresso troca a palavra "calorosa" por "chuvosa".

Roderick J. Barman

como um ato de protesto, uma declaração de independência da herdeira do trono e do príncipe consorte. A tensão cada vez maior entre o marido e o pai de D. Isabel, ambos objeto de seu amor, dificultou-lhe muito a existência. Um conflito aberto entre os dois a tornaria insuportável e significaria seu fracasso no cumprimento dos deveres de esposa. Até então, ela conseguira comportar-se como se não houvesse tensão alguma, tratando de não tocar no assunto. A percepção contemporânea da mulher, tida por naturalmente inocente e ingênua, facilitou o expediente. Em janeiro de 1868, a distribuição de panfletos nas ruas do Rio de Janeiro, em que se dizia que o conde estava disposto a voltar à Europa em protesto contra o descaso com que o governo o tratava, tornou impossível para a princesa continuar alheia ou em silêncio. Em 24 de janeiro ela escreveu ao pai:

> Escrevo-lhe verdadeiramente bem amofinada de tudo quanto ouço dizer. Chegou hoje aqui um boletim estúpido, Papai é que nos pode consolar, diga-nos o que devemos fazer, devemos voltar para o Rio? Estamos prontos a fazê-lo se isso for de qualquer utilidade, bem que a nossa estada aqui não é só por divertimento e principalmente para nossa saúde, para que Gaston descanse um pouco; e verdadeiramente bem penso para que não possamos dar um passo sem que logo façam sobre este comentários mais ou menos ridículos e desagradáveis! Graças a Deus, sempre estivemos na maior harmonia com nosso bom Papaizinho, e isso é de grande esmola para nós. Más línguas que não deixam a gente sossegada! Creia que estou bem triste, mas no meio de tudo dou sempre graças a Deus de não me dar um desses tormentos. Espero sua resposta amanhã.[14]

A expressão de ultraje da princesa com os boatos e a sua falsidade pode ser tomada *ipsis litteris*. Mas também pode ser interpretada como uma censura aos dois homens, por terem se

---

14 AGP XL-2, de D. Isabel a D. Pedro II, Petrópolis, 24 de janeiro de 1868.

comportado de modo a dar oportunidade aos mal-intenciona-dos de criar problemas, e como uma advertência a ambos para que mudassem de procedimento. Calculada ou não, a explosão da princesa certamente surtiu efeito. Gastão recuou, enviando a D. Pedro II uma carta conciliadora em que se dispunha a vol-tar imediatamente à cidade do Rio de Janeiro se ele assim de-sejasse. Sabiamente, o imperador não deu importância ao inci-dente e, quaisquer que fossem seus verdadeiros sentimentos, mandou respostas tranquilizadoras à filha e ao genro. Dali em diante, embora a relação dos dois tenha se conservado fria, am-bos trataram de se abster de qualquer atitude capaz de exacer-bar a situação. Neste caso específico, D. Isabel foi notavelmente bem-sucedida em promover uma fachada de unidade e harmo-nia familiar, seu terceiro dever de esposa.

A quarta tarefa que lhe cabia era organizar uma vida social ativa que aumentasse o brilho e a influência do marido. No pe-ríodo passado na Europa, ela participara dos bailes e recepções essenciais à vida aristocrática de que tanto gostava. Já em 15 de outubro de 1865, quando ainda se achava no remoto Sul, Gas-tão d'Orléans propôs "dar um baile para comemorar o nosso fe-liz regresso e a vitória de Uruguaiana, se te convém. Creio que a melhor data seria o 1º de dezembro".[15] Ele adoeceu logo depois de escrever essa carta, de modo que o baile foi cancelado. Ali-ás, parece que até o começo de 1867 não houve nenhum even-to social formal no Paço Isabel, nem festa nem baile.

Os motivos da demora são claros. O casal se deixou absor-ver por uma segunda lua de mel, organizando o novo lar e, para usar as palavras de D. Isabel, "distraindo-nos ou estudando jun-tos!!! e desfrutando a felicidade que temos estando juntos".[16]

---

15 AGP XLI-3, de Gastão, conde d'Eu, a D. Isabel, Bagé, Rio Grande do Sul, 17 de outubro de 1865.

16 AGP XL-1, de D. Isabel a Gastão, conde d'Eu, São Cristóvão, 25 de agosto de 1865.

Numa carta à Europa de agosto de 1866, o conde d'Eu confirmou a visão que sua esposa tinha da vida:

> Como a vida social é pouco desenvolvida e pouco desenvolvível nestas regiões, a nossa existência é inteiramente íntima. Eu saio apenas o tempo necessário para cumprir os meus deveres militares. Em casa, quando tenho um trabalho que preparar, ela [D. Isabel] faz as vezes de minha secretária e, ao mesmo tempo, corrige os erros que ainda cometo em português. Depois nós lemos muito, geralmente em voz alta, alternando livros em francês e em português, sérios e ... romances (pois temos de instruir a moça [D. Isabel]). ... A pintura e a música sempre ocupam certas horas do dia.[17]

A observação de Gastão d'Orléans acerca da falta de vida social era inteiramente justificável e se aplicava à família imperial. D. Pedro II não dava um baile oficial desde 1852. Não havia nenhum tipo de festa no Paço São Cristóvão. Eventos formais no Paço Isabel contrariariam esse costume, fato que, combinado com a inexperiência da princesa na administração do lar, provavelmente postergou o ingresso do jovem casal na vida social. Em janeiro de 1867, passaram a receber em casa visitas de duas horas nas noites de segunda-feira. Ocasionalmente, também davam recepções maiores às segundas-feiras, com jantar, orquestra e dança, às quais convidavam de oitenta a cem pessoas.

Por vezes, essas festas apresentavam programas musicais, com os convidados a cantarem as partes vocais de *Don Giovanni*, de Mozart, e *Fausto*, de Gounod. A esses recitais acorriam políticos importantes, diplomatas estrangeiros e intelectuais conhecidos, que conversavam com o conde d'Eu.

Conforme a prática social da época, D. Isabel se ocupava principalmente das convidadas, geralmente esposas e filhas dos homens presentes. Suas amigas mais íntimas continuavam

---

17 De Gastão, conde d'Eu, à Mme. Bernard de Lagrave, Laranjeiras, 5 de agosto de 1866, citado em Rangel (1935, p.127).

a ser as da infância, como Amandinha de Paranaguá e Adelaide Taunay. A princesa gostava muito de interagir com outras mulheres em atividades sociais e culturais em pequenos grupos de caráter informal. Sua educação reclusa e as restrições que ainda cercavam a vida das mulheres da classe alta no Brasil fizeram com que, no primeiro ano de casamento, ela não tivesse um pa-

Amandinha de Paranaguá
Cortesia da Biblioteca Nacional, Rio de Janeiro

pel importante nos eventos sociais da capital do país. Sua vida social transcorria dentro de casa.

A quinta e última obrigação imposta à esposa era a de dar um grande número de filhos ao marido. Como a continuidade da dinastia de D. Pedro II dependia dos descendentes gerados pelas princesas, de preferência vários filhos varões, o casamento das duas foi muito bem-vindo. Quatro meses depois das núpcias, D. Leopoldina estava grávida. Embora tenha tido um aborto no começo de maio de 1866, tornou a conceber em meados de junho e deu à luz um menino em 6 de dezembro de 1867. Seguiram-se dois outros em maio de 1869 e em setembro de 1870. O povo brasileiro não podia pedir mais.

D. Isabel não estava grávida quando da viagem do conde d'Eu ao Sul. No início de outubro de 1865, ela lhe escreveu: "Estou certa de que também estás ansioso por me ver grávida. Eu quero tanto ser a mãe do teu filho".[18] Ele regressou no começo de novembro. Decorreram os meses, o segundo aniversário de casamento (15 de outubro de 1866) chegou e passou, e a princesa continuava sem dar sinal de haver concebido. A opinião da época culpava a mulher pela ausência de gravidez, falha que punha em dúvida sua própria feminilidade. O marido não podia ser responsável. Como os homens encarnavam o poder, não podiam, por definição, ser impotentes. Na metade de 1867, a prolongada falta de filhos de D. Isabel já suscitava considerável preocupação. De Paris, a condessa de Barral escreveu uma mescla de confissão, conselho e exortação:

> Eu padeci muitos anos de uma moléstia e foi só quando isso passou que eu tive meu filho, mas V. meu amor! tão bem constituída, se por acaso sofre alguma cousa, não o esconda, consulte, mande-se examinar por aquele horrível melhor homem [o Dr. Torres Homem,

---

18 AGP XL-1, passagem datada de 8 de outubro em D. Isabel a Gastão, conde d'Eu, São Cristóvão, 7 de outubro de 1865.

médico de D. Isabel] e submeta-se a todo e qualquer tratamento para ter um filhinho que tão bonzinho seria de tão bons Pais.

Seu marido também só veio ao mundo 2 anos depois do casamento de Seus Pais e depois teve 3 Irmãos. Deus me livre de perder esperanças, mas não seja imprudente, não ande muito a pé nem a cavalo que isso foi [sic] inconveniente.[19]

D. Isabel com a irmã, a mãe e os filhos da irmã, julho de 1869
Cortesia do Arquivo Histórico do Museu Imperial, Petrópolis

---

19 AGP, sem número, da condessa de Barral a D. Isabel, s.d. [Paris, 20 de maio de 1867].

Como queria muito ter um filho, D. Isabel certamente se sujeitou ao exame médico. Talvez já o tivesse feito quando a condessa de Barral lhe escreveu. No entanto, todos os médicos da corte eram homens, e o tratamento que davam ao corpo das mulheres baseava-se em práticas antiquadas. Não surpreende que os remédios que prescreveram tenham sido inúteis. Não chegou nenhum bebê.

Se D. Isabel não fosse capaz de tomar as coisas com otimismo, a fecundidade da irmã, em contraste com sua aparente esterilidade, poderia tê-la levado a estados depressivos ou a surtos de ciúme. Em janeiro de 1868, notando que a esposa gostava de brincar com o sobrinho Pedro Augusto, o conde d'Eu comentou, não sem admiração, com o pai: "É uma sorte que ela seja tão completamente isenta do sentimento de inveja".[20] Em setembro de 1868, o desejo de ter filhos levou o casal a passar quatro meses em três diferentes estâncias hidrominerais de Minas Gerais. Segundo afirmavam os médicos do século XIX, os minerais contidos nessas águas curavam quase todas as doenças, inclusive a infertilidade, porém, nem as "águas virtuosas" de Campanha, nem as de Lambari, nem as de Caxambu alteraram o estado da princesa. Ela não concebeu.

Durante essa permanência em Minas Gerais, D. Isabel, agora com 22 anos de idade, comemorou o quarto aniversário de casamento. Suas cartas revelam quais eram os seus interesses sociais. "O que nos falta é música; não temos piano na casa", queixou-se à mãe, pedindo-lhe que fizesse "minhas comissões como quando estava em Petrópolis". Queria que lhe mandassem "não uma concertina ... mas um outro instrumento do mesmo gênero, portátil também ... Em francês parece-me que se chama o tal instrumento harmônica ou acordeom". O pós-escrito solicitava uma gaita de fole e partituras para os dois instrumentos. Um mês depois,

---

20 AGP LXI, de Gastão, conde d'Eu, a Luís, duque de Nemours, Laranjeiras, 3 de janeiro de 1868.

Princesa Isabel do Brasil

ela anexou uma luva a uma carta a D. Teresa Cristina, "não para desafiá-la mas para pedir-lhe que me mande 4 pares ou 6 desta qualidade, logo que puder. E o meu acordeom?". Quando este finalmente chegou, ela escreveu: "Muito obrigada pelo bonito e bom acordeom que me mandou. Só é um pouco pesado, mas talvez com o costume torne-se de fácil manejo".[21] As questões públicas não despertavam o interesse de D. Isabel. Quando as mencionava nas cartas, a razão era quase sempre alguma experiência pessoal. O comentário "Por cá há muitos pobres" foi motivado pelos problemas que teve ao dar esmolas. "E eu, se lhes dou dinheiro em papel, muitas vezes não sabem o que vale", de modo que pediu à mãe que lhe enviasse 200$000 numa variedade de moedas de prata. Em outra ocasião, perguntou ao pai: "Quando o voto será livre?", depois de observar as eleições municipais de Campanha "da janela da nossa sala de jantar", numa ocasião em que a polícia ameaçou jogar os eleitores da oposição na cadeia se se atrevessem a votar. Sua recomendação favorável a um juiz que havia passado sete anos lotado nos distritos "mais miseráveis" foi motivada pelo contato pessoal. "É uma pessoa de uma caridade extrema" que, tendo encontrado um doente em Campanha, "levou-o para sua casa, deu-lhe sua cama e dormiu no chão". "Deus queira que seja atendido" em seu pedido de transferência para um lugar melhor.[22]

A falta de resposta de D. Pedro II levou-a a escrever-lhe uma carta que revela tanto como ela percebia o seu relacionamento como por que ele achava sua companhia tão estimulante:

Senhor mui ingratinho

Há quantos correios não me honra com uma cartinha sua apesar de me ter dito que me havia de escrever bastante? Perdoe a esta

---

21 AGP XL-3, de D. Isabel a D. Teresa Cristina, Águas Virtuosas da Campanha, 9 de setembro, 10 e 23 de outubro de 1868.

22 Ibidem, 20 de setembro de 1868.

Roderick J. Barman

sua malcriada matraquinha, mas é preciso que ela continue o seu ofício de longe, pois que de perto não o pode fazer por ora. *Ridendo castigo mores*, [pelo riso corrijo as maneiras] e eu quero ver se assim meu Papaizinho me escreve mais.[23]

Tudo indica que, antes de compor essa bem-humorada repreensão, D. Isabel não parou para pensar no que podia ter impedido seu pai de lhe escrever. Embora soubesse exatamente onde ele havia de estar a cada hora do dia e que obrigações tinha de cumprir, mostrou pouco interesse pela faina de governar que o ocupava. Desde o fim de 1864, D. Pedro II se empenhava inteiramente em garantir a derrota do Paraguai. Não permitia que nada se interpusesse no caminho desse objetivo. No fim de julho de 1868, o desejo de uma vitória total levou-o a exonerar o gabinete, embora este contasse com a maioria parlamentar, e a entregar os ministérios ao partido da oposição. Permitiu que os novos ministros conservadores dissolvessem a Câmara dos Deputados. As eleições fraudulentas que se seguiram, as quais D. Isabel presenciou em Campanha, resultaram na "conquista" de todas as vagas pelos conservadores.

Desde o início, o conflito nunca mereceu mais do que referências passageiras na correspondência da princesa. Era sempre um tema a ser evitado. Numa carta ao pai, de agosto de 1866, ela observou: *"La guerra du Paraguay va toujours son train? Malheureusement* [A Guerra do Paraguai segue seu curso? Infelizmente sim]".[24] D. Isabel quase nunca escrevia em francês ao pai, que fazia questão de que a condessa de Barral só lhe escrevesse em português. O uso do idioma estrangeiro nessa carta foi um meio de se distanciar do tema desagradável. Em fevereiro de 1867, ela revelou ao sogro o que sentia a esse respeito:

---

23 AGP XL-2, de D. Isabel a D. Pedro II, Águas Virtuosas da Campanha, 7 e 9 de setembro, 2 de outubro de 1868.
24 AGP XL-2, de D. Isabel a D. Pedro II, São Cristóvão, 3 de agosto de 1866.

Nada de muito importante no teatro da guerra. Espero que esse acontecimento infeliz termine, por todos os motivos. Eu vivo num medo perpétuo de que ocorra algo que obrigue Gaston a ir para o Sul. Se o senhor soubesse do meu estado de espírito quando se discute esse assunto, ficaria com pena de mim. Tenho certeza de que o bom Deus Nosso Senhor sempre protegerá Gastão e de que vovó [a falecida rainha Maria Amélia] olhará por ele. No entanto, nunca se pode ter certeza do que vai acontecer e do quanto eu ficaria triste se lhe ocorresse a menor coisa, principalmente se ele estivesse longe de mim e eu não pudesse fazer por ele tudo que estivesse ao meu alcance.[25]

Na mente de D. Isabel, o vínculo entre o marido e a guerra também se evidencia numa carta enviada à mãe, de Campanha, no dia 20 de setembro de 1868: "As notícias do Paraguai são, graças a Deus, muito boas e fazem pressagiar um fim próximo da guerra. Fez anteontem 3 anos que se tomou Uruguaiana e 4 que ficamos *fiancés* [noivos]! Como o tempo passa".[26] Em dezembro, quando a princesa e o marido voltaram ao Rio de Janeiro, as notícias continuavam muito boas. As forças brasileiras tinham esmagado o exército paraguaio em três importantes batalhas, abrindo caminho para Assunção, a capital inimiga, que foi ocupada no dia 5 de janeiro de 1869. Só restava uma tarefa. O presidente Francisco Solano López, que D. Pedro II exigia ver exilado do Paraguai, não tinha sido capturado nem morto nos combates. Refugiara-se no interior do país e estava tratando de reorganizar suas tropas.

O marquês de Caxias, comandante em chefe das forças brasileiras, então com 65 anos de idade e com a saúde abalada, não estava disposto a empreender, como disse o conde d'Eu, "a abo-

---

25 AGP XL-4, de D. Isabel a Luís, duque de Nemours, Laranjeiras, 5 de fevereiro de 1867.

26 AGP XL-3, de D. Isabel a D. Teresa Cristina, Águas Virtuosas de Campanha, 20 de setembro de 1868.

minável tarefa de caçar López até Deus sabe onde".[27] Quando sua renúncia ao comando foi recusada, o general simplesmente abandonou o posto e voltou para o Rio de Janeiro, onde chegou em 15 de fevereiro. Embora inicialmente tenha se recusado a recebê-lo, D. Pedro II não tardou a engolir a raiva. Os dois se reconciliaram e a insubordinação foi perdoada. Uma vez cumprido o dever, o imperador tratou de encontrar um novo comandante em chefe. Literalmente, o único oficial de alto escalão com suficiente prestígio e notória capacidade para ocupar o cargo era nada menos que seu genro, a quem ele anteriormente recusara autorização para lutar na guerra. O soberano não vacilou em passar por cima do orgulho e da coerência a fim de obter o que queria.

No dia 20 de fevereiro, escreveu ao conde d'Eu, então em Petrópolis com D. Isabel, oferecendo-lhe o posto de comandante em chefe e pedindo-lhe que voltasse imediatamente para o Rio de Janeiro. O conde chegou no dia seguinte, mas se recusou a se precipitar e aceitar prontamente a nomeação. Insistiu que, antes de tomar uma decisão, convinha que seu sogro obtivesse a aprovação tanto do Conselho de Estado como do gabinete ministerial, que antes indeferira sua solicitação para ser enviado à frente de batalha. Nem na carta de D. Pedro II com a oferta, nem na discussão do conde com o imperador (segundo o relato que fez ao pai) houve menção a D. Isabel. Ambos agiram como se ela não tivesse participação nem voz na questão. As mulheres não passavam de espectadoras quando se tratava de assuntos públicos e do exercício do poder.

A longa carta que D. Isabel enviou à mãe em 16 de fevereiro continha uma única e breve referência aos acontecimentos em curso: "Como soube por seu telegrama da chegada do Caxias, escrevi à Baronesa uma cartinha para sabermos notícias dele.

---

27 AGP XLI -1, de Gastão, conde d'Eu, a Luís, duque de Nemours, [Petrópolis] 5 de fevereiro de 1869, citado em Rangel (1935, p.206).

D. Isabel, fevereiro de 1869, usando "meu vestido de seda com listras brancas e cinzentas"
Cortesia da Fundação Grão-Pará, Petrópolis

Peço a Mamãe de [sic] mandá-la".[28] A princesa deve ter avaliado as consequências do retorno de Caxias e, na noite em que Gastão recebeu a proposta do imperador, escreveu aos pais, expressando o que sentia.

> Se papai soubesse da minha aflição, teria tido dó de mim!
> Mamãe, agora compreendo que o tempo bonito, um bonito céu, um bonito reflexo de sol a torne às vezes triste. Olhando às vezes para isso lembro-me da felicidade que me querem roubar e me torno bem triste.[29]

Quando Gastão retornou a Petrópolis, na tarde de 22 de fevereiro, D. Isabel foi informada de seu destino. Contando com a aprovação tanto do Conselho de Estado como do ministro estacionado em Assunção, ele aceitaria ser o novo comandante em chefe. A primeira reação da princesa foi chorar, mas o desespero levou-a a abandonar a passividade que as convenções de gênero impunham às mulheres. Escreveu uma longa carta ao pai (ver "Com a sua própria voz", a seguir). Nela, tentou empregar o denso encadeamento da argumentação, da organização lógica e do pensamento abstrato que caracterizava os livros científicos, literários e políticos (escritos por homens) que havia lido na sala de aula e sob a orientação de Gastão. Mas teve dificuldade. Seu estilo de vida, inclusive os deveres conjugais, não lhe haviam permitido adquirir a tarimba e a aptidão necessárias ao uso desse tipo de discurso, e, mais decisivo ainda, ela carecia de conhecimentos nos quais se apoiar e com os quais reforçar as alegações. Ocorreu-lhe apenas sugerir o próprio Caxias como substituto de Gastão. Recaiu, como mostra o texto, na forma de discurso que lhe era familiar, com múltiplas abordagens, reiterados argumentos, apelos aos sentimentos e envolvimento pes-

---

28 AGP XL-3, de D. Isabel a D. Teresa Cristina, Petrópolis, 16 e 20 de fevereiro de 1869.

29 AGP XL-2, de D. Isabel a D. Pedro II, Petrópolis, 20 de fevereiro de 1869.

Com a sua própria voz

22 de fevereiro de 1869, Petrópolis

Meu querido Pai,

Gaston chegou há três horas com a notícia de que Papai estava com um desejo vivíssimo de que ele fosse já para a guerra. Pois será possível que Papai, que ama tanto a Constituição, queira impor sua vontade aos ministros ou que estes sejam bastante fracos de caráter para que um dia digam branco outro preto? Teriam eles, unanimemente e ao mesmo tempo, mudado de parecer como Papai!!? Por que não convidam ao seu Caxias para voltar para lá? Ele já está melhor e os médicos lhe recomendaram os ares de Montevidéu. Pois será Gaston que, sem mais nem menos, vá já para a guerra, só porque houve boatos de sublevação dos rio-grandenses? E é Papai que acredita logo nisso, quando tantas vezes recusa crer o que lhe estão asseverando! Lembra-se Papai que nas cascatas da Tijuca, há três anos, Papai me disse que a paixão é cega.

Que a sua paixão pelos negócios da guerra não o torne cego! Além disso, Papai quis matar o meu Gaston, o Feijó recomendou-lhe muito que não apanhasse muito sol, nem chuva, nem sereno; e como evitar isso quando se está numa guerra? O Caxias não pôde ficar lá porque tem seus ataques de cabeça que podem-se [sic] curar e, além disso, poderia ficar em Montevidéu, onde se dá bem, e seria meu Gaston que iria apanhar por lá uma doença de peito que muito raras vezes se cura? A falta de meu bom Gaston seria muito mais prejudicial para o Brasil do que a do Caxias. E agora que há cólera em Montevidéu.

O que Papai saberá é que, se Gaston for para Assunção, para lá também irei com minha Rosa que compartilha bem minhas dores. Irei até o fim do mundo com meu Gaston.

Papai talvez faça ideia de que estou sofrendo, e por isso perdoe-me se disse alguma inconveniência; queime a carta,

Continua

> mas conserve bem o que lhe digo sobre a saúde de Gaston. Preciso desafogar-me, e só chorando não posso fazê-lo.
>
> Espero em Deus que meu Gaston ainda não irá! Pode talvez a guerra estar acabada até que venha a resposta de Paranhos, podem também vir outras coisas.
>
> Meu Deus! Meu Deus!
>
> Não sei verdadeiramente como veio esta demão súbita, quando agora o que só se tem que fazer é o papel de *capitão do mato* atrás do López. Pois para dirigir de Assunção (Papai mesmo me disse que não era o papel do Caxias, de ir ele mesmo atrás do López) basta outra pessoa. Os rio-grandenses constituem pequena parte do exército.
>
>
>
> Adeus, Papai, perdoe-me.
> Sua filha do coração
> Isabel Condessa d'Eu
>
>
>
> Creio que Papai não se zangará porque lhe escrevo isto, por isso o faço.

soal. Sua determinação e sua firmeza foram fraquejando à medida que escrevia. O próprio ato de pôr os sentimentos no papel purgou-os e fez com que a submissão parecesse mais tolerável. Sua predisposição inata a não ofender o pai e muito menos a romper com ele despojou de toda credibilidade sua ameaça de acompanhar Gastão a Assunção.

A rebelião expressa na carta foi efêmera, não mais que um frívolo protesto contra a visão dominante das relações de gênero, tão graficamente afirmada em "The three fishers", um poema inglês da época: *"But men must work, and women must weep* [Mas os homens hão de trabalhar, e as mulheres hão de chorar]" (Kigsley, 1902, 16, p.252). D. Isabel não ficou contente com sua capitulação e continuou a contar com uma inesperada guinada nos acontecimentos, pois já se resignara com seu destino de mulher: o de ser uma mera espectadora. Não perdeu Gastão tão depressa quanto temia. Ele só foi nomeado comandante em chefe no dia 22 de março e ainda aguardou uma semana para partir. Na véspera escreveu à esposa:

> Laranjeiras, 29/3/69
>
> Minha querida, deixo-te novamente em São Cristóvão, como fiz há quase quatro anos.
> Relê as instruções que te enviei na ocasião. De modo geral, ainda devem ser seguidas.
> Olha bem o que eu disse sobre Rosa: não a deixes dormir na tua cama.[30]

Seguiam-se outros conselhos ligeiramente menos didáticos no tom e menos restritivos no conteúdo que os anteriores. Por exemplo, ela foi autorizada a abrir e ler todas as cartas endereçadas ao marido, menos as do pai dele.

Nada podia tornar mais evidente a falta de independência das mulheres casadas do que o fato de D. Isabel, com mais de 23 anos de idade, ser obrigada a deixar sua residência de Laranjeiras e voltar a morar com os pais. Como foi Gastão que determinou a mudança, parece que ela não fez o menor esforço para resistir. A única coisa que a preocupava era a ausência do marido, como mostra sua primeira carta:

> Bem-amado do meu coração. Onde estás neste momento? O dia foi tão longo sem ti. Quando te verei de novo, meu queridinho? Depois da tua partida, eu fiquei com mamãe e Leopoldina, e nós fomos rezar na capela, então cada qual foi cuidar dos seus afazeres. Mais tarde, fomos para o meu quarto arrumar as coisas.[31]

---

30 AGP XLI-3, de Gastão, conde d'Eu, a D. Isabel, Laranjeiras, 29 de março de 1869.

31 AGP XL-1, de D. Isabel a Gastão, conde d'Eu, São Cristóvão, 30 de março de 1869.

A princesa retomou a mesma vida que levava quase quatro anos antes. Havia algumas diferenças. A presença do pai tornou sua existência bem menos enclausurada. Ela ia à casa de Laranjeiras e visitou a irmã, D. Leopoldina, e seus familiares, até o começo de agosto, quando eles viajaram à Europa. Ia a concertos e ao teatro com os pais. Passava muito tempo fazendo crochê, escrevendo para os parentes na Europa, copiando as cartas de Gastão para remetê-las aos destinatários e ouvindo o pai ler livros e jornais em voz alta. "Elas nunca são demais [as notícias] para mim quando falam de você", contou ao marido no início de outubro.[32]

O cotidiano de D. Isabel em São Cristóvão era controlado pelas atividades de seus pais, sobretudo de D. Pedro II. "Papai está chamando para terminar a leitura. Até breve!" Em outra ocasião: "Papai não para de falar italiano comigo à noite e durante o dia. Eu estou meio farta. Tu sabes como ele é quando põe uma coisa na cabeça". Com frequência, ele lhe dava material de leitura. "Terminei o romance de [o conde Arthur de] Gobineau. Também li *As minas de prata* [de José de Alencar]. Agora, concluindo a carga de leituras que papai me deu há muito tempo, vou tentar prosseguir com o livro de [o conde de] Paris."[33]

A princesa solicitava automaticamente o conselho de D. Pedro II sobre qualquer coisa, por insignificante que fosse, que envolvesse seu ingresso na esfera pública. Escreveu a Gastão: "Há pouco eu chorei muito, pensando que talvez você fique contrariado se eu for ao cortejo", a cerimônia formal no dia 7 de se-

---

32 AGP XL-1, passagem datada de 2 de outubro em D. Isabel a Gastão, conde d'Eu, São Cristóvão, 30 de setembro de 1869.

33 AGP XL-1, passagem datada de 2 de julho em D. Isabel a Gastão, conde d'Eu, São Cristóvão, 1º de julho de 1869; 17 de setembro de 1869, passagem datada de 2 de outubro em 30 de setembro de 1869. O romance do conde de Gobineau era *L'Abbaye de Typhaines*. O conde de Paris, primo-irmão de Gastão d'Orléans, publicara recentemente *Les associations ouvrières en Inglaterre (Trade Unions)*.

tembro, em honra da independência do Brasil. "Fui consultar papai e, tendo ouvido toda a minha explicação, ele disse que é melhor eu ir, ele assume toda a responsabilidade." No tocante a questões de conduta privada, ela não se mostrava tão dependente. Depois de uma briga com um professor, na faculdade de medicina do Rio de Janeiro, o conde Gobineau, ministro plenipotenciário francês, desafiou o brasileiro para um duelo. Este recusou o desafio. Em relato do incidente ao conde d'Eu, D. Isabel comentou:

> Na minha opinião, ele reagiu como deve reagir um cristão, mas, de acordo com os falsos preceitos deste mundo mau e orgulhoso (papai e Gousty expressaram esse ponto de vista), deviam ter duelado. Nós discutimos isso à mesa, na casa de Leopoldina. Eu não tive medo de dar a minha opinião clara e firme sobre os duelos.[34]

Durante a ausência de seu marido, as cartas enviadas a ele pela princesa revelam um interesse crescente por compreender os negócios públicos: "Hoje eu terminei o livro de [o conde de] Paris e tenho certeza de que ficarás muito contente. O livro é muito interessante. Eu não tinha ideia dos sindicatos e agora estou realmente informada sobre eles". A leitura sistemática dos jornais a informava acerca dos fatos correntes, particularmente sobre o conflito com o Paraguai, e, como não lhe faltava inteligência, o seu conhecimento aumentou: "Eu leio todos os artigos sobre você que se publicam no *Diário Oficial* e no *Jornal do Comércio*".[35] O plano de campanha do conde consistia em cercar e esmagar o que restava das forças paraguaias, capturando Solano López no processo. De fato, em agosto de 1869, três vitó-

---

34 AGP XL-1, passagem datada de 14 de julho em D. Isabel a Gastão, conde d'Eu, São Cristóvão, 1º de julho de 1869; 6 de setembro em 30 de agosto de 1869.

35 AGP XL-1, passagem datada de 14 de julho em D. Isabel a Gastão, conde d'Eu, São Cristóvão, 1º de julho de 1869; 28 de setembro em 17 de setembro de 1869.

rias devastaram o inimigo, mas seu líder se refugiou com um punhado de soldados no sertão setentrional do país. O conflito se reduziu a uma questão de reconhecimento, com colunas volantes que perseguiam o inimigo em rápido movimento. Nesse momento crucial, o sistema de abastecimento do exército brasileiro entrou em colapso, deixando boa parte das tropas com rações escassas ou mesmo passando fome.

O conde d'Eu era um homem nervoso e costumava adoecer com o estresse, coisa de que D. Isabel tinha pleno conhecimento. "Tu sabes o quanto esses momentos de altercação te deixam irritado", avisou-o em 21 de fevereiro de 1869. "Tem muito cuidado, eu te peço, meu amorzinho." "Gastão levou consigo um médico especialmente para ele", informou ao sogro no começo de abril, "dizem que é muito habilidoso". Nas primeiras semanas passadas no Paraguai, o conde d'Eu teve um desempenho admirável como comandante em chefe, mas não tardou a se deixar afetar pela tensão. Em junho, informando a esposa de que suas cartas mostravam que ela se afligia desnecessariamente com questões insignificantes, ele observou: "Compare esses problemas com os meus".[36] No fim de outubro, com Solano López ainda foragido, suas tropas famintas e a guerra sem perspectiva de chegar ao fim, sua autoconfiança desapareceu. O conde se tornou irritadiço, instável e desanimado. Desejoso de escapar de um tormento que parecia interminável, escreveu ao governo, exigindo que se declarasse o fim da guerra e que o grosso das tropas por ele comandadas retornasse ao Brasil.

D. Isabel fez o que pôde para que a solicitação fosse atendida. Um ministro em visita a São Cristóvão para despachar com o imperador perguntou a D. Teresa Cristina se ela ia a Petrópo-

---

36 AGP XL-1, de D. Isabel a Gastão, conde d'Eu, 21 de fevereiro de 1869; AGP XL-4, de D. Isabel a Luís, duque de Nemours, São Cristóvão, 9 de abril de 1869; AGP XLI-3, de Gastão, conde d'Eu, a D. Isabel, Quartel Geral em Pirayu, Paraguai, 13 de junho de 1869.

lis. "Mamãe respondeu que dependia da guerra. *Que guerra? A guerra está acabada!* Eu respondi: *'Se a guerra está acabada, mandem a licença!'* Ele subiu, e eis que essa noite papai me mostra a carta que te escreveu."[37] D. Pedro II se recusava a autorizar o genro a voltar do Paraguai enquanto Solano López não tivesse sido capturado ou morto. Afortunadamente, o desfecho chegou muito mais depressa do que se previa. No dia 1º de março de 1870, o presidente do Paraguai foi surpreendido em seu acampamento e convenientemente executado. O súbito êxito, contrariando todas as expectativas do conde d'Eu, serviu apenas para solapar o que lhe restava de autoconfiança e intensificar sua sensação de incompetência. No dia em que recebeu a notícia, ele escreveu ao sogro:

> 4 de março de 1870, meio-dia
>
> Caro Pai,
>
> Suponho que, graças ao Paranhos, as gloriosas comunicações chegarão mais depressa que estas cartas.
> Num momento, porém, de tanta e tão inesperada emoção não posso deixar de me lembrar logo de V. M. e de beijar a mão pedindo-lhe perdão por minhas descrenças e outras criançadas como
>
> filho extremoso e reverente
> Gaston[38]

Ao escrever essas palavras, o conde estava chegando a um momento decisivo na vida. Dali em diante, deixou de competir com o sogro ou de se considerar um poder por si só. As notícias e as cartas dele, D. Isabel as recebeu em São Cristóvão no fim do dia 17 de março.

---

37 AGP XL-1, passagem datada de 29 de dezembro em D. Isabel a Gastão, conde d'Eu, São Cristóvão, 21 de dezembro de 1869.

38 AGP XL-11, Gastão, conde d'Eu, a D. Pedro II, 4 de março de 1870.

Que alegria, que felicidade! A tua grande cartinha de 4 de março! Oh! Meu querido! A guerra acabou de fato, de fato e tão bem! As mais sinceras e felizes congratulações da minha Rosa ... Não imaginas a alegria de Papai também! E ele ficou satisfeitíssimo com a tua cartinha para ele! Que é tão graciosa.[39]

D. Pedro II providenciaria o seu retorno imediato, garantiu ao marido.

No dia 29 de abril de 1870, o conde d'Eu fez a sua entrada triunfal no Rio de Janeiro. Foi restituído à esposa, que poderia voltar a morar em sua própria casa. Os treze meses de separação e as experiências de Gastão não diminuíram a devoção e a união do casal, no entanto, alteraram a dinâmica de seu relacionamento. Escrevendo à princesa em meados de março, ainda no Paraguai, Gastão d'Orléans comentou que "esta diarreia interminável que tenho aqui me deixou extremamente magro e fraco; minha fleuma também aumentou, creio que devido ao calor excessivo". Seu problema de saúde tornou-se crônico. Em fevereiro de 1873, ele ainda estava tomando quinino contra supostos ataques de uma malária "contraída sei lá onde".[40] É provável que, durante a permanência no Paraguai, ele tenha se infectado com uma ou mais doenças tropicais que os médicos não conseguiam diagnosticar e muito menos curar. Mas seus problemas de saúde tinham uma dimensão maior, que a princesa compreendia muito bem:

Gaston vai melhor hoje, mas ainda não está bom, e anda muito asmático. Ele escreveu hoje ao Feijó [o médico do casal], dizendo-lhe os seus incômodos, mas eu estimaria muito que Feijó vies-

---

39 AGP XL-1, de D. Isabel a Gastão, conde d'Eu, São Cristóvão, 15 de março de 1870 (às 9h 30 da noite).

40 AGP XLI-3, de Gastão, conde d'Eu, a D. Isabel, Quartel Geral em Vila do Rosário, Paraguai, 12 de março de 1870; AGP XLI-30, de Gastão, conde d'Eu, a Jules Gauthier, Petrópolis, 26 de fevereiro de 1873.

se passar um dia cá para bem examiná-lo e tirar-lhe as ideias de doença da cabeça. Queira lhe dizer isso mesmo de minha parte, minha Mamãezinha. Estou certa de que ele sofre; mas a imaginação pode muito e fazer assim aumentar os incômodos.[41]

Em resposta ao pedido de informação do pai sobre suas experiências recentes, Gastão admitiu e identificou as tensões psicológicas por trás da saúde abalada.

Quanto a eu escrever sobre o Paraguai, continuarei totalmente incapaz de fazê-lo durante algum tempo. A Guerra do Paraguai deixou-me algumas lembranças boas; mas me devastou intelectualmente e criou em mim uma repugnância invencível por qualquer atividade ou trabalho prolongado.[42]

Tanto quanto sua esposa, o conde d'Eu era um produto do sistema de gênero vigente. Fora criado para acreditar num modelo de masculinidade e a ele corresponder: homem não chora, não foge à responsabilidade e não vacila quando estressado. No Paraguai, antes da morte de Solano López, ele fracassou notoriamente em atender a essas expectativas, um fiasco evidente para o imperador, os generais e os políticos importantes, todos os quais encarnavam o poder e exemplificavam a virilidade. O visível malogro gerou em Gastão um sentimento de culpa, uma sensação de inadequação e um temor à responsabilidade. Os achaques recorrentes e o agravamento da surdez tanto refletiam essas tensões como serviam para aliviá-las. A doença também era uma justificativa para evitar o contato com o mundo exterior e fugir às responsabilidades. "Dado o meu caráter, a

---

41 AGP XL-3, de D. Isabel a D. Teresa Cristina, Petrópolis, 13 de dezembro de 1872.

42 AGP XLI-1, de Gastão, conde d'Eu, a Luís, duque de Nemours, Laranjeiras, 22 de junho de 1870.

D. Isabel e o conde d'Eu, 1870, quando do seu retorno do Paraguai
Cortesia da Fundação Grão-Pará, Petrópolis

única vida que convém à minha saúde é uma vida de sossego e isolamento completos", disse a seu ex-preceptor.[43]

Em março de 1870, em carta à esposa sobre o seu estado de saúde e o desejo que ela expressara de tornar a visitar a Europa, o conde d'Eu observou: "Parece-me que eu me recuperaria mais completamente num canto tranquilo do Brasil, como Nova Friburgo ou Baependi, do que em meio à agitação da Europa". Não obstante, se D. Isabel fizesse questão de viajar, ele concordaria. Essa carta indica uma mudança na dinâmica de seu relacionamento. Antes, Gastão via a esposa essencialmente como uma extensão de si mesmo. Tomava as decisões e controlava tudo o que ela fazia. Por exemplo, em julho de 1869, ele lhe escreveu do Paraguai:

> Estou contente por saber que acabaste de ler Mme. de Motteville; tu também deves estar satisfeita porque, graças à perseverança, obtiveste esse resultado. Agora, minha querida, eu te permito ler o que mais te distraia. Só peço que consultes teu pai antes de iniciar um livro para que não te ponhas a ler romances indesejáveis ou qualquer outra coisa que te encha a cabeça de inutilidades.[44]

O conde não abandonou de pronto essa conduta altiva, à qual D. Isabel não opunha objeções, já que a esposa tinha obrigação de obedecer. Mas com o tempo, passou a depender cada vez mais dela na tomada de decisões e para lhe dar apoio nos momentos de dúvida acerca de si próprio. Embora as restrições às mulheres não permitissem que a princesa o substituísse no trato com o mundo exterior, ela não deixou de ampará-lo e pro-

---

43 AGP XLI-30, de Gastão, conde d'Eu, a Jules Gauthier, Petrópolis, 17 de junho de 1876.

44 AGP XLI-3, de Gastão, conde d'Eu, a D. Isabel, Quartel Geral em Pirayu, Paraguai, 14 de julho de 1869; Quartel Geral em Vila do Rosário, Paraguai, 12 de março de 1870. O livro era *Mémoires de Mme. de Motteville sur Anne d'Autriche e sa cour*, em quatro volumes, publicado em Paris em 1844.

tegê-lo, na medida do possível, contra as pressões externas, e de lhe proporcionar o conforto que tornava a interação com o mundo exterior mais tolerável para ele. Em 1877, escrevendo para dar os parabéns ao ex-preceptor, que se casara tardiamente, Gastão expôs o que D. Isabel significava para ele:

> O senhor conhece minha preferência pelo isolamento, preferência que beira a misantropia. Mas posso garantir, por experiência, que a vida comum com uma pessoa, cujos interesses se identificam com os nossos a ponto de tornar desnecessária a menor sombra de dissimulação de parte a parte, é o melhor apoio, o mais precioso recurso para enfrentar os momentos de desânimo. E esses momentos de desânimo, que o padecimento físico torna inevitáveis, são, graças ao meu caráter particular e pouco invejável, ainda mais frequentes no meu caso.[45]

Em 1870, essa dependência psicológica em relação à D. Isabel ainda não estava completa, mas existia e explica por que ele concordou em visitar o Velho Mundo, contrariando suas próprias preferências. No começo de junho, D. Pedro II informou que pretendia ir à Europa no ano seguinte: viagem planejada muito tempo antes e diversas vezes postergada. Durante essa ausência, sua filha mais velha assumiria a regência. Se ela e Gastão quisessem viajar, tinham de partir quase imediatamente e retornar no fim de abril de 1871. "Você sabe que temos menos de um mês para estarmos juntas", D. Isabel escreveu à mãe no dia 26 de julho. "A viagem à Europa me faz muito prazer, tem porém um lado triste, o de deixá-la e ao Papai tão sós; se os pudesse levar conosco!"

O único motivo de preocupação foi a súbita eclosão da guerra entre França e Prússia, mas, como comentou a princesa, "o que nos interessa pessoalmente é que, na própria Inglaterra, nós es-

---

45 AGP XLI-30, de Gastão, conde d'Eu, a Jules Gauthier, Petrópolis, 28 de março de 1870.

taremos inteiramente em segurança".[46] Quando eles chegaram a Londres, no fim de setembro, a França sofrera uma derrota esmagadora e Paris estava sitiada. Entre os refugiados dessa cidade achava-se a condessa de Barral, que estava com a princesa de Joinville, tia de D. Isabel.

Em carta à condessa, quase vinte anos depois, o conde d'Eu recordou com saudade os últimos meses de 1870, passados na casa de seu pai, perto de Hampton Court: "Nunca senti tanta calma, quer dizer, desde o tempo de Bushy [Park], onde éramos vizinhos em Twickenham". No começo de janeiro de 1871 escreveu a D. Pedro II, pedindo mais tempo:

> Mais da metade da nossa licença já passou sem o sentirmos, e será doloroso vermo-la findar tão depressa justamente no momento em que a estação, melhorando, nos permitiria talvez ir a algumas águas. Estas reflexões aplicam-se especialmente ao caso em que V. M. resolvesse adiar sua projetada viagem.

Também poderia haver a necessidade de o imperador permanecer no Brasil a fim de supervisionar a implementação de um programa de reformas, ou por causa da persistência do estado de guerra na França: "Se, pois, a partida de V. M. tiver de ser adiada, o suplico que nos prolongue, pelo número de meses que julgar, a licença que nos deu".[47]

No fim de janeiro, D. Isabel e o marido deixaram Londres para ir à Itália, passando por Viena, onde ela queria visitar D. Leopoldina, que acabara de dar à luz o quarto filho, mais um menino. No caminho, ficou sabendo que a irmã contraíra febre tifoide. Foi mantida afastada do quarto da enferma, e só lhe

---

46 AGP XL-3, de D. Isabel a D. Teresa Cristina, Laranjeiras, 26 de julho de 1870; Pernambuco, 28 de agosto de 1870.

47 AGP XLI-5, de Gastão, conde d'Eu, à condessa de Barral, Cannes, 15 de março de 1890; AGP XLI-11, de Gastão, conde d'Eu, a D. Pedro II, Bushy Park, Londres, 7 de janeiro de 1871.

permitiram vê-la quando já não havia esperança de recuperação. D. Leopoldina morreu em 7 de fevereiro de 1871, aos 23 anos e meio de idade. D. Isabel acompanhou o corpo a Coburg, onde ela foi sepultada. "Minha boa Leopoldina, de quem eu tanto gostava e que tanto gostava de mim", lamentou-se com o sogro, "a minha única irmã, a leal companheira de toda a minha infância e da minha juventude!". "A fé é, de fato, a única consolação para semelhante perda! Leopoldina era tão boa que está no céu!" "Com esse acontecimento tão triste, não poderia seguir viagem à Itália", prosseguiu. "Desejo ardentemente voltar ao querido Bushy. Lá passei dias tão maravilhosos!"[48]

Credite-se a D. Isabel não ter pensado unicamente em si nesse momento. Compreendeu que sua mãe só podia estar arrasada com a perda. Agora, três de seus quatro filhos estavam mortos.

Pelo último paquete de Liverpool, Gaston escreveu-lhe, eu só podia chorar e rezar. Lembre-se, minha boa Mamãe, que tem ainda uma filha, e por amor de Deus não me fique doente! Basta-me a desgraça horrível por que passei, a maior que tenha tido até agora. Pobre do Augusto! Faz-me tanta pena! E os quatros pequeninos![49]

A morte súbita e inesperada de um membro da família é sempre triste, sobretudo se a família é pequena e unida. Para a princesa, que não tinha filhos, a perda da irmã criou um vazio emocional que ela tentou preencher com mais proximidade e mais dependência dos pais.

D. Pedro II compartilhava o temor da filha de que D. Teresa Cristina adoecesse e morresse de tristeza. Ele já afirmara a intenção de ir para a Europa em maio de 1871. Ao saber da mor-

---

48 AGP XL-3, de D. Isabel a Luís, duque de Nemours, Meran, Áustria, 16 de fevereiro de 1871.

49 AGP XL-3, de D. Isabel a D. Teresa Cristina, Meran, Áustria, 17 de fevereiro de 1871.

te de D. Leopoldina, escreveu: "Persisto na viagem; sobretudo por causa de sua mãe, que felizmente tenho podido animar, mormente com a ideia dessa viagem".[50] De modo que D. Isabel e o marido tiveram de renunciar aos prazeres da Europa e voltar ao Brasil. Chegaram ao Rio de Janeiro em 1º de maio. Ela se viu num mundo novo e desconhecido, no qual agora ocupava um lugar central, e tinha de passar pelo teste do desempenho de um papel. Foi seu pai que a colocou ali.

O imperador era indiferente à pompa e aos privilégios que acompanhavam o poder, mas quanto a este em si, dava atenção a tudo. A cautela habitual e a falta de ostentação dissimulavam a tenacidade com que ele controlava os negócios públicos e a intransigência com que se recusava a partilhar o poder. As mesmas qualidades também lhe disfarçavam a firmeza de propósito, da qual D. Isabel tinha plena consciência. Como ela comentou com o marido, "tu sabes como ele é quando põe uma coisa na cabeça". Na segunda metade da década de 1860, D. Pedro II tinha dois objetivos em mente, como comentou um observador político: "Era notório que o Imperador tinha a peito especialmente duas ideias: o extermínio de López no Paraguai e a libertação dos escravos no Brasil".[51] Uma vez atingida a primeira meta em março de 1870, ele se voltou imediatamente para a realização da segunda. A abolição da escravatura nos Estados Unidos, após a derrota do Sul na Guerra de Secessão, fez do Brasil e das colônias espanholas no Caribe as únicas regiões do Novo Mundo a tolerarem o trabalho servil. Em março de 1871 o soberano nomeou um novo gabinete, liderado pelo visconde do

---

50 AGP XXXVIII-2, de D. Pedro II a Gastão, conde d'Eu, Petrópolis, 23 de março de 1871. Escrevendo ao conde, D. Pedro II se referiu à imperatriz como "sua mãe".

51 AGP XL-1, passagem datada de 2 de julho em D. Isabel a Gastão, conde d'Eu, São Cristóvão, 1º de julho de 1869; passagem escrita em julho de 1872, citada em Ottoni (1908, p.183-4).

Rio Branco e encarregado de um amplo programa de reformas, inclusive a extinção gradual da escravidão.

Esse programa seria apresentado na fala do trono, por ocasião da abertura da nova sessão legislativa, no começo de maio. Mas quando se iniciassem os debates sobre a lei dos escravos,

D. Isabel aproximadamente à época de sua primeira regência, 1871-1872
Cortesia do Arquivo Histórico do Museu Imperial, Petrópolis

Princesa Isabel do Brasil

D. Pedro II estaria na Europa, não no Brasil. Ausentando-se, ele sabotava os adversários da lei. Não poderiam acusá-lo de inibir, com sua presença, um debate franco e aberto sobre o decreto do gabinete. Em vez disso, ele deixou o país nas mãos de uma moça inexperiente. "Estou com medo da viagem do Imperador", escreveu uma liderança política a outra. "Estarei nervoso? Tranquiliza-me." Nas palavras de um comentarista político, "disse-se então, e geralmente se acreditou, que era propósito imperial não voltar ao Brasil se a lei não fosse votada pela Câmara".[52] Depois de manter a filha excluída dos negócios públicos, agora D. Pedro fazia dela e de sua inexperiência uma arma tática de grande utilidade. Era o visconde do Rio Branco, o chefe do gabinete, quem assumiria efetivamente o controle durante a ausência do monarca, mas este julgou necessário orientá-la um pouco no papel de regente. Em 3 de maio, o mesmo dia da fala do trono, o imperador lhe entregou um longo memorando que começava assim: "Minha filha, o sentimento inteligente do dever é nosso melhor guia; porém os conselhos de seu Pai poderão aproveitar-lhe" (Pedro II, 1958, p.1). Seguiam-se conselhos minuciosos sobre como governar o Brasil. O gabinete apresentou um projeto de lei que autorizava D. Pedro II a sair do país e declarava D. Isabel regente com plenos poderes. Essa lei entrou em vigor em 15 de maio. Cinco dias depois, a princesa prestou juramento como regente, e no dia 25 seus pais embarcaram acompanhados de numeroso séquito.

Ao que tudo indica, a total falta de experiência e a ignorância política da princesa não preocuparam o imperador. O motivo dessa indiferença fica evidente numa passagem de seu memorando de conselhos de maio:

---

52 IHGB, BC, Lata 892, Pasta 150, de José Bento da Cunha Figueiredo a João Maurício Wanderley, barão de Cotegipe, sem paginação, 13 de março [de 1871]; passagem escrita no fim de julho de 1872, citada em Ottoni (1908, p.194).

Roderick J. Barman

Para que qualquer ministério não tenha o menor ciúme da ingerência de minha filha nos negócios públicos é indispensável que meu genro, aliás, conselheiro natural de minha filha, proceda de modo que não se possa ter certeza de que ele influiu, mesmo por seus conselhos, nas opiniões de minha filha. (ibidem, p.60)

Em outras palavras, o conde d'Eu, lançando mão da sua capacidade inata de comandar e empreender a ação, que distinguia os homens das mulheres (pelo menos assim se acreditava), possibilitaria a D. Isabel cumprir seus deveres de regente. Teria de ficar discretamente nos bastidores para não dar margem a ataques, sobretudo porque, como estrangeiro, era suspeito. Aliás, na cerimônia oficial em que D. Isabel prestou juramento e assumiu o cargo de regente, ele não foi autorizado a caminhar ao seu lado. Como seria relegado ao papel de espectador, Gastão d'Eu preferiu não comparecer.

Antes de assumir a regência, D. Isabel não foi incentivada a se preocupar com a coisa pública, como mostra o pós-escrito de uma carta de agosto de 1866 à sua mãe: "Mamãe, faça o favor de dizer a Papai que me pediram para lembrar-lhe os requerimentos que eu lhe dei nos dias 14 e 19 de Março. Faça-me este favor, porque eu muitas vezes me esqueço dos recados que me dão para dar".[53] Agora, com quase 25 anos de idade, eis que a princesa estava às voltas com os negócios da Nação e o gabinete ministerial, sete homens com idades entre 35 e 62 anos, todos com diploma universitário e, em sua maioria, experientes em assuntos públicos. Ela tinha poder sobre onze milhões de brasileiros espalhados num território que ocupava meio continente.

No dia 3 de junho, D. Isabel teve o primeiro despacho com o gabinete. Sua reação à experiência está graficamente exposta numa carta enviada ao pai no dia seguinte (ver "Com a sua própria voz", a seguir), carta que comprova seu bom-senso inato

---

53 AGP XL-3, de D. Isabel a D. Teresa Cristina, Laranjeiras, 27 de agosto de 1866.

Com a sua própria voz

4 de junho de 1871, Laranjeiras

Querido pai,

Ontem teve lugar meu primeiro despacho, mas primeiro que lhe diga que quando Papai partiu pareceu-me cousa tão esquisita ver-me assim do pé para a mão uma espécie de imperador sem mudar de pele, sem ter uma barba, sem ter uma barriga muito grande. Perdoe, isso é uma maldade. E por barriga deixe-me que lhe diga que Papai leva a palma ao Valponto, já o vi por vezes depois de sua partida. Agora vamos ao despacho, que foi no Paço da Cidade na salinha do canto. Havia 5 ministros à minha chegada, faltava o Saião, que veio depois, e o da Marinha, que não veio. Quando entrei na sala, fiquei abismada, 5 enormes pastas recheadas, algumas de uma maneira monstruosa, estavam-me esperando. Felizmente a cousa foi mais fácil do que julguei à primeira vista, uma grande parte da papelada, felizmente, eram cartas ao Sultão, ao Imperador da Áustria etc. etc., não sei se também havia para o Imperador de China, pois só pela sobrescrita é que se sabe a quem são dirigidas, para eu assinar e também para eu assinar uma infinidade de baronatos, viscondados etc. O primeiro ao qual pus meus garranchos mais bonitos de acinte foi o do Barão de Prados, que ficava sendo Visconde. Assinei também a aposentadoria de Pereira Jorge. Felizmente havia boas penas de ganso como são de todas as cores a laia das que Papai levou no meu saco que muito me facilitava a escrituração. Houve algumas exonerações também a assinar, às quais não fiz objeção, pois que pareciam boas as razões que dava e que eu não conheço as personagens. Vá lá pela conta dos que sabem mais. Numa única cousa fiz uma reflexão. Tratava-se de

Continua

que o Santa Maria pedia por doente a sua exoneração do cargo de inspetor da instrução pública. Perguntei ao ministro se Papai tinha conhecimento disso, disse-me que não. Julguei pois que eu, que fui discípula dele e que tanto o aprecio, não devia, logo que o ministro me propusesse, aceitar sua exoneração sem que de novo o ministro instasse depois de falar-me porque não ele conservasse seu lugar. O Jaguaribe parecia quase novato como eu, pois que os outros não deixavam de vez em quando de dizer-lhe o que devia fazer.

Papai verá pelos jornais a discussão do voto de graças que por fim passou como o governo quis. Por pouco que a panela não se entornava e que eu ficava, não posso dizer em calças pardas, mas em vestido pardo, com o molho que escorresse e que eu tinha de limpar, o que não havia ser de nada cômodo. De pasta a pasta, parece-me que houve talvez suscetibilidade demais. Enfim a caranguejola por ora vai indo, e espero bem entregá-la antes que vá abaixo. Amanhã irei ao Paço da Cidade receber as deputações a este respeito do Senado e da Câmara dos Deputados, a quem darei esta resposta lacônica como as suas e pelo teor delas: Agradeço em nome do Imperador os sentimentos que manifestam por parte do Senado (ou da Câmara dos Deputados) e a cooperação que este (ou esta) promete ao Governo. E disse, e agora até amanhã que fecharei minha carta de manhã. Já vê que a cara não está inchada nem dando-me para que possa-lhe ter escrito tanto. Adeus!

Às 8 da noite. — Perdão, mil perdões, tenho uma megrenia de gallo. Só agora olhei para o lugar onde devia achar o Cruzeiro; e o céu está cheio de nuvens.

sua filha que tanto o ama,
Isabel Condessa d'Eu [54]

---

54 AGP XL-2, de D. Isabel a D. Pedro II, Laranjeiras, 4 de junho de 1871.

Princesa Isabel do Brasil

e sua capacidade de observação. O cenário "na salinha do canto" é vividamente reconstituído; e a dinâmica da reunião, apresentada com perspicácia. O que era novo e insólito para ela era uma cena sumamente familiar a seu pai, que despachava com os ministros havia nada menos que trinta anos. D. Isabel lutou com as contradições de gênero que seu novo papel suscitava. Era "uma espécie de imperador sem mudar de pele". Um colapso do ministério a deixaria de *calças pardas*, antiga expressão equivalente a *borrar a cueca*. Como, na época, nenhuma mulher decente vestia calças, D. Isabel preferiu usar a expressão "em vestido pardo". Sua carta indica que não lhe faltava habilidade para a missão, como mostra o modo como lidou com a proposta de renúncia de seu ex-professor, mas também indica que não lhe passava pela cabeça distinguir seu estilo de governo do de D. Pedro II. Sua resposta às delegações das duas câmaras foi, de fato, "lacônica como as suas". Aliás, Gastão d'Orléans perguntou ao visconde do Rio Branco que forma de resposta D. Isabel devia adotar, e este recomendou a usada pelo imperador. A princesa concordou, em parte porque os homens eram mais sábios, mas, em parte, porque acima de tudo ela desejava "que a caranguejola não fose abaixo" até devolvê-la ao pai, quando de seu regresso, dez meses depois.

Com um mês de regência, D. Isabel deixou claro para o sogro, o duque de Nemours, que pretendia abandonar os assuntos cotidianos do governo:

> Quanto aos negócios do governo, eu temia muito que me atormentassem mais do que me atormentam. Enquanto não ocorrer mudança no ministério, nem dissolução ou recesso das câmaras, tudo se manterá na rotina, que me obriga a sair de casa só um dia por semana para receber petições, ouvir o que algumas pessoas têm a me dizer ou para a audiência com os ministros. Mas teria muito mais dificuldade se não contasse com o meu bom Gastão, que me ajuda muito e me dá ótimos conselhos.[55]

---

55 AGP XL-3, de D. Isabel a Luís, duque de Nemours, Laranjeiras, 26 de junho de 1871.

Este último comentário não foi escrito para afagar o orgulho paterno do duque. No começo de setembro, queixando-se a D. Pedro II por não ter recebido nenhuma carta dele no último vapor, D. Isabel observou que ela, sim, tinha a possibilidade de se justificar dizendo que os "altos negócios do Estado" não lhe davam tempo para escrever. "Seria, porém, uma grandíssima mentira que lhe pregaria, pois, sobretudo tendo Gaston que me faz grande parte da papinha, tenho tempo de sobra, para dormir tanto ou mais que d'antes, para passear, e até para ler romances".[56]

A atitude de D. Isabel em relação à regência não procedia da falta de conhecimento ou de inteligência, qualidades que são evidentes em suas cartas ao pai. Tampouco lhe faltava astúcia ou determinação. Uma das prerrogativas do monarca era conceder títulos de nobreza — barão, visconde, conde, marquês, duque — a qualquer um que fosse considerado merecedor.

> Confesso que procurava meio de agraciar o Feijó [o médico dela] com o título de barão, e o próprio ministro do Império [Interior] me deu o ensejo, dizendo que merecia alguma cousa pelo modo por que se portou na questão dos estudantes. Deixei ficar a publicação da graça para a dia 14, no qual será nomeado Barão de Santa Isabel.[57]

Com essas raras exceções, D. Isabel, como regente, não estava procurando estabelecer uma identidade separada e autônoma nem criar uma relação direta com o povo brasileiro. Em sua mente, não havia nenhuma probabilidade de seu pai, então com 45 anos e gozando de ótima saúde, morrer num futuro próximo. Ela podia esperar passar um quarto de século ou mais na vida privada. Qualquer tentativa de tomar a iniciativa,

---

56 AGP XL-2, de D. Isabel a D. Pedro II, Laranjeiras, 4 de setembro de 1871.
57 AGP XL-2, de D. Isabel a D. Pedro II, Laranjeiras, 6 de março de 1872.

enquanto fosse regente, exigir-lhe-ia abandonar os papéis que lhe haviam sido atribuídos e ingressar na arena pública, suscitando comentários e críticas. Semelhante atitude implicaria uma mudança profunda em seu relacionamento tanto com o marido quanto com o pai.

A lei governamental que determinava a extinção gradual da escravidão punha em liberdade todos os filhos de escravas nascidos a partir da data da sua entrada em vigor. D. Isabel não vacilou em se comprometer publicamente com a medida, e seu apoio ajudou a garantir a transição. No entanto, ela não teve nenhum papel ativo na luta para impor a lei, na Câmara dos Deputados, em face da intransigência da oposição. Chegou a escrever ao pai, expressando sua dúvida sobre a conveniência de aprová-la aquele ano, já que "falta tão pouco tempo para o encerramento, e os espíritos dos fazendeiros que declaram as suas opiniões andam tão agitados". Sancionou-a no dia 27 de setembro de 1871. Informada do fato, a condessa de Barral apressou-se a comentar: "Papai nunca se mostrou mais seu amigo do que dando-lhe a ocasião de assinar esse ato ou essa lei". A assinatura "forneceu-lhe a ocasião, durante Sua Regência, de ligar seu nome a esse grande acontecimento e é uma glória de que Ele se demitiu em seu favor. Vivam os Pais que não são egoístas e os filhos que são gratos e reconhecidos".[58] Tais observações questionavam efetivamente qualquer tendência que D. Isabel porventura tivesse de realçar excessivamente seu papel na aprovação da Lei do Ventre Livre, como a medida ficou conhecida.

Os últimos meses de sua regência decorreram tranquilamente, perturbados apenas por manifestações de estudantes de direito e medicina. D. Isabel se habituara à sua faina, embora não tivesse se reconciliado com ela: "Amanhã terei despa-

---

58 AGP XL-2, de D. Isabel a D. Pedro II, Laranjeiras, 27 de agosto de 1871; AGP, sem número, da condessa de Barral a D. Isabel, [Paris] 7 de novembro de 1871.

cho e audiência. Quando me vir livre de tais negócios darei graças a Deus. Às vezes é de meter frenesis, felizmente que duram pouco e que só desabafo em particular".[59] A última carta que escreveu ao pai antes de seu retorno ao Brasil continha, muito excepcionalmente, uma elaborada crítica ao seu estilo de governo, indicando que ela compreendia perfeitamente os mecanismos do poder.

> O meu maior fantasma é o tal poder pessoal de que o acusam, meu bom Papaizinho, e que julgo dever provir do emperramento que lhe atribuem. Vou pôr tudo em pratos limpos. A culpa não é sua, ao menos não é sua só. Papai tem inteligência, tem vontade (tenacidade ou emperramento se quiser) e meios de a pôr em obra. Os nossos ministros em geral são menos firmes, tenazes ou emperrados, e, portanto, a corda arrebenta pelo mais fraco. O que fazer? Não se julgue tão infalível, mostre-se mais confiante neles, não se meta tanto em negócios que são puramente da repartição deles (e eu terei mais do seu tempo) e, se algum dia não puder de todo continuar a dar-lhes a sua confiança ou se vir que a opinião pública (verdadeira) é contrária a eles, rua com eles![59]

Como ela apontou, o outro defeito de seu pai, como governante, era mostrar-se pouco disposto a recompensar e promover os amigos pessoais, que lhe prestavam bons serviços, e inclinar-se a recompensar e promover rapidamente os que a ele se opunham publicamente: "É o melhor meio de fazer falar contra o Sr. D. Pedro 2º para obter dele tudo (não pelo medo que lhe inspire, mas por sua excessiva obrigação)". Com o temor de ter excedido o papel filial, ela encerrou a carta assim: "São estes os conselhos, o testamento político de sua matraquinha, com quem poderá discutir sobre todos estes pontos quando cá estiver. Perdoe-me tanta ousadia, mas é para seu bem e o bem de todo".

---

59 AGP XL-2, de D. Isabel a D. Pedro II, Petrópolis, 4 de fevereiro de 1872.
60 AGP XL-2, de D. Isabel a D. Pedro II, Petrópolis, 6 de março de 1872.

Não se sabe se D. Pedro II chegou a conversar com a filha sobre essas observações. Provavelmente não se referiu a elas ou limitou-se a comentá-las com indiferença. O certo é que a avaliação de D. Isabel não produziu nenhuma mudança em seu comportamento. Ao voltar ao Rio de Janeiro em 30 de março de 1872, ele retomou as rédeas do governo como se nunca tivesse se ausentado. Não consultou a filha sobre nada que havia ocorrido durante a sua permanência na Europa. Tal como antes, excluiu-a da governança do Brasil. No começo de maio de 1872, os adversários da Lei do Ventre Livre conseguiram derrotar o governo por um único voto na Câmara dos Deputados. O visconde do Rio Branco solicitou a dissolução ao imperador. Este convocou uma reunião do Conselho de Estado para ser assessorado sobre o pedido. Tanto D. Isabel como o conde d'Eu eram membros do Conselho, mas nenhum dos dois foi notificado da reunião. O imperador sequer estava interessado em sua opinião. Uma vez mais, a princesa e o marido foram relegados à vida privada.

O casal não se ressentiu disso. Lidar com os negócios do governo, em nome da esposa, deixou o conde d'Eu de tal modo estressado que ele voltou a adoecer. D. Isabel tinha outras preocupações. Agora parecia possível e até provável que estivesse na iminência de desempenhar seu quinto papel de esposa: dar um filho ao marido.

5
A mãe, 1872-1881

D. Isabel com seu primeiro filho, Pedro, nascido em
outubro de 1875
Cortesia da Fundação Grão-Pará, Petrópolis

No mundo ocidental do século XIX, o destino da mulher era gerar e criar filhos. Conforme a opinião prevalecente, as qualidades que a tornavam inferior ao homem eram exatamente as mesmas que a habilitavam a ser mãe. A pior coisa que podia acontecer a uma mulher era ficar "solteirona" e não ser mãe. A maternidade não dependia do casamento formal. No Brasil e em muitos outros países do mundo atlântico, muitas mulheres tinham filhos no que se pode denominar uniões consensuais, às vezes efêmeras, às vezes duradouras. Para a mulher que se tornasse mãe dentro ou fora do matrimônio, uma coisa era bem provável: ela teria muitos filhos. Não era incomum dar à luz dez, doze ou mesmo quatorze vezes.

Diversos fatores explicam essa elevada taxa de fertilidade feminina. A morte arrebatava muitas crianças no parto ou nos primeiros anos de vida. Em todos os níveis da sociedade, os filhos, mesmo pequenos, eram um recurso. Para os pobres, seu trabalho contribuía mais para o orçamento da família que o custo de seu sustento. Nas classes média e alta, constituíam um instrumento essencial para o aumento do patrimônio da família. Na realeza, uma família numerosa, especialmente com muitos filhos homens, assegurava a sucessão no trono. Também tinha um papel a necessidade dos homens de demonstrar virilidade gerando muitos filhos, como indica uma anotação no diário de um político destacado: "*Meu* filho Paulino nasceu sexta-feira, 21 de abril de 1834, às onze e meia da manhã, em Tapacorá" (Soares de Sousa, 1937, p.45; itálico nosso). As famílias grandes não eram deliberadas. Nem a medicina oficial nem a sabedoria popular compreendiam a relação entre a concepção e o ciclo menstrual. Muitas mulheres se casavam sem entender a conexão entre relação sexual e gravidez. (A própria avó do autor, nascida em 1848, só percebeu esse nexo depois de dar à luz um ou dois de seus onze filhos.) Os métodos contraceptivos eram pouco desenvolvidos, ainda que não necessariamente ineficazes.

Conceber filhos oferecia perigo, inclusive de morte, em qualquer estágio, desde o início da gestação até o período pós-parto. No final da gravidez, a toxemia provocava aborto e também ameaçava matar a mãe ou causar-lhe cegueira total. Os abortos e os partos poderiam resultar em hemorragia, que, se não fosse estancada, levava à morte. O parto de uma criança morta poderia facilmente matar a mãe. As infecções pós-parto, sobretudo a febre puerperal, eram mais prováveis e mais fatais por causa da falta absoluta de assepsia (esterilização). A incompetência da medicina oficial, particularmente notória na esfera da obstetrícia, agravava tais perigos. É quase certo que a medicina popular, que tomava por base a experiência e a tradição, fosse menos nociva, porém nem mesmo a experiência acumulada de uma parteira conseguia evitar a infecção e a morte.

No século XIX, ao cumprir seu destino de produtora de vida nova, a mulher enfrentava a possibilidade muito real de ser a causa de sua própria morte. As reações a esse dilema, pois se tratava de um dilema, eram diversas. Certas mulheres se refugiavam na cama e usavam a doença — real, psicossomática ou simulada — para evitar as relações sexuais e a gravidez. Se os maridos fossem buscar satisfação sexual em outra parte, tratava-se de uma faceta antipática, mas tolerável, da masculinidade. Algumas mulheres tomavam as precauções ao seu alcance (nem sempre com o consentimento ou o conhecimento dos maridos) para escapar à gravidez. Muitas buscavam segurança, consolação e entretenimento psicológicos na religião. Essa tendência era sancionada pela opinião geral, que considerava a religião uma parte integrante do papel da mulher de guardiã e perpetuadora da ordem estabelecida. A religião permitia-lhe exemplificar melhor a pureza, a moralidade e a obediência.

D. Isabel pertencia perfeitamente ao mundo das mulheres casadas. Definia-se em termos de maternidade: "Eu quero tanto ser a mãe do teu filho, ter um filho de quem eu amo tanto,

Roderick J. Barman

de quem eu amo acima de tudo, meu amor!!!".[1] Apesar do esforço do casal, dos conselhos médicos, das preces e das promessas a Deus, ela não engravidou nos primeiros cinco anos de casamento. As cartas sobre seu estado ginecológico não indicam nenhum problema específico que a impedisse de conceber. A segunda viagem do casal à Europa deu à princesa, como comentou sua tia D. Francisca com D. Pedro II, oportunidade de consultar "também algum bom médico *especial*".[2] É provável que ela tenha aproveitado essa oportunidade, pois na metade de maio de 1871, pouco depois de voltar ao Brasil, seu período menstrual atrasou. As recomendações e o tratamento que porventura recebeu na Europa devem ter lhe dado motivo de otimismo com seu estado. Seus pais, então prestes a embarcar, elaboraram o que se denominou um programa "breve" e um "longo" de permanência no Velho Continente. Se a filha estivesse mesmo grávida, D. Pedro II e D. Teresa Cristina retornariam no fim de 1871 para acompanhar o parto. Do contrário, manteriam os planos originais.

Com o passar das semanas, sem que a menstruação voltasse, D. Isabel passou a ficar cada vez mais exasperada. Em 21 de junho escreveu à mãe: "Quanto ao nosso negócio, nada há de positivo; está insuportável! Feijó [seu médico pessoal] continua, porém, a dizer que mais probabilidade há de ser *sim* que não. *Veremos!*".[3] Foi preciso aguardar mais algumas semanas. No dia 5 de agosto, Gastão escreveu a D. Pedro II: "Infelizmente, temos de lhe anunciar desta vez que, de nosso lado, já não há motivo para o pequeno programa. É isto para nós um grande desgos-

---

1 AGP XL-1, passagem datada de 8 de outubro em D. Isabel a Gastão, conde d'Eu, São Cristóvão, 7 de outubro de 1865.

2 D. Francisca, princesa de Joinville, a D. Pedro II, Mount Lebanon, Londres, 18 de junho de 1870, original em AGP e citado em Lacombe (1989, p.181).

3 AGP XL-3, de D. Isabel a D. Teresa Cristina, Laranjeiras, 21 de junho de 1871.

to".[4] O fim dessa possível gravidez foi mais que uma decepção pessoal para o casal. A ausência de filhos significava que, após a morte de D. Isabel, o trono passaria para um de seus sobrinhos, os filhos de D. Leopoldina. No fim de março de 1872, o imperador desembarcou no Rio de Janeiro trazendo consigo os dois netos mais velhos, Pedro Augusto e Augusto. Seriam criados pelos avós, no Brasil, a fim de se prepararem para o papel de herdeiros da tia.

Por necessária que essa medida fosse para o futuro da dinastia, a presença dos sobrinhos era uma censura permanente a D. Isabel, por sua incapacidade de cumprir a missão de ser mãe. A censura não tardou a perder a razão de ser. No segundo semestre de 1872, o período menstrual voltou a cessar, e dessa vez não havia dúvida de que ela estava grávida. Todavia, a boa notícia foi contrabalançada pelas preocupações com seu estado de saúde. Além das tonturas, dos vômitos e do mal-estar, ela começou a perder sangue e a apresentar outros sintomas preocupantes. Em outubro de 1872 sofreu um aborto.

É difícil exagerar o impacto psicológico desse fato em D. Isabel. A morte de sua irmã de febre tifoide, em fevereiro de 1871, a transtornara profundamente. O histórico familiar de gravidez e parto dava-lhe pouco ou nenhum motivo de confiança. Sua avó paterna, a imperatriz Leopoldina, morrera em 1826 ao abortar o oitavo filho. Sua tia, a rainha Maria II de Portugal, morrera de exaustão física, em 1854, quando dera à luz o décimo primeiro filho. A mãe de Gastão d'Orléans, a duquesa de Nemours, falecera no parto do quinto filho, uma menina que não sobreviveu. Outra tia de D. Isabel, D. Francisca, a princesa de Joinville, tivera dois abortos seguidos, que tinham posto sua vida em perigo. Em janeiro de 1867, o conde d'Eu havia escrito que "Isabel ficou tão abalada com o falecimento de uma de suas amigas de

---

4 AGP XLI-11, de Gastão, conde d'Eu, a D. Pedro II, Laranjeiras, 5 de agosto de 1871.

Roderick J. Barman

infância, que morreu no parto exatamente nove meses depois de se casar".[5] Sua própria irmã abortou na primeira gravidez. A princesa não renunciaria à esperança de ser mãe, porém, no fim de 1872, não lhe faltavam motivos para temer o que a gravidez podia lhe reservar.

Ela buscou força e consolo na fé cristã. No século XIX, os homens continuavam controlando as estruturas institucionais das igrejas católica e protestante, mas surgiram novos tipos de devoção. Tanto na forma como na mensagem transmitida, atendiam às mulheres e suas preocupações. Na igreja católica, o culto à Virgem Maria, cuja Imaculada Conceição (concepção sem a mancha do pecado) foi declarada um dogma em 1854, era um forte apelo para as mulheres, tanto quanto a adoração do "Sagrado Coração de Jesus", declarado uma festa universal da Igreja em 1856. Essas novas formas de devoção ofereciam, particularmente às mulheres, tanto validação — já que a Virgem Maria era a mãe universal cheia de amor e toda-poderosa — como conforto, uma vez que "o coração de Cristo" era "o símbolo do amor total de Sua pessoa".[6] Deus, por ser amor, organizava o curso da vida do indivíduo para o melhor. A confiança em Sua misericórdia e em Sua beneficência tornava suportáveis todos os padecimentos.

A religião tinha sido uma parte integrante da educação de D. Isabel; suas práticas e seus preceitos, ela os aceitava sem contestação. Tanto sua mãe como a condessa de Barral eram católicas devotas. O mesmo valia para o seu marido, que asseverou em outubro de 1865, quando ela o consultou sobre uma questão religiosa: "Nunca pode haver excesso de devoção, principalmente para as mulheres, que não têm tantas ocupações sérias

---

5 AGP XLI-1, de Gastão, conde d'Eu, a Luís, duque de Nemours, Laranjeiras, 22 de janeiro de 1867.

6 "Sacred Heart, devotion to" ["Sagrado Coração, devoção a"]. In: *New Catholic Encyclopedia*. New York, 1967, XII, p.818-9.

Princesa Isabel do Brasil

neste mundo como os homens".[7] Em 1868, quando estava na estação de águas de Caxambu, a princesa prometeu erigir uma igreja dedicada a Santa Isabel da Hungria, na esperança de que Deus lhe desse um filho. Essa piedade natural tornou-se muito mais intensa com a morte de D. Leopoldina em fevereiro de 1871. "A fé é a única consolação para semelhante perda!", observou.[8] Agora a igreja católica tornara-se para ela um baluarte de apoio, uma consolação em tempos de tristeza e uma garantia da bondade divina.

D. Isabel se empenhou cada vez mais em defender a Igreja e sua doutrina contra tudo e contra todos, mesmo os hierarquicamente superiores. Durante sua viagem à Europa em 1871 e 1872, D. Pedro II visitou tanto o papa no Vaticano como o rei da Itália em Florença. Como, pouco antes, o monarca italiano arrebatara ao papa a cidade de Roma, D. Isabel censurou o pai por ter feito a visita. "Não podia muito bem descansar ou, se as pernas lhe correm tanto, ir visitar curiosidades?" Duas cartas depois, criticou-o por outro motivo:

> Vou já começar ralhando. Nem uma linhazinha para mim, e acha tempo para ir visitar George Sands, uma mulher de muito talento, é verdade, mas também tão imoral! ... Por mais incognitozinho que vá, sempre se sabe quem é o Sr. D. Pedro de Alcântara, e não deve ser ele antes de tudo um bom católico e, portanto, afastar de si o que for imoral?[9]

George Sand (pseudônimo de Aurore Dupin) era uma feminista pioneira. Depois de abandonar o marido truculento, mudou-se para Paris com os dois filhos, onde passou a ganhar a vida como

---

7 AGP XLI-3, de Gastão, conde d'Eu, a D. Isabel, diante de Uruguaiana, 2 de outubro de 1865.

8 AGP XL-2, de D. Isabel a D. Teresa Cristina, Meran, Áustria, 17 de fevereiro de 1871.

9 AGP XL-2, de D. Isabel a D. Pedro II, Petrópolis, 5 de janeiro de 1871 [sic, 1872]; 4 de fevereiro de 1872.

jornalista e escritora. Para circular mais livremente no meio literário e boêmio, costumava vestir-se de homem. Teve numerosos amantes, notadamente Frédéric Chopin e Alfred Musset, mas também uma atriz. Em política, era republicana e radical. Enfim, era tudo que D. Isabel fora criada para saber que uma mulher não devia ser. A princesa provavelmente não esperava influenciar os atos do pai e, além disso, no fim da carta de censura pela visita ao rei da Itália, pediu desculpas, como era seu hábito, por ter manifestado sua opinião. Mas nem por isso deixou de manifestá-la.

Ela estava decidida a fazer uma terceira visita à Europa, em busca de tratamento médico, depois de sua regência de 1871 e 1872: "O senhor há de compreender que não pode ser tão logo, já que meus pais vão voltar depois de uma longa ausência",[10] disse ao duque de Nemours. O aborto de outubro de 1872 deixou-a ainda mais ansiosa por viajar. Pouco depois, e talvez como resultado desse aborto, o conde d'Eu voltou a ter seus achaques, os quais, como D. Isabel percebeu, eram basicamente psicossomáticos: "Estou certa que ele sofre; mas a imaginação pode muito fazer e, assim, aumentar os incômodos".[11] O casal finalmente embarcou em 19 de abril de 1873.

Os dois passaram as primeiras semanas em Paris. Em junho de 1872, a Assembleia Nacional francesa não só revogou o banimento da família Orléans como lhe restituiu as propriedades confiscadas por Napoleão III. O pai e os tios de Gastão voltaram a morar na França, o que significou para o casal se manter extremamente ocupado. "Mas que vida a de Paris!", D. Isabel expressou com entusiasmo ao pai em maio. "Não tenho tido tempo de me coçar."[12] Cinco dias depois, Gastão, que estava em sua

---

10 AGP XL-4, de D. Isabel a Luís, duque de Nemours, Petrópolis, 20 de fevereiro de 1872.

11 AGP XL-3, de D. Isabel a D. Teresa Cristina, Petrópolis, 13 de dezembro de 1872.

12 AGP XL-2, de D. Isabel a D. Pedro II, Grand Hôtel de Londres, Paris, 18 de maio de 1873.

Princesa Isabel do Brasil

terra natal pela primeira vez em vinte anos, escreveu a D. Pedro II: "Paris é linda, nenhuma outra cidade tem tanto encanto, e eu estou feliz por revê-la".[13] Mais importante: em Paris, a princesa consultou um especialista que recomendou tratamento em Bagnères-de-Luchon, nos Pireneus franceses, uma estância com 48 fontes de água sulfúrea.

Primeiro o casal visitou a Exposição Universal de Viena, depois de passar algum tempo na estância Badgastein, na Áustria (para a saúde de Gastão), e chegou a Luchon no começo de agosto. Lá ficou cerca de dois meses, a maior parte do tempo na companhia da condessa de Barral. Em outubro, D. Isabel fez peregrinação a Lourdes. Em 1858, Bernadete Soubirous tinha visto diversas vezes a Virgem Maria numa gruta próxima desse lugar, a qual lhe dissera: "Eu sou a Imaculada Conceição". A gruta e suas fontes não tardaram a se transformar num lugar de curas miraculosas, que passou a atrair romeiros, sobretudo quando a estrada de ferro chegou à cidadezinha. No começo da década de 1870, a gruta passou a receber grupos de peregrinos que para lá acudiam aos milhares. Entre eles estava D. Isabel, que queria um filho. Enviou a D. Teresa Cristina "um rosário que comprei para Mamãe em Lourdes, e que está bento e tocou o rochedo da Virgem, e 9 medalhas de Nossa Senhora que também eram bentas e tocaram o rochedo".[14]

Graças à romaria, às águas de Luchon ou ao tratamento médico, D. Isabel foi recompensada. Escrevendo de Veneza em 29 de novembro de 1873, o conde d'Eu contou que sua esposa "queixa-se frequentemente de tonteira, de fastio e de mal-estar, contudo até 1º de dezembro nada se pode dizer de positivo". No ani-

---

13 AGP XLI-11, de Gastão, conde d'Eu, a D. Pedro II, Paris, 23 de maio de 1873.

14 AGP XL-3, de D. Isabel a D. Teresa Cristina, Grand Hôtel de Londres, Paris, 19 de outubro de 1873. Sobre o santuário de Lourdes e as aparições marianas de 1830 a 1900, ver Gibson (1989, p.145-51).

D. Isabel aproximadamente à época de sua visita à Europa, 1872-1874
Cortesia do Arquivo Histórico do Museu Imperial, Petrópolis

Princesa Isabel do Brasil

versário do pai, 2 de dezembro, D. Isabel lhe escreveu uma carta de congratulações, à qual acrescentou um pós-escrito: "Meu Papai reze bem por sua filhinha e netinho pois agora quase que estou certa da cousa". Ela passou a tomar o máximo cuidado. Só no fim de dezembro o casal voltou a Paris, onde D. Isabel foi examinada por um grande obstetra. "Creio que já devemos dar por certo o estado de Isabel", relatou Gastão em 19 de janeiro.

> O doutor [Jean Marie] Depaul, que por desejo dela a examinou há dias, declarou que todos os sintomas indicam prenhez de três meses. Ela vai bem; porém está sempre inquieta e preocupada, principalmente com a viagem do mar, que com razão a assusta.[15]

A questão da viagem marítima tornou-se uma urgência porque o artigo 2º do contrato nupcial do casal exigia que seu primeiro filho nascesse no Brasil. No início de março, D. Isabel escreveu ao pai:

> Com que vontade e prazer seria em seus braços que apoiaríamos primeiro nosso caro filhinho! Mas a ideia de poder correr o risco de perdê-lo e mesmo de fazê-lo sofrer em sua saúde nos retém. Daqui a dias, contamos ter uma consulta de médicos a esse respeito, e o resultado lhe será enviado para que meu Papai decida.[16]

Dias depois, quando o parecer médico estava sendo despachado para o Rio de Janeiro, ela voltou a manifestar receio:

> Meu Papai, pondera bem todos os riscos e perigos que mãe e filho correriam se se empreendesse a viagem antes do nascimento de nosso filhinho, e creio que, à vista do expendido, não hesitará em permitir que só partamos daqui depois de julho. Nosso maior

---

15 AGP XLI-11, de Gastão, conde d'Eu, a D. Pedro II, Hotel Royal Danieli, Veneza, 27 de novembro de 1873; Paris, 19 de janeiro de 1874.
16 AGP XL-2, de D. Isabel a D. Pedro II, Hotel Royal Danieli, Veneza, 2 de dezembro de 1873.

desejo teria sido que o nascimento tivera lugar lá se, assim, não corrêssemos o risco de perder o que agora faz toda a nossa felicidade. Meu Papai pensa que, além de seu netinho, teria talvez de perder sua filha pois não sei como resistiria à perda de todas as minhas esperanças atuais, sobretudo nas circunstâncias em que me acharia então, por tal modo enfraquecida.[17]

Os muitos apelos e alertas da filha não demoveram D. Pedro II, um homem para quem o cumprimento do dever ficava acima de tudo e que estava convencido de que parir filhos era a sina da mulher. "Profundamente sentiria que meu neto, herdeiro presuntivo, nascesse fora do Brasil", escreveu em 18 de fevereiro de 1874.[18] Ele podia evocar e evocou o artigo 2º do contrato nupcial. A questão foi submetida ao Conselho de Estado, que, como era de esperar de um grupo de homens idosos e totalmente sujeitos à influência do imperador, deliberou que somente se houvesse uma certeza virtual de desastre, durante a viagem, é que o parto poderia ocorrer na Europa.

Já com quase 28 anos, D. Isabel continuava incapaz de desobedecer ao pai. O conde d'Eu, embora contrário a uma interpretação tão rígida do contrato nupcial, não estava disposto a romper com o sogro por conta disso. De modo que, em maio, o casal embarcou em Bordeaux, levando consigo uma parteira francesa. "O *Gironde* em que vamos toca na Coronha, em Lisboa e em Dacar. Teremos nós de ficar em qualquer desses lugares? Deus, a Virgem Maria e todos os Santos me ajudem!"[19] Não houve problemas durante as três semanas de viagem. Em 23 de junho, D. Isabel chegou ao Rio de Janeiro. Fixou residência em Laranjeiras e passou a aguardar o parto.

---

17 AGP XL-2, de D. Isabel a D. Pedro II, rue de Berri, Paris, 17 de maio de 1874.

18 AGP XXXVIII-2, de D. Pedro II a Gastão, conde d'Eu, Petrópolis, 18 de fevereiro de 1874.

19 AGP XL-2, de D. Isabel a D. Pedro II, rue de Berri, Paris, 17 de maio de 1874.

À meia-noite do dia 25 de julho de 1874 sentiu as primeiras contrações. Chamaram quatro médicos para atendê-la. Também estava presente a condessa de Barral, que viera da França para acompanhar o parto. Na manhã seguinte, constatou-se que o bebê corria perigo de asfixia. Os médicos se mostraram totalmente incapazes de induzir o parto. O trabalho se prolongou por nada menos que cinquenta horas. A criança morreu no começo da noite de 27 julho, mas só às duas horas da madrugada do dia 28 foi que conseguiram extrair o corpo do útero e salvar a vida da princesa. Como o conde d'Eu contou com tristeza a seu ex--preceptor: "Nossa filhinha nasceu na hora certa, perfeitamente desenvolvida, com uma grande quantidade de cabelos louros e cacheados, extraordinariamente compridos e densos".[20]

Durante o "sofrimento horrível" da filha, a imperatriz anotou em seu diário, "ela se comportou com uma coragem incrível". "Graças a Deus, a princesa se restabeleceu maravilhosamente", informou seu marido ao ex-tutor em 8 de agosto; "já quase não tem febre e está calma, embora triste, mas resignada; a fé a está ajudando a suportar este transe".[21] Como D. Isabel observou um ano depois, "ao menos tive a grande consolação de ver batizada nossa querida filhinha!".[22] Em retrospectiva, ao escrever suas memórias, ela viu essa perda como um momento crítico na vida: "A morte da minha irmã e a perda do meu primeiro filho no parto, em 28 de julho de 1874, foram as minhas únicas tristezas em 44 anos!" (*Joies et tristesses*).[23]

A angústia da filha e a perda da neta abalaram até mesmo D. Pedro II, um homem normalmente controladíssimo e estoi-

---

20 AGP XLI-30, de Gastão, conde d'Eu, a Jules Gauthier, Laranjeiras, 8 de agosto de 1876.
21 AGP XLI-30, de Gastão, conde d'Eu, a Jules Gauthier; AHMI, POB, Cat. B, Maço 38, Doc. 1058.
22 Registro no diário de D. Teresa Cristina de 26-28 de julho de 1874.
23 AGP XL-3, de D. Isabel a D. Teresa Cristina, Petrópolis, 26 de julho de 1875.

co. "Depois da alegria da chegada de minha filha, quanto tive de sofrer", escreveu em 14 de agosto a um conhecido na França. "Felizmente, ela já está quase boa, e tudo me leva a esperar que me cerque de netos."[24] A reação do imperador foi tipicamente masculina, tanto no egoísmo de sua dor como na atitude para com as mulheres e o papel que lhes cabia. Por mais que ela sofresse, todos esperavam que, como herdeira do trono, D. Isabel gerasse filhos. Até certo ponto, a princesa aceitava que tinha de cumprir seu dever e queria um filho que viesse substituir o bebê perdido. Todavia, no fundo, a perspectiva de tornar a enfrentar a concepção, a gravidez e o parto despertava sentimentos que ela fez o possível para negar.

A luta íntima entre o dever e o medo, bem como a lembrança horrível da provação por que passara, causou depressões profundas e fortes aversões e obsessões. D. Isabel buscou evasão e alívio nas ocupações domésticas, nas reuniões sociais e nas atividades religiosas. A condessa de Barral tratava de mantê-la constantemente ocupada e, portanto, distraída. "Tenho acordado todos os dias às 5h 30, querendo ir esperar o acordar da Princesa no quarto dela", escreveu de Petrópolis seis semanas depois do malogrado parto, "e quando me vejo tão longe [dela] fico triste".[25] As duas preenchiam o tempo com tarefas tradicionalmente "femininas", como fazer bolos e biscoitos ou costurar. Foi tão grande o sucesso da condessa que a princesa observou em outubro, quando a ex-aia estava ausente: "Estou tão acostumada à sua boa companhia que não posso mais aturar um dia sem vê-la e sem falar-lhe".[26]

Para tirá-la do Paço Isabel, que lhe trazia constantemente à lembrança a perda e o sofrimento, o conde d'Eu alugou uma

---

24 De D. Pedro II ao conde de Gobineau, Rio de Janeiro, 14 de agosto de 1874, impresso em Raeders (1938, p.477).

25 Da condessa de Barral a D. Pedro II, Petrópolis, 14 de agosto de 1874, original em AGP e impresso em Barral (1977, p.86).

26 AGP XL-2, de D. Isabel a D. Pedro II, Petrópolis, 18 de outubro de 1874.

casa mobiliada em Petrópolis. Em 21 de setembro de 1874, ela e o marido se mudaram para essa residência, que a condessa de Barral se encarregara de pôr em ordem. Térrea e modesta, a casa era (e ainda é) belíssima e tinha um terreno enorme. D. Isabel gostou tanto dela que o conde não tardou a comprar a propriedade, que ficou conhecida como o Palácio da Princesa.

Petrópolis, não o Rio de Janeiro, passou a ser o verdadeiro centro da vida da princesa, que se sentia mais à vontade naquela cidadezinha, onde podia ser ela mesma. Lá, a vida social espelhava a sociedade aristocrática que tanto a encantava na Europa. Seu círculo de conhecidos se compunha principalmente das amigas de infância, das famílias a serviço da corte e dos diplomatas estrangeiros que passavam o verão em Petrópolis. No começo de novembro de 1874, ela comentou: "De tarde passeamos pelo Passeio público, aonde toda a diplomacia jogava ou assistia ao *croquet*. Pareciam divertir-se bem". A condessa de Barral, cujo filho Dominique agora era adido na missão francesa no Rio, pertencia naturalmente a esse grupo. A vida da princesa em Petrópolis lhe permitia ignorar a vida cotidiana do povo brasileiro, como mostra um comentário que ela fez ao pai em março de 1875: "Muito obrigada por sua carta e fala do trono. A carta, bem entendido, li-a já, mas deixei a fala para logo mais".[27]

O que mais ocupava o tempo e a atenção da princesa era a religião católica: a missa, o confessionário e a participação em devoções como a Adoração da Eucaristia. "Hoje nós passamos o dia todo na igreja, começando por assistir à missa", informou a Gastão em 15 de outubro, seu décimo aniversário de casamento.[28] "Ficamos muito ocupadas, e me fez bem trabalhar assim para Nosso Senhor." Numa carta de 28 de novembro à imperatriz, D.

---

27 AGP XL-2, de D. Isabel a D. Pedro II, Petrópolis, 5 de novembro de 1874; 15 de março de 1875.

28 AGP XL-1, de D. Isabel a Gastão, conde d'Eu, São Cristóvão, 15 de outubro de 1875.

Isabel contou que "levamos toda a manhã a cantar vésperas", e a condessa acrescentou uma nota: "Estou muito cansada com a lavagem da igreja".[29] O zelo da princesa não se limitava à limpeza e à decoração semanal da igreja de Petrópolis. Por exemplo, em maio de 1875, ela se dedicou totalmente ao "Mês de Maria", durante o qual altares especiais eram enfeitados diariamente com flores frescas, com missas em homenagem à Virgem. "Petrópolis vai-se despovoando rapidamente", D. Isabel escreveu ao pai no dia 1º de junho, "mas a sua Igreja já está muito pequena — mesmo para população do lugar".[30] Ela decidiu construir uma nova igreja em estilo gótico e de um tamanho que glorificasse a Deus, e perseguiu essa meta pelo resto da vida.

Nos meses subsequentes à perda do primeiro filho, D. Isabel se deixou absorver pela "piedade ultramontana", caracterizada por um historiador como "o gosto pela cerimônia vistosa, que apela mais ao coração que à razão" e como a "efeminação da piedade" (Gibson, 1989, p.265-6). O ultramontanismo, controverso e divisivo que era, provocou muita hostilidade no Brasil, onde ofendia as convenções de gênero vigentes. As igrejas brasileiras eram consideradas espaço público, nelas se realizavam todas as eleições. Encarregar as mulheres do interior das igrejas significava uma ingerência na esfera pública reservada aos homens. Geralmente os sacerdotes associados às devoções ultramontanas, como o Sagrado Coração e a Adoração da Eucaristia, eram estrangeiros, como o padre Nicholas Germain, pároco de Petrópolis. Suas batinas os distinguiam da massa dos clérigos, que se vestiam como qualquer leigo. A piedade, o ascetismo e a abnegação que professavam os tornavam suspeitos aos olhos da maioria dos homens brasileiros, que os consideravam verdadeiros traidores de seu sexo. Particularmente questioná-

---

29 De D. Isabel e condessa de Barral a D. Teresa Cristina, Petrópolis, 28 de novembro de 1874; original em AGP e impresso em Barral (1977, p.99).

30 AGP XL-2, de D. Isabel a D. Pedro II, Petrópolis, 1º de junho de 1875.

Princesa Isabel do Brasil

veis eram suas relações com as mulheres nas congregações, sobretudo no papel de confessores. Os brasileiros estavam simplesmente convencidos de que eles se valiam do confessionário para influenciá-las e controlá-las, usurpando um direito exclusivo dos pais e dos maridos. Tampouco podiam admitir que as mulheres encarassem tais padres como "mulheres honorárias", como parte da rede feminina de apoio e conselho que tornava suportáveis o casamento e o lar.

Essa hostilidade para com o ultramontanismo foi a base da Questão Religiosa, iniciada no começo de 1873. A maçonaria tivera um papel decisivo na luta pela independência, e suas lojas continuavam a ser importantes centros de atividades políticas e sociais. Muitos políticos de destaque eram maçons, inclusive o visconde do Rio Branco, chefe do gabinete em 1873. Diversos pontífices tinham proibido os católicos de integrar a maçonaria, mas o governo imperial (e, antes dele, o português) jamais permitiu a divulgação das bulas papais no Brasil. Embora o papado reconhecesse o direito do governo de impedir a sua aprovação, o novo e ultramontano bispo da diocese nordestina de Olinda achou intolerável a desobediência ao papa em questões de fé e moral. Jovem e impetuoso, D. Vital resolveu agir, ordenando que uma irmandade ligada a uma paróquia do Recife expulsasse todos os maçons. Em janeiro de 1873, esta se recusou a obedecer, e o bispo não hesitou em interditá-la, ou seja, proibi-la de celebrar a missa. Quando o bispo do Pará imitou o exemplo do colega, a disputa se converteu em crise. As irmandades apelaram para o governo imperial, que mandou os prelados suspenderem a interdição. Em meados de 1873, os dois bispos se recusaram a fazê-lo. O imperador estava decidido a impor a autoridade do governo e sujeitar os dois homens. O gabinete decidiu processá-los criminalmente por obstrução da lei.

Na época, D. Isabel e o conde d'Eu estavam na Europa. As cartas da princesa ao pai não deixam dúvidas quanto à sua opinião. Os bispos podiam ter sido "mais prudentes", admitiu ela,

183

D. Vital Maria Gonçalves de Oliveira, o bispo ultramontano de Olinda
Cortesia do Museu Nacional Histórico, Rio de Janeiro

mas "o governo quer-se também meter demais em cousas que não deveriam ser de seu alcance". A seu ver, "devemos defender os direitos do cidadão brasileiro, os da Constituição, mas qual a segurança de tudo isso, dos juramentos prestados, se não obedecemos em primeiro lugar à Igreja!".[31] O comentário de seu marido com o sogro foi lúcido e perspicaz:

> Dando-lhes [às irmandades] andamento e importância, afigura--se-me que se mete em um beco sem saída, porque o poder eclesiás-

---

31 AGP XL-2, de D. Isabel a D. Pedro II, Grand Hôtel du Louvre, Bagnères de Luchon, 31 de agosto de 1873

Princesa Isabel do Brasil

tico há de resistir até tomar a atitude de martírio, visto que se guia por princípios superiores às leis e eventualidades humanas.[32]

A previsão do conde d'Eu se realizou. Em fevereiro e em julho de 1874, os dois bispos foram julgados e condenados. O imperador comutou a sentença de quatro anos de prisão com trabalho forçado por uma de reclusão simples. A condenação e o encarceramento reforçaram, na Igreja brasileira, o apoio aos bispos, que persistiram em seu desafio. A vitória do governo não deu em nada. O gabinete Rio Branco caiu em junho de 1875, e seu sucessor, que estava decidido a pôr fim à Questão Religiosa, impôs um compromisso ao imperador. Dar-se-ia anistia geral a todas as pessoas e atos envolvidos na disputa e, a seguir, o núncio apostólico no Rio de Janeiro suspenderia as interdições. Embora D. Pedro II tenha protestado até o último instante, o necessário decreto foi promulgado em 17 de setembro de 1875. O confronto terminou sem que se resolvesse a questão central.

O desafio da Igreja irritou e a anistia ultrajou os maçons e seus simpatizantes, entre os quais figuravam o que hoje denominaríamos os segmentos "progressistas" da sociedade brasileira. A concessão da anistia foi amplamente atribuída à influência de D. Isabel. *O Mequetrefe*, uma revista semanal, chegou a publicar uma charge intitulada "A anistia", na qual o perfil da princesa eclipsava o Sol, no qual estava inscrito "Liberdade". Essa convicção se disseminou de tal modo que levou D. Pedro II a escrever um enfurecido protesto ao chefe do gabinete: "A leitura dos periódicos destes dias obriga-me a insistir na necessidade de declarar, o que é verdade, que minha filha em nada influiu no meu ânimo nem procurou influir para a anistia".[33] O monarca tinha razão. Nem

---

32 AGP XLI-11, de Gastão, conde d'Eu, a D. Pedro II, Hôtel de Castille, Niles, 25 de outubro de 1873.
33 BNRJ TM, Armário 25, Pac. 25, de D. Pedro II a Luís Alves de Lima, duque de Caxias, [Rio de Janeiro] 19 de setembro de 1875.

a princesa nem seu marido se posicionaram publicamente a favor dos bispos. Sem dúvida, para os maçons e seus aliados, suas práticas religiosas a identificavam com a causa dos bispos. Conquanto D. Isabel nunca se envolvesse nos assuntos públicos, seu silêncio durante a controvérsia foi usado contra ela. O fato de não ter se pronunciado revelava suas simpatias. A mentalidade prevalecente, que considerava a falta de racionalidade, a incapacidade nos negócios públicos e a instabilidade emocional características inatas da mulher, fez da princesa um alvo fácil de satanizar. Ela se tornou a encarnação e a agente das forças da reação que obstruíam o caminho do Brasil rumo ao progresso.

No ano que se seguiu ao nascimento da filha morta, em julho de 1874, a saúde e o estado mental de D. Isabel a teriam impedido, mesmo que ela quisesse, de refutar essas acusações. Uma carta escrita pelo conde d'Eu ao pai, em Petrópolis, em 27 de janeiro de 1875, em pleno verão, revela o estado psicológico da princesa:

> No entanto, estamos tristes por constatar que ele [o verão] não produziu nenhum efeito favorável sobre a saúde de Isabel. Pelo contrário, ela teve uma volta da pequena secreção que chamou a atenção do [Dr.] Depaul e das quais [sic] ele a livrou. Como ela tem declarado uma antipatia, na minha opinião exagerada, por todos os médicos brasileiros, seu desejo é voltar à Europa para ir uma vez mais a Luchon. Mas, naturalmente, o imperador não tem a menor intenção de autorizá-la, preocupado que está com a sua própria viagem [à América do Norte e à Europa]: consequentemente, surgiu a ideia de chamar Depaul ao Brasil.[34]

No começo de abril de 1875, a princesa soube que estava grávida novamente: "Eu estou bem, meu queridinho, e acho que o nosso queridinho também está. Reze muito por ele e também pela sua queridona que o beija de todo o coração". No fim de

---

34 AGP XLI-1, de Gastão, conde d'Eu, a Luís, duque de Nemours, Petrópolis, 27 de janeiro de 1875.

maio, ela escreveu triunfante: "Você vai ficar muito contente quando souber que, esta manhã, eu senti muito bem um movimento que só posso atribuir ao nosso querido filhinho". No pós-escrito, acrescentou: "Dessa vez, foram mais fortes e mais acentuados do que em qualquer outra ocasião". Quinze dias depois, ela contou:

> O nosso pequenino se espreguiçou muito, e a condessa de Barral sentiu claramente o movimento. Meu Deus! Como eu queria que o mês de outubro já tivesse chegado e passado! E passado *como nós queremos que passe!!!* Reze por nós a Nosso Senhor e a todos os que estão no Céu![35]

A nova gravidez ocasionou-lhe uma tensão emocional e uma aguda aflição psicológica, cujas intensidade e profundidade ficam evidentes na sua carta de 11 de junho ao marido (ver "Com a sua própria voz", a seguir). Que ela tenha se recusado terminantemente a receber a visita do pai no primeiro aniversário do parto malogrado foi um raríssimo e virtualmente único ato de rebelião contra ele. O fato de haver persistido na recusa mostra como era intensa sua tensão. Seu estado piorou com o decorrer das semanas. "Ela não só chora e se lamenta sem causa como não quer que lhe dirijam a palavra nem que falem na sua presença, de modo que todos em casa ficamos reduzidos ao silêncio", escreveu Gastão d'Orléans ao pai no dia 2 de agosto. "Hoje, embora não esteja sofrendo fisicamente, ela não quis sair do quarto (à 1h da tarde) porque queria almoçar sozinha e que suas camareiras não tivessem motivo para entrar." Uma breve permanência em São Cristóvão ajudou um pouco, mas ela seguiu "lamentando-se e dizendo que não tem força para sobreviver a esse parto".[36]

---

35 AGP XL-1, de D. Isabel a Gastão, conde d'Eu, Petrópolis, 5 de abril, 26 de maio, 10 de junho de 1875.

36 AGP XL-1, de Gastão, conde d'Eu, a Luís, duque de Nemours, Petrópolis, 26 de junho; São Cristovão, 2 de agosto de 1875.

Com a sua própria voz

11 de junho de 1875, Petrópolis

Meu bem-amado,

A tua viagem a São Paulo me deixa nervosa. 15 dias longe de mim! Sem que eu tenha o *refrigério* de abrir o coração para ti! Minhas duas velhas [D. Rosa de Sant'Anna Lopes e a condessa de Barral], que eu amo de todo o coração, são uma ótima companhia, mas, quando eu preciso ficar sozinha, tudo muda. Tenho de fingir ou que vou rezar, ou que vou fazer uma coisa que não me atrevo a mencionar na mesma frase em que falo em rezar. E, mesmo assim, ouço-as bem perto, e só Deus sabe o que elas não fazem para saber se não me aconteceu nada! É muito afetuoso da parte delas, e eu fico agradecida por isso, mas, às vezes, é um fardo. Quando me encerro no quarto, o medo de que elas abram a porta me invade o fio do pensamento, de modo que tenho de recomeçar. É uma tolice, mas minhas meditações me acalmam, ao passo que todas essas interrupções me enervam.

Outra coisa, meu querido: eu soube pela condessa, mas é um segredo que tu não vais quebrar, que papai pretendia passar os dias 26, 27 e 28 de julho aqui, justamente para *me distrair. Longe de me distrair, isso só vai me incomodar*. Por isso, tu podes dizer a ele que eu prefiro passar esses dias sozinha com a minha tristeza; e como, devido a todas essas viagens, eu temo que as suas quinzenas aqui se alterem, eu lhe peço que, em todo caso, não venha a Petrópolis nesses dias.

Voltando à tua viagem a São Paulo: queres mesmo ir? Faz o que achares melhor, mas reza por mim e pelo nosso queridinho!

Talvez eu ainda tenha muito a te dizer, mas aproveita a viagem a Campos; não esqueças as minhas recomendações:

Continua

> e espero que Nosso Senhor, a Virgem Santíssima e todos os
> que estão no Céu me ajudem! e te abençoem!
> 6h 30. Acabo de dar uma volta no Passeio com as minhas
> duas velhas, que te mandam muitas saudades. Desculpa o co-
> meço tão aborrecido desta carta, mas eu precisava me aliviar
> com você. Beijo-te com o mesmo carinho com que te amo.
>
> *Isabelle*
>
> *P.S.* Eu senti o nosso pequenino se mexer.
> Agora não estou nervosa, graças a Deus.
> Escrevi à Mamãe, pedindo-lhe que não venha nos dias 26, 27 e 28
> de julho. Tu não precisas dizer nada. Acima de tudo, não digas que
> a condessa me contou.[37]

Ao que tudo indica, o conde d'Eu procedeu com paciência, amabilidade e determinação exemplares. Em junho, encarregou--se da ingrata missão de informar ao Dr. Feijó, seu médico pessoal, que havia chamado o Dr. Depaul da França, e para tanto obteve a aquiescência, se não o consentimento, do imperador. No começo de setembro, Gastão de Orléans devia estar aflitíssimo. Sua esposa, como ele contou ao duque de Nemours, "me assustou com seu desespero e suas ideias sumamente funestas, alternando a insônia com períodos de obstinado mutismo que duram horas".[38] Simultaneamente, a notícia de que o Dr. Depaul estava a caminho do Brasil para assistir ao parto desencadeou uma tempestade de comentários críticos na imprensa. A convocação

---

37 AGP XL-1, de D. Isabel a Gastão, conde d'Eu, Petrópolis, 11 de junho de 1875.
38 AGP XLI-11, de Gastão, conde d'Eu, a Luís, duque de Nemours, [Petrópolis] 6 de setembro de 1875.

do estrangeiro era uma ofensa para o orgulho profissional dos médicos brasileiros. Estava implícito que nenhuma mulher tinha o direito de duvidar de sua competência, a qual lhes atestava a masculinidade. O fato de, no ano anterior, quatro médicos célebres não terem conseguido proporcionar um parto seguro a D. Isabel nada significava contra essas considerações.

No dia 26 de setembro, a chegada do Dr. Depaul deu segurança e muito mais calma à princesa, mas reacendeu na imprensa o que o conde d'Eu denominou "a polêmica odiosa". A única coisa que o casal pôde fazer foi desconsiderar os ataques de que era objeto e ter paciência. Em 14 de outubro, Gastão d'Orléans escreveu apressadamente a D. Pedro II:

> De repente, quando Isabel se achava muito alegre, ocupada em mandar fabricar sorvetes, sentiu-se molhada e, levantando-se, a água com efeito caiu sobre o soalho. Depaul por acaso achava-se presente. Mandou que ela se deitasse, o que feito, examinou-a. Recomendou que não se mexesse e retirou-se, dizendo-me, ainda no jardim, que tudo vai bem e que ainda fica água suficiente. Não há dores.[39]

Gastão d'Orléans propôs que, por cortesia, chamassem o Dr. Feijó, embora ele não devesse falar com a parturiente. O pós-escrito acrescentava: "A condessa [de Barral] está aqui!". D. Isabel tentou impedir que chamassem Feijó, porém o Dr. Depaul, num gesto de solidariedade profissional e masculina, aconselhou-a a deixá-lo vir. Às quatro da tarde, a princesa entrou em trabalho de parto, o qual se prolongou por treze horas. "Nada dava mais dó que o estado emocional do conde d'Eu", contou Depaul a um jornalista francês.

> Eu nunca vi um casal mais apaixonado e mais unido, eles se amam como se fossem bons burgueses. Ansioso, agitado, com suor

---

39 AGP XLI-11, de Gastão, conde d'Eu, a D. Pedro II, Petrópolis, 14 de outubro de 1875; AGP XLI-30, de Gastão, conde d'Eu, a Jules Gauthier, Petrópolis, 28 de outubro de 1875.

Princesa Isabel do Brasil

frio na testa, o conde ia de um lado para outro no cômodo contíguo ao quarto da esposa. Entrava a todo instante para lhe beijar a mão e recomendar que tivesse coragem, o que era desnecessário.[40]

Ao amanhecer do dia 15 de outubro, o décimo primeiro aniversário de casamento de D. Isabel, o Dr. Depaul concluiu que o uso do fórceps era indispensável para evitar uma nova tragédia. Com ele, ajudou a trazer ao mundo um bebê do sexo masculino com mais de quatro quilos e meio. O menino não chorou e parecia asfixiado. Salvou-lhe a vida a rápida reação de Mme. Soyer, a parteira francesa que acompanhara o Dr. Depaul ao Brasil. Ela "lhe insuflou ar na boca, e lhe fez cócegas com uma pena no nariz, e lhe deu um banho quente" na água que a condessa de Barral, em pessoa, foi buscar na cozinha. Tudo pareceu bem até que, 24 horas depois, ao examinar o recém-nascido, o Dr. Depaul constatou que ele não movia o braço esquerdo. Restavam apenas a esperança e a expectativa de que o defeito fosse consequência do parto difícil e que, em breve, se corrigisse. "Abençoai, meu querido Pai, nosso caro bebê", Gastão escreveu ao duque de Nemours seis semanas após o nascimento, "e em vossas orações não vos esqueçais de pedir ao bom Deus que o seu bracinho se restabeleça. É o único ponto negro que perturba nossa alegria".[41]

Após o aborto de 1872 e do nascimento da menina morta em 1874, D. Isabel estava fascinada com o fato de finalmente ter um filho. Prodigava carinho e atenção ao bebê, que recebeu o nome do avô materno, Pedro de Alcântara. "O Pedrinho foi ontem comigo fazer sua primeira visita à Igreja", ela contou ao pai em 21 de novembro de 1875, "e comportou-se como um anjinho". A vida da princesa passou a girar ao redor do "Baby", como ela geralmente chamava o filho. O defeito físico só fez intensificar sua solicitude

---

40 "Le docteur Depaul au Brésil", Le Figaro, 1º dez. 1875.
41 AGP XLI-11, de Gastão, conde d'Eu, a Luís, duque de Nemours, Petrópolis, 22 de novembro de 1875, citado em Lacombe (1989, p.188).

para com ele. Tentou encontrar tratamento médico que, segundo ela continuava esperando, lhe permitisse o uso do braço e da mão. No fim de dezembro, escreveu que "tornou a aplicar a eletricidade no bracinho de Pedrinho, hoje, e ele tornou a chorar".[42] Para a princesa, o papel de mãe tinha prioridade sobre o de esposa, o de filha e o de herdeira do trono. Como o conde d'Eu admitiu em maio de 1876: "Minha esposa prefere cuidar do Baby a qualquer outra coisa na vida".[43] D. Isabel associou o papel de mãe à residência em Petrópolis, onde agora passava cada vez mais tempo a cada ano. Petrópolis a afastava da cidade do Rio de Janeiro, sede da política e dos negócios públicos.

Por mais que procurasse ficar afastada dos deveres inerentes ao papel de herdeira do trono, ela não podia evitá-lo. À época do nascimento de seu filho, já sabia que, em breve, seria obrigada a assumir a regência do Brasil pela segunda vez. A viagem à Europa, em 1871 e 1872, estimulou em D. Pedro II o apetite por uma permanência muito mais longa no exterior. A proximidade do centenário da independência dos Estados Unidos, em julho de 1876, oferecia a justificativa ideal para uma excursão que se iniciaria na América do Norte e prosseguiria na Europa e no Oriente Próximo. A necessária lei autorizando a ausência de dezoito meses do imperador e nomeando D. Isabel regente com plenos poderes foi promulgada em 20 de outubro de 1875, cinco dias após o parto. No fim de março de 1876, D. Pedro II e D. Teresa Cristina partiram rumo a Nova York.

A tarefa que D. Isabel assumiu em 1876 foi muito mais difícil e complexa do que na primeira regência. Em 1871, o verdadeiro chefe do governo era o visconde do Rio Branco, assistido por um gabinete empenhado em implementar reformas específicas. Com a economia nacional em crescimento e o país mais

---

42 AGP XL-2, de D. Isabel a D. Pedro II, Petrópolis, 21 de novembro de 1875; 29 de dezembro de 1875.

43 AGP XLI-30, de Gastão, conde d'Eu, a Jules Gauthier, Petrópolis, 13 de maio de 1876. O primeiro uso de "baby" está numa carta aos pais dela, de 25 de novembro de 1875.

confiante depois da vitória na Guerra do Paraguai, as perspectivas eram as mais auspiciosas. Conforme se esperava em 1871, D. Pedro II voltaria da Europa restaurado e revigorado, pronto para conduzir o Brasil no caminho do progresso. Cinco anos depois, a situação tinha mudado muito. A autoconfiança nacional desaparecera. As novas reformas foram manifestamente incapazes de resolver os muitos problemas que afetavam o país. A economia ia mal e o conjunto do sistema de governo nacional mostrava-se cada vez mais ineficiente. Em novembro de 1876, após uma longa permanência na Europa, o embaixador inglês relatou "que a situação do Brasil se deteriorou muito nos últimos três anos e ... uma crise séria em seus negócios não deve estar longe". Uma parte do problema estava no próprio trono. O imperador se tornara espiritualmente exausto e intransigentemente conservador na postura. O conjunto de recomendações que escreveu a D. Isabel, pouco antes de viajar, era totalmente defensivo, quase pessimista no tom. Sua principal preocupação era que a filha se aguentasse no cargo, e ele não apresentou nenhuma visão coerente do caminho a seguir. O gabinete em exercício, sucessor da administração Rio Branco, carecia de coesão e energia. O ministro mais jovem tinha 39 anos; o mais velho, 73. Esses homens eram incapazes de se subordinar a uma mulher muito mais jovem, em cujo discernimento não confiavam. O gabinete simplesmente travou-se e passou a aguardar o retorno de D. Pedro II. Um ministro, o barão de Cotegipe, justificou retrospectivamente a inércia do gabinete, afirmando que, "para esse fim", convinha não "provocar ou aceitar questões; não tentar reformas que agitassem os espíritos, e menos pudessem parecer em abuso da condescendência ou inexperiência da Regente".[44]

---

44 PRO FO 13, Brazil Correspondence, v.517, de Georg B. Mathew, ministro, ao conde de Derby, secretário do exterior, n.100 Political (Confidential), Rio de Janeiro, 22 de novembro de 1876; IHGB BC, Lata 955, Pasta 17, memorando sem data (escrito aproximadamente em 1882) por João Maurício Wanderley, barão de Cotegipe.

Pode-se avaliar o estado de espírito com que D. Isabel assumiu a tarefa de governar o Brasil pela primeira carta, datada de 14 de abril, que ela enviou ao pai depois de sua partida:

> Acabamos há pouco com a festa de Igreja. Perdoei 6 réus e comutei 2 penas de morte. É uma das únicas atribuições de que gosto no tal poder! Gostaria também de poder empurrar os melhoramentos do país, estradas de ferro, colonização etc. etc., mas o carro é pesado e não sei se terei força para ajudar no que for possível. Deus o queira! ...
>
> O seu livrinho já foi todo lido e permita Deus que possa em grande parte seguir seus conselhos.

Tais palavras comprovam a devoção da princesa pelo Brasil e seu desejo de fazer o bem, mas também mostram que ela se via apenas como substituta interina na ausência do imperador. Não estava disposta a criar um estilo próprio de governo nem a inovar. O gabinete não a teria tolerado se ela agisse assim, e, como revelam os parágrafos iniciais de sua carta, a perpétua devoção ao pai, devoção que beirava a dependência, a impedia de semelhante iniciativa:

> Se você tem saudades minhas, também não deixo de as ter suas! Quem vai não sente tanto como quem fica! Lembra-se do que lhe dizia? Para ser justa, porém, meu bom Papaizinho, lhe direi que quando assim falava não me lembrava de que desta vez tenho meu filhinho que me faltava da outra. Papai sabe como é bom ter-se um bom filhinho, e quanto distrai ver os progressos constantes de uma criança a quem tanto se ama, e como o tempo assim passa depressa! Papai não tem esta amável filhinha lá! e mesmo se lá estivesse os progressos de uma velhaca de 30 anos não lhe forneceriam matéria quotidiana por distração. Enfim tantas saudades há por lá como por cá, não trocando, contudo, seus divertimentos pelos meus! ...
>
> Gaston tem andado com seus incômodos de costume: fígado, calores na cabeça, alguma febre às vezes, dispepsia de estômago.

Felizmente não é cousa de maior cuidado. Não impediu que ontem à noite fôssemos visitar as Igrejas.⁴⁵

D. Isabel e o conde d'Eu com Pedro, 1876
Cortesia do Arquivo Histórico do Museu Imperial, Petrópolis

Essas passagens deixam claro quais eram as prioridades na vida de D. Isabel. O filho vinha em primeiro lugar, seguido do pai e do marido. As outras obrigações tendiam a ser rejeitadas, como era o caso de seus sobrinhos. "Pedro [Augusto] veio cá na quarta-feira e achei-o bem", observou na carta de 14 de abril.

---
45 AGP XL-2, de D. Isabel a D. Pedro II, Paço da Cidade, 14 de abril de 1876. Ela estava respondendo a uma carta escrita por ele a bordo do vapor que o levou aos Estados Unidos.

"O Augusto ainda estava um pouco influxado [constipado, gripado]. Espero poder vê-los amanhã de manhã cedo".[46] Os dois meninos ficaram sozinhos a maior parte dos dezoito meses de ausência dos avós, sob os cuidados de um preceptor. A culpa não foi inteiramente de D. Isabel. Como regente, era forçada a dedicar muito tempo e muita atenção às minúcias do governo, aprovar e assinar todas as nomeações e encaminhar muitas decisões rotineiras. No dia 16 de março de 1877, escreveu ao marido, então em viagem pela província de Minas Gerais:

> Tenho de me queixar a ti, meu pobre querido, do aborrecimento destas tardes. Passei mais de uma hora sem fazer outra coisa senão abrir e ler cartas, papéis e porta-fólios (havia um do ministro do Império). Ainda nem tive tempo de ler uma linha de jornal nem de estar presente ao jantar do Baby querido! Agora o estou ouvindo falar e fazer barulho no quarto.[47]

Às vezes, até mesmo o filho era relegado a segundo plano em sua vida.

Em tais circunstâncias, não surpreende que D. Isabel, então com trinta anos, não aspirasse a ter um papel inovador no governo durante a segunda regência. Seu objetivo era manter a nau do Estado à tona e evitar crises até que seu pai regressasse, mas nem tudo ocorre como se planeja. De março de 1876 a setembro de 1877, ela passou por uma série de provações, na qualidade de governante do Brasil, e de atribulações na vida pessoal. As três crises que enfrentou como regente — o fiasco da reforma eleitoral, a renovação da Questão Religiosa e uma calamidade natural que passou para a história como a Grande Seca — estavam muito além de seu controle, porém, mesmo assim, serviram para lhe solapar a credibilidade como governante, e

---

46 AGP XL-2, de D. Isabel a D. Pedro II, Paço da Cidade, 14 de abril de 1876.
47 AGP XL-1, de D. Isabel a Gastão, conde d'Eu, Petrópolis, 16 de março de 1877.

Princesa Isabel do Brasil

chegaram mesmo a despertar o questionamento do regime imperial. Os problemas que a princesa enfrentou na vida pessoal, um contraponto de suas dificuldades como regente, contribuíram ainda mais para fragilizar sua imagem pública.

Em outubro de 1875, o Legislativo aprovou uma lei que visava a evitar a fraude nas eleições e assegurar vagas para o partido então na oposição. D. Pedro II a apoiou decididamente. "Creio que o ministério quer a leal execução da nova lei de eleições",[48] observou no memorando para a filha, se bem que receasse o que os representantes do governo podiam fazer. As garantias criadas pela lei foram ilusórias, incapazes de impedir a fraude e a violência nas eleições realizadas no fim de 1876. O ministério triunfou, mas pagou caro por isso. O estrago em sua reputação e em sua eficácia deixou-o em situação precária, tratando de manter os cargos até o retorno do imperador. O fiasco teve outras consequências, como indicou o embaixador inglês: "Não posso negar que a popularidade do imperador ficou muito prejudicada".[49] Como substituta do pai, D. Isabel teve o seu quinhão nessa perda de credibilidade e prestígio.

A renovação da Questão Religiosa a envolveu mais diretamente. Na metade de 1876, divulgou-se amplamente que ao recém-nomeado internúncio papal no Brasil fora confiada a missão especial de insistir na expulsão dos maçons das irmandades da Igreja. O que deu credibilidade a esse boato foi a nova encíclica publicada pelo papa Pio IX, condenando a maçonaria. A notícia desencadeou uma tempestade política. O compromisso de 1874, que encerrara a Questão Religiosa, não havia resolvido absolutamente nada. Nem a igreja católica nem seus adversários no Brasil alteraram uma vírgula em suas reivindicações. O recém-che-

48 AHMI POB, Cat. A, Maço 175, Doc. 7792, memorando de D. Pedro II num caderno de capa dura, impresso em Magalhães Jr. (1956, p.161).

49 PRO FO 13, Brazil Correspondence, v.517, de George B. Mathew, ministro, ao conde de Derby, secretário do exterior, n.100 Political (Confidential), Rio de Janeiro, 22 de novembro de 1876.

Roderick J. Barman

gado internúncio não era de modo algum um fanático nem veio em qualquer missão especial, como frisou o conde d'Eu a seu ex-preceptor. "Mas não importa, o sinal foi dado, e as diatribes dos jornais, seja por longas tiradas, seja por caricaturas, com uma grosseria e com mentiras que, na minha opinião, envergonhariam qualquer outro país." Quanto à sua esposa, Gastão d'Orléans acrescentou: "A princesa é acusada diariamente de sacrificar a dignidade nacional à sua fé religiosa, a qual, no entanto, ela mal tem oportunidade de manifestar".[50] A crise chegou ao clímax no início de novembro de 1876. Segundo os jornais, o ministro do Império (Interior), apoiado por D. Isabel, propôs um decreto que determinaria a expulsão dos maçons das irmandades, ideia a que se opuseram o chefe do gabinete e os demais ministros. "Parece-me correto", escreveu o embaixador inglês para Londres, "que tanto a regente como o duque de Caxias [o chefe do gabinete] telegrafaram para Constantinopla, expondo seus pontos de vista ao imperador, e que receberam a resposta deste, desejando que não tocassem na questão com a Igreja durante a sua ausência".[51] O comentário do conde d'Eu acerca disso foi cáustico. "Em toda essa história, não há uma palavra verdadeira; ninguém telegrafou para o imperador; nunca se aventou tomar medidas contra os maçons nas conversas de Isabel com os ministros."[52] Ainda que de má vontade, o gabinete foi obrigado a desmentir oficialmente toda a história. A controvérsia cessou, mas a reputação de carola intransigente de D. Isabel foi confirmada e sua popularidade se reduziu ainda mais.

---

50 AGP XLI-30, de Gastão, conde d'Eu, a Jules Gauthier, Rio de Janeiro, 12 de outubro de 1876.

51 PRO FO 13, Brazil Correspondence, v.517, de George B. Mathew, ministro, ao conde de Derby, secretário do exterior, n.100 Political (Confidential), Rio de Janeiro, 22 de novembro de 1876.

52 AGP XLI-1, de Gastão, conde d'Eu, a Luís, duque de Nemours, Rio de Janeiro, 6 de novembro de 1876, citado em Rangel (1935, p.326).

Enquanto essas duas crises se desenvolviam, a princesa enfrentava graves tribulações pessoais. Em meados de agosto de 1876, ela teve a expectativa de estar grávida novamente, pois seu último período tinha sido no fim de junho. Em 26 de agosto começou a perder sangue, coisa que se intensificou e se fez acompanhar de fortes dores. Mesmo tendo ficado de cama, continuou no mesmo estado até finalmente sofrer um aborto em 11 de setembro. Quatro dias depois, ela informou ao marido: "O fluxo, que não chega a ser propriamente um fluxo, recomeçou um pouco, mas de maneira insignificante, antes *mesmo* de eu me levantar. De lá para cá, não aumentou". No dia 19 de setembro escreveu: "Como sempre que eu me enxugo há um pouco de sangue, achei mais prudente não sair da cama hoje, a não ser para a consulta médica". No dia seguinte, acrescentou:

> Está saindo mais sangue, falei com Feijó, que me disse que deve ser a minha menstruação. Eu também acho, porque é regular e sem dor. Ele diz que, depois de um aborto no início da gravidez, o período recomeça na época em que teria ocorrido se eu não estivesse grávida. Vou me levantar para o despacho, que marquei para as 2 horas a fim de poder descansar mais.[53]

Na metade de outubro, o conde d'Eu finalmente pôde relatar que, depois de "um aborto acompanhado de hemorragias prolongadas que nos preocuparam durante algum tempo", D. Isabel "se recuperou, embora esteja magra e se canse com muita facilidade".[54]

A regente não contou com a ajuda do marido para carregar o fardo dos negócios públicos durante essa crise. Como Gastão d'Orléans relatou a seu ex-preceptor, ele estava "sempre à mercê

---

53 AGP XL-1, de D. Isabel a Gastão, conde d'Eu, Paço da Cidade, 15 de setembro, 19 de setembro, 20 de setembro de 1876.

54 AGP XLI-30, de Gastão, conde d'Eu, a Jules Gauthier, Rio de Janeiro, 12 de outubro de 1876.

desse estado de agitação nervosa que você conhece bem". "Esse estado nervoso se agrava com qualquer tipo de estresse",[55] informou ao pai em abril de 1876, "e é o que acontece neste momento, devido à excessiva preocupação que a ausência do imperador suscita". O desempenho de obrigações públicas exacerbou-lhe as costumeiras infecções bronquiais: "Na noite de 21 de agosto, eu tive um forte acesso de febre e acreditei estar delirando, coisa que se repetiu durante alguns dias. Em consequência, tive de ficar quase três semanas de cama ou pelo menos em meus aposentos".[56] Por recomendação médica, tirou quinze dias de férias longe da capital e do trabalho, muito embora a esposa tivesse acabado de sofrer um aborto.

Quando o conde voltou para o Rio de Janeiro, o casal decidiu alterar um aspecto de sua vida pública, como o próprio Gastão d'Orléans explicou à condessa de Barral:

> Apesar de todo o sangue que perdeu durante mais de um mês, a princesa está gozando de ótima saúde e sai diariamente de carruagem com o Baby. Quanto a mim, vou indo como posso e não paro de tossir. Desistimos totalmente de visitas a repartições públicas, palestras e institutos, coisa que muito nos deprime. Já sofremos bastante com as recepções diplomáticas, as audiências dos pobres e os outros incômodos domésticos que não têm fim.[57]

Esse recolhimento não chegou a operar uma mudança radical no estilo de vida do casal. Nos quatro anos e meio que se seguiram ao fim da primeira regência da princesa, a viagem do casal em 1873 e 1874, as gravidezes e abortos de D. Isabel, bem como os constantes achaques do conde restringiram, e muito,

---

55 AGP XLI, de Gastão, conde d'Eu, a Luís, duque de Nemours, Petrópolis, 11 de abril de 1876.
56 AGP XLI-30, de Gastão, conde d'Eu, a Jules Gauthier, Rio de Janeiro, 12 de outubro de 1876.
57 AGP XLI-5, de Gastão, conde d'Eu, à condessa de Barral, Paço da Cidade, Rio de Janeiro, 4 de outubro de 1876.

Princesa Isabel do Brasil

seus contatos sociais com os brasileiros. Esse isolamento também era voluntário. Em setembro de 1875, quando a polêmica por causa do Dr. Depaul chegou ao auge na imprensa, o conde d'Eu observou: "Daqui por diante, nós decidimos nos isolar por medo de ter de falar nesse tema desagradável".[58] A atitude para com os brasileiros revelada por esse comentário refletia-se na estima de Gastão pelo mordomo do casal, o conde de Lajes: "Sua educação europeia e seu contato com o mundo diplomático ... abriram-lhe horizontes muito mais elevados do que o de quase todos os seus compatriotas".[59] A mentalidade do conde d'Eu estigmatizava-o como um forasteiro incapaz de se adaptar à cultura da terra de sua esposa. Não era por acaso que os brasileiros o chamavam de *o francês* e execravam sua participação na condução dos negócios públicos.

Em outubro de 1876, ele justificou a decisão do casal de se recolher à vida privada como um passo positivo que traria vantagens reais: "Se já não se vir a princesa passando diariamente pelas ruas do Rio, ela ficará um pouco esquecida e menor será a tentação de denunciar cada um de seus atos e decisões à irritação pública".[60] O que Gastão d'Orléans não avaliou e provavelmente não quis enxergar era que esse afastamento privaria o casal da oportunidade de influenciar a opinião pública a seu favor. Na metade da década de 1870, a insatisfação não cessava de crescer na opinião "progressista" do Brasil. O país não estava se "civilizando" tão rapidamente quanto as outras nações do mundo ocidental. Nenhuma rede ferroviária ou telegráfica liga-

---

58 AGP XLI-30, de Gastão, conde d'Eu, a Jules Gauthier, Petrópolis, 14 de setembro de 1875.

59 AGP XLI-5, de Gastão, conde d'Eu, à condessa de Barral, Petrópolis, 11 de janeiro de 1877.

60 AGP XLI-5, de Gastão, conde d'Eu, à condessa de Barral, Paço da Cidade, Rio de Janeiro, 4 de outubro de 1876.

va suas regiões. Nenhum sistema de escolas primárias levava a educação à população. A República Argentina, vizinha e rival, estava progredindo notavelmente nesses setores, mas o governo imperial se mostrava incapaz de introduzir tais benefícios. Como credo político, o republicanismo existia no país desde o fim do período colonial. Passada a fase turbulenta da década de 1830, o republicanismo desapareceu como movimento organizado. Só ressurgiu em dezembro de 1870, quando da fundação do Partido Republicano no Rio de Janeiro, cuja meta era suprimir o regime imperial. O republicanismo atraía elementos da nova geração, particularmente os oriundos das faculdades de direito e medicina, que estavam descontentes com o progresso do país em comparação com os Estados Unidos ou a Argentina. O Partido Republicano não se estabeleceu como uma força política importante, sobretudo porque a maioria dos brasileiros continuava a considerar D. Pedro II indispensável à governança do país. Atacar o imperador era solapar a reputação do Brasil. Poucos homens ambiciosos estavam dispostos a arriscar a carreira atacando abertamente D. Pedro II e seu governo.

Mas essas inibições não protegiam D. Isabel nem o conde d'Eu. Eles não tinham um prestígio comparável. Sua insatisfação não destruía a carreira de ninguém. Respectivamente uma mulher e um estrangeiro, os dois eram intrinsecamente marginais. Todo ressentimento, toda decepção, toda impaciência que D. Pedro II e seu sistema de governo suscitavam podiam se exteriorizar, desviando-se para a sua filha e o seu genro. O casal era um bode expiatório perfeito, e o Partido Republicano e seus simpatizantes na imprensa não tardaram a culpá-los pelos problemas do Brasil.

Não há registro da opinião de D. Isabel sobre a decisão de outubro 1876 de renunciar às "visitas a repartições públicas, palestras e institutos", mas o recolhimento lhe convinha tanto em razão de sua própria saúde como por causa de seu interesse pelo filho. Em março de 1877 ela escreveu a Gastão d'Orléans,

João Maurício Wanderley, barão de Cotegipe, com traje de gala.
Cortesia do Museu Nacional Histórico, Rio de Janeiro

então em Minas Gerais, queixando-se "da corveia de todas noites", que a impedia de estar presente "ao jantar do Baby querido!!".[61] A sua atenção também estava concentrada em conceber outro filho. Na metade de maio anunciou: "O meu período ainda não chegou. Aguardemos até amanhã". Suas esperanças se realizaram, mas também a expuseram uma vez mais ao perigo, como explicou Gastão a D. Pedro II:

---
61 AGP XL-1, de D. Isabel a Gastão, conde d'Eu, Petrópolis, 16 de março de 1877; 17 de maio de 1877.

Desde alguns dias, tínhamos a desconfiança de se achar Isabel grávida de dois meses, e tínhamos resolvido descer para a Corte de vez no dia 30 de maio, quando, no dia 28 à noite, apareceram-lhe de repente sinais análogos aos que precederam seu aborto do ano passado. Deliberou logo ficar na cama, onde ainda se conserva, para ver se se evita que se produza este acidente. Os sintomas diminuíram, mas ainda não cessaram completamente.

Tudo isso veio em ocasião bem incômoda; pois não só nos esperavam na Corte, no dia 30, para a audiência e o despacho, como o dia seguinte era o das Festas de Corpus Cristo, e o 1º de junho estava marcado para a abertura da segunda sessão legislativa.[62]

Felizmente, as normas da legislatura permitiam que a fala do trono, na abertura da sessão, fosse lida pelo ministro do Império (Interior), de modo que se providenciou às pressas um decreto autorizando-o a fazê-lo. O ministro enviou o decreto assinado ao seu colega, o barão de Cotegipe, para que o aprovasse.

31 de maio, '77

A princesa está de cama, e a moléstia é a que supúnhamos. Parece que tudo corre regularmente e que seu estado é excelente.

Assinou o Decreto, deixando de assinar a Fala do Trono por desejar que sejam suprimidas as palavras — *meus augustos e prezados pais*. Pretende que, não sendo ela quem tem de ler, foi a frase mal cabida. Ponderei que a fala era dela, e que *dela e por ela* seria repetida, mas terminou pedindo que lhe façamos esse favor.

É de tão pequena importância a coisa que vou remeter outra fala, sem as tais palavras, para ser assinada.

Creio que não haverá necessidade de reunir o Ministério, entretanto V. Ex. resolverá.[63]

---

62 AGP XLI-11, de Gastão, conde d'Eu, a D. Pedro II, Petrópolis, 2 de junho de 1877.

63 IHGB BC, Lata 829, Pasta 150, de Antônio da Costa Pinto e Silva a João Maurício Wanderley, barão de Cotegipe, s. l., 31 de maio de 1877.

No dia 10 de junho, D. Isabel continuava em repouso e evidentemente preocupada com seu estado. A falta de cartas do pai intensificou sua depressão:

> Meu Papai, porque não me escreve mais? Creia que levei boa parte desta noite a parafusar nisto e digo mesmo a chorar pensando que talvez Papai possa estar zangado comigo. Diga-me que não tem nada contra mim, que me ama como outrora que ficarei bem contente, meu querido Papaizinho! O que me consta é pensar que a sua falta de cartas é devida provavelmente ao rebuliço em que ande. Escreve-me meu bonzinho, mauzinho. De Mamãe tenho tido sempre cartas.

Essa passagem escrita a lápis revela como era profundo o vínculo emocional que ainda prendia D. Isabel ao pai, apesar de seus quase 31 anos. O pós-escrito dessa mesma carta, escrito a tinta e imediatamente posterior à crise da gravidez, mostra a princesa em seu aspecto mais incisivo, e revela as emoções que a motivavam, à parte o apego ao pai:

> O Governo decidiu não concorrer de modo algum à Exposição de Paris. As câmaras têm gritado tanto por economias que os ministros ficaram com medo de propor no orçamento a verba para a Exposição. Não foi esta a minha opinião, mas cedi ... Não sei se o Brasil lucra muito apresentando-se, porque, os produtores não indo, eles mesmos lá não poderiam aprender o que lhes seria mais proveitoso, mas a figura que fará o Brasil como nação civilizada? Não sei, não posso saber, e se a necessidade, com efeito necessária, de economias explica tudo.[64]

D. Isabel raramente escrevia sobre temas abstratos, mas neste caso foi motivada a fazê-lo por conta da sua identificação com a Europa, da qual a Exposição de Paris de 1878 seria a grande vitrine. Foi o seu desejo de promover uma civilização comparável no Brasil que a levou a fazer esse comentário tão forte e incisivo.

---

64 AGP XL-2, de D. Isabel a D. Pedro II, Petrópolis, 10 de junho de 1877.

Roderick J. Barman

Embora o repouso tivesse evitado o aborto no começo de junho, o medo de que isso viesse a acontecer a impediu de desempenhar qualquer papel público. Um mês depois, o conde d'Eu inaugurou sozinho o último trecho da ferrovia que ligava o Rio de Janeiro à capital de São Paulo. Lá informou a D. Pedro II que, "por lá, estão bastante descontentes de que Isabel não vá, e o ministro do Império fez tudo quanto pôde para resolvê-la a ir, mas como havia ela de expor-se a semelhante fadiga, com a predisposição que tem para acidente no estado em que ela se acha?".[65] O fato é que a visita do conde não causou nenhum problema, e D. Isabel teve o consolo de receber uma carta do pai. "Já sei que não anda zangadinho com a sua matraquinha! Só faltam dois meses para a volta, que belo!", respondeu em 22 de julho. E, como se tivesse lhe ocorrido só na última hora, acrescentou: "Gaston voltou ontem de S. Paulo, cansado mas relativamente bom". Como de hábito, incluiu no pós-escrito um breve comentário sobre questões públicas: "Adeusinho, temos horrível falta d'água. Parece que não a há mais no céu. O meu concerto para as vítimas da seca deu 21 contos e o bazar vai produzindo igualmente bom resultado".[66]

A emergência à qual se referia a princesa era a terceira crise que ela enfrentou durante a regência. Uma calamidade natural de dimensões sem precedentes devastou o Nordeste a partir do início de 1877. A falta de chuvas sazonais, das quais o interior da região era extremamente dependente, deixou sem recursos a já paupérrima população local. Grandes contingentes trataram de fugir da seca, porém esse êxodo intensificou a emergência, já que os flagelados se deslocaram para regiões incapazes de socorrê-los. A fome e a exaustão minaram a resistência a doenças, que se tornaram epidêmicas. A taxa de mortalidade se elevou

---

65 AGP XLI -11, de Gastão, conde d'Eu, a D. Pedro II, Palácio Isabel, Rio de Janeiro, 5 de julho de 1877.
66 AGP XL-2, de D. Isabel a D. Pedro II, Rio de Janeiro, 22 de julho de 1877.

Princesa Isabel do Brasil

acentuadamente. Na área atingida pela seca, a infraestrutura governamental revelou-se incapaz de administrar uma crise de tais dimensões e literalmente se desintegrou. Esse desastroso fracasso deixou patente a precariedade do regime imperial. Por meio de "concertos, bazares e apresentações teatrais", o público brasileiro procurou arrecadar fundos que, no entanto, não passaram de "uma gota no oceano". Mesmo que fossem muito maiores, esses recursos não teriam solucionado o problema. A falta de um sistema de transporte eficaz e o colapso da governança impediram que a ajuda chegasse à região atingida. A reação de D. Isabel à emergência correspondeu ao papel atribuído às mulheres pelas convenções de gênero em vigor. Os concertos, os bazares e as apresentações teatrais eram atividades que elas podiam organizar sem invadir a esfera pública e, portanto, sem contestar o direito dos homens de exercer o poder. A inépcia das medidas tomadas, tanto as públicas como as privadas, levou a identificar uma vez mais a regente, não por culpa dela, com a incompetência e a incapacidade do regime imperial. O conde d'Eu disse ao pai que "os únicos fatos verdadeiramente desagradáveis [da regência] foram a calamidade da seca, contra a qual nada podíamos fazer", e a renovação da Questão Religiosa.[67]

Em meados de 1877, a atenção de D. Isabel estava voltada não para a grande seca, mas para a sua gravidez. Ela queria muito que a condessa de Barral acompanhasse o parto, como fizera em julho de 1874 e em outubro de 1875. Também fazia questão do retorno do Dr. Depaul ao Brasil. Por razoáveis que fossem tais desejos em face do perigo que enfrentara duas vezes, eles se chocaram com uma forte resistência, a começar pela de D. Pedro

---

67 PRO FO, 13 Brasil correspondence, v.526, de G. A. Walker, cônsul, ao conde de Derby, secretário do exterior, Consular n.36, British Consulate, Pernambuco, 29 de agosto de 1877; AGP XLI-1, de Gastão, conde d'Eu, a Luís, duque de Nemours, Laranjeiras, 29 de setembro de 1877, citado em Rangel (1935, p.331).

II. Em julho de 1877, a condessa de Barral escreveu que, apesar do "que meu coração pede desde que eu soube da gravidez da princesa, é impossível e, além disso, eu não recebi uma palavra de incentivo da boca de seus pais", com os quais ela estava percorrendo a Europa. O casal imperial mostrou-se igualmente impermeável à proposta de buscar uma vez mais o Dr. Depaul na França. "O imperador e a imperatriz (a quem, aliás, eu escrevi) não lhe disseram uma palavra de estímulo!!",[68] informou o conde d'Eu ao pai no fim de agosto. "Fiquei indignado com o imperador, que mostra uma vez mais a extensão do seu egoísmo para com a própria família." Essa falta de apoio era tanto mais irritante quanto a decisão de chamar o Dr. Depaul "de resto, foi muito desagradável, primeiro porque nos deixa novamente sob o fogo das críticas e das invejas brasileiras ... depois porque é um sacrifício financeiro enorme e excessivamente indesejável".[69]

A segunda regência de D. Isabel terminou na manhã do dia 26 de setembro de 1877, quando D. Pedro II desembarcou do vapor *Orénoque*. Tal como fizera no fim da primeira regência da filha, ele se comportou como se não tivesse se ausentado e como se a princesa não contasse para nada. O conde d'Eu escreveu ao duque de Nemours:

> Ele não conversou com Isabel ou comigo, nem antes nem depois da regência, sobre a política ou os assuntos do Estado. Não nos queixamos disso, pois temos horror à política. Mas não deixa de ser estranho que ele não tenha se informado sobre como se passaram tais e quais coisas durante a sua ausência. No dia do seu desembarque, assim que entrou no palácio, foi ter diretamente com os ministros, sem dizer uma palavra à filha.[70]

---

68 AGP XL-1, de Gastão, conde d'Eu, a Luís, duque de Nemours, Laranjeiras, 30 de agosto de 1877, citado em Rangel (1935, p.334-5).

69 AGP, sem número, da condessa de Barral a Gastão, conde d'Eu, Hôtel des Trois Rois, Bâle à Zurich, 28 de julho de 1877.

70 AGP XLI-1, de Gastão, conde d'Eu, a Luís, duque de Nemours, Petrópolis, 29 de novembro de 1877.

Princesa Isabel do Brasil

O imperador chegou mesmo a providenciar uma declaração, que foi publicada nos principais jornais do Brasil: "Desejo que se saiba que, no correr de toda a minha viagem de 18 meses, não dirigi a S. A. a Regente nem a nenhum dos ministros um só telegrama sobre os negócios do País". Como observou o conde d'Eu ao pai, a declaração foi exata, "mas essa pressa de se livrar da responsabilidade por tudo quanto se fez nesse período serviu de tema de muitos comentários na imprensa".[71] O conde discorreu sobre a recusa de D. Pedro II de consultar a filha após uma breve visita do casal imperial ao Palácio da Princesa, em Petrópolis, no fim de novembro de 1877. Pouco depois de chegar, o imperador "se enfurnou no salão de bilhar e ... não disse *uma palavra* durante pelo menos duas horas, muito embora estivesse a sós com a filha". Foi assim que Gastão d'Orléans se queixou com a condessa de Barral, acrescentando: "Convenhamos que é esquisito visitar as pessoas e não falar com elas". O que deu um tom acerbo à carta do conde foi a reação de D. Pedro II à informação de que o casal decidira chamar o Dr. Depaul para assistir o parto de D. Isabel: "Ele me respondeu, 'Você sabe qual é a minha opinião sobre isso. Acho que é um erro', e, como eu continuasse a fazer algumas observações, ele repetiu três vezes, 'Mas essa é a sua opinião', e interrompeu a conversa".[72]

Como Gastão d'Orléans explicou em 29 de setembro, suas cartas à condessa de Barral não exprimiam unicamente a opinião dele. "Ela [D. Isabel] me pede, pois, para lhe dizer que, quando lhe escrevo, é sempre em nome dos dois e que ela sabe perfeitamente que a senhora não há de querer duas cartas se uma só contém a lembrança e os pensamentos de ambos". A prince-

---

71 AGP XLI-1, de Gastão, conde d'Eu, a Luís, duque de Nemours, Laranjeiras, 29 de setembro de 1877.

72 AGP XLI-5, de Gastão, conde d' Eu, à condessa de Barral, 29 de novembro de 1877.

D. Isabel vestida para um evento social fora de casa
Cortesia do Arquivo Histórico do Museu Imperial, Petrópolis

Princesa Isabel do Brasil

sa pode não ter escrito as cartas, mas leu-as antes que fossem remetidas. À missiva seguinte, descrevendo a visita do imperador, o conde d'Eu acrescentou um pós-escrito revelador: "Eu lhe peço que destrua esta carta, pois a Princesa achou ruim o tom de boa parte dela. E tem razão, mas é muito tarde para reescrevê-la".[73] Ainda que não discordasse dos comentários do marido, D. Isabel não os queria apresentados numa forma que provocasse uma briga com o pai.

Com a volta de D. Pedro II, D. Isabel se recolheu em Petrópolis, onde retomou a vida tranquila de que o casal gostava e que sua gravidez tornava muito necessária. No início de janeiro de 1878, o Dr. Depaul e Mme. Soyer chegaram da França. O parto foi muito mais fácil, e o segundo filho, também menino, nasceu no dia 26 de janeiro de 1878. Recebeu o nome de Luís, em homenagem ao avô paterno. "A ocorrência tem aspectos bem emocionantes", Gastão d'Orléans escreveu ao duque de Nemours, "e nós ficamos realmente felizes, *thankful and happy* [gratos e alegres] (como se lê com tanta frequência no livro da r. Vitória). Ter dois filhos sadios depois de tantos contratempos, que me fizeram perder a esperança de paternidade, ultrapassa o que eu me atrevia a esperar".[74] Para D. Isabel, o nascimento do segundo filho teve um grande significado. Gerar filhos sadios para o marido era finalmente cumprir o quinto dever atribuído à esposa.

Ela pôde dar muito mais atenção a seus próprios interesses. Em 1º de maio de 1878, três meses depois do parto, viajou à Europa com o marido e os dois filhos. O imperador autorizou o casal a residir dois anos fora do Brasil. O motivo ostensivo da viagem era procurar o melhor tratamento médico possível para

---

73 AGP XLI-5, de Gastão, conde d'Eu, à condessa de Barral, Petrópolis, 29 de setembro, 29 de novembro de 1877.

74 AGP XLI-1, de Gastão, conde d'Eu, a Luís, duque de Nemours, Laranjeiras, 30 de janeiro de 1878.

o braço e a mão do pequeno Pedro. Na verdade, eles estavam se afastando de cinco anos de experiências desagradáveis: dois abortos, um natimorto, duas gravidezes, dezoito meses de conflito como regente e o assédio incessante da imprensa. O casal ia morar num mundo com o qual tanto a princesa como seu marido se identificavam, ainda que de modos bem diferentes. Estar na Europa, particularmente na França, permitia a D. Isabel levar a vida privada que ela tanto preferia. Para o conde d'Eu, morar na França significava o fim do exílio que ele vinha amargando desde os cinco anos de idade.

Durante essa terceira viagem ao Velho Mundo, as cartas de D. Isabel aos pais revelam a mudança de seu relacionamento com eles. No princípio, ela escrevia toda semana, alternadamente para a mãe e para o pai. Pouco a pouco, a frequência declinou para uma carta de três em três semanas e, enfim, para uma por mês, endereçada a ambos. A correspondência passou a se tornar cada vez mais impessoal, um exercício de pôr no papel o que havia acontecido desde a ocasião anterior em que escrevera. Raramente expressava tristeza pela prolongada separação nem dava sinal de estar com saudade dos pais, e quando o fazia, era em reação a circunstâncias específicas. Por exemplo, em fevereiro de 1879, observou: "É defronte de seu excelente retrato que estou escrevendo. Ah! se lhe pudesse falar e o meu Papaizinho responder-me!"[75] Nada indica que alguma vez lhe tenha ocorrido que seus pais deviam se sentir sozinhos e abandonados pela ausência da única filha que lhes restava e dos netos mais novos. O pai e, por extensão, a mãe já não ocupavam um lugar central na vida emocional da princesa. Passaram, quando muito, ao segundo plano, em favor de sua própria família, ainda que as referências a Gastão d'Orléans e aos dois meninos não fossem abundantes nas cartas. Estas mostravam um interesse

---

75 AGP XL-2, de D. Isabel a D. Pedro II, Paris, 23 de fevereiro de 1879.

Princesa Isabel do Brasil

e um entusiasmo enormes pelas duas tias, D. Francisca e D. Januária e, acima de tudo, pela condessa de Barral, que nelas figurava constantemente, ou nas referências às suas atividades, ou como fonte de notícias. As cartas aos pais enfocavam os próprios afazeres de D. Isabel, encontros com os membros da família (principalmente os parentes próximos dela e os do marido), participação em atividades culturais e comparecimento a eventos sociais. A princesa dava pouca ou nenhuma atenção aos acontecimentos públicos na França ou no restante da Europa. Tampouco procurava entrar em contato com pessoas que lhe pudessem ser úteis como herdeira do trono brasileiro. Em junho de 1878 ela comentou com o pai: "Paris está cheia de príncipes, verdadeiro flagelo (em geral) uns para os outros, e nesta categoria me coloco para com os demais. Não precisa dizer só falo dos príncipes quando estranhos uns para outros".[76] Como todos os países da Europa — com duas exceções — eram monarquias, D. Isabel estava, essencialmente, se isolando de uma classe à qual ela mesma pertencia como futura imperatriz. Também estava se isolando em outro aspecto. Sua correspondência não continha praticamente nenhuma referência ou manifestação de interesse pelos acontecimentos no Brasil. Vez por outra, comentava o falecimento de um amigo ou conhecido no Brasil.

Tudo indica que a permanência na Europa proporcionou uma alegria enorme e até mesmo realização a D. Isabel. Pouco depois de chegarem a Paris, ela e Gastão alugaram uma mansão em Passy, um bairro elegante, próximo de Bois de Boulogne. Lá passaram o primeiro inverno e a primavera seguinte. No verão de 1879, a família visitou Aix-les-Bains, uma estação de águas nos Alpes, depois se transferiu para Villers-sur-Mer, um recanto à beira-mar, perto de Deauville. No fim de outubro, re-

---

76 AGP XL-2, de D. Isabel à D. Pedro II, Hôtel d'Albe, Paris, 8 de junho de 1878.

tornou à mansão da rue de la Faisanderie. Em dezembro, fizeram uma viagem à Itália e, antes de retornar a Paris, passaram algum tempo em Cannes, no sul da França. Não admira que, em outubro de 1879, quando já fazia quase um ano e meio que estavam ausentes, D. Isabel tenha informado ao pai:

> Gaston lhe escreve por este paquete para lhe pedir uma prorrogação de licença para nossa estada na Europa por mais um ano. Ele lhe dá as razões e Papai sabe que ele tem juízo. Creia que este pedido nos faz muita pena, e que, se o fazemos, é porque se trata do futuro do nosso querido Pedrinho. Julgo-o essencial porque mais tarde seria mais difícil por várias razões voltar à Europa. Muita e muita pena tenho, mas não me recuse, meu bom Papaizinho.[77]

"Na minha opinião, as mudanças frequentes de um lugar para outro são o pior obstáculo a uma educação séria e fecunda", escreveu o conde d'Eu a D. Pedro II. "Eu não hesito em me comprometer, se V. M. julgar aconselhável, a não solicitar nova licença para sair do Brasil até cinco anos depois do nosso regresso."[78] D. Pedro II autorizou a extensão solicitada, com o compromisso, da parte do casal, de não viajar ao exterior no futuro imediato. "Ainda mais dois anos esperarei por minha filha", escreveu à condessa de Barral no fim de 1879. "Mas é para o bem de meu neto, e basta."[79]

O prolongamento da estada do casal na Europa não trouxe os benefícios esperados. Por fim, D. Isabel e o marido foram obrigados a aceitar que, não importa o tratamento a que se recorresse, seu filho mais velho jamais viria a ter o uso completo do braço e da mão esquerdos. Também ficou claro que o jovem

---

77 AGP XL-2, de D. Isabel a D. Pedro II, 27 rue de la Faisanderie, Paris, 30 de outubro de 1879.

78 AGP XLI-11, de Gastão, conde d'Eu, a D. Pedro II, Paris, 31 de outubro de 1879.

79 De D. Pedro II à condessa de Barral, Rio de Janeiro, 22 de dezembro de 1879, impresso em Magalhães Jr. (1956, p.294).

Pedro, de temperamento alegre e cativante, não tinha o menor interesse pelo estudo nem estava disposto a usar o talento que possuía. Em setembro de 1880, Gastão d'Orléans escreveu a D. Pedro II sobre o seu neto: "As lições de leitura continuam diariamente, embora com bastante resistência por parte dele e, portanto, paciência por parte da mamãe: hoje chegou a ler lobo, vaca, camelo". A terceira causa de contrariedade era a crescente aversão do conde d'Eu ao torvelinho de compromissos em que estavam envolvidos. Já em fevereiro de 1879, informou a D. Pedro II que se retirava a Orléans a fim de "fugir da agitada monotonia de Paris. Assim também escapei do grande sarau que meu pai devia dar ontem na forma de seu costume anual ... Isabel, que tem mais disposição que eu para as diversões mundanas, lá fica em muito boa saúde".[80]

Um motivo ainda mais grave de preocupação era o desbaratamento que a longa permanência na Europa infligia às finanças do casal. D. Isabel e o marido estavam muito endividados em 1880. Quatro anos antes, tinham adquirido a residência de Petrópolis por cinquenta contos de réis (cerca de 78 mil reais). Em 1877, decidiram acrescentar ao imóvel um pórtico de seis colunas e uma nova ala de dois andares. Essa ampliação ainda estava em obras e só seria concluída em 1883, a um custo total de 150 contos de réis (cerca de 216 mil reais). A despesa das duas viagens do Dr. Depaul e de Mme. Soyer da França ao Brasil, para assistir a princesa em seus partos, obrigou o casal a tomar um empréstimo. Essencialmente, de 1878 a 1881, D. Isabel e o marido mantiveram três residências — na cidade do Rio de Janeiro, em Petrópolis e na França. Ela preferia deixar a administração das finanças por conta do esposo, que se sentia cada vez mais infeliz. "Quando penso nessa estada em Paris e no modo estúpido e odioso como preenchemos a maior par-

---

80 AGP XLI-11, de Gastão, conde d'Eu, a D. Pedro II, Orléans, 10 de fevereiro de 1879; Villes-sur-Mer, [França] 2 de setembro de 1880.

te dela com futilidades", ele desabafou com a condessa de Barral em dezembro de 1880, "isso quase me reconcilia com a ideia de voltar ao Brasil".[81]

D. Isabel não tinha condições de se opor ao desejo do conde de pôr fim à permanência na Europa. No dia 27 de janeiro de 1881 informou-o: "Escrevo hoje somente para te contar que Monsieur Depaul me anunciou esta manhã que eu estou grávida, e mais provavelmente de dois e meio que de dois meses. Estou muito feliz, e tu também vais ficar, tenho certeza!".[82] A lembrança do desastre que ela sofrera em 1874 levou-a a decidir ter o filho em Paris. No entanto, para obter a necessária autorização do pai, teve de prometer voltar ao Brasil imediatamente depois do parto.

Pense, meu querido Papai, nesta sua filhinha que tanto o ama, pense na saúde dela também, mas sobretudo na dor que teria se, por uma viagem, visse de novo frustradas novas esperanças. Você me ama muito eu sei, meu Papai, escute-me! ... A saúde do Pedro felizmente não nos obriga mais a pedir prolongação maior, e assim no fim do ano nos terá por lá. Contamos com o novo bom sucesso lá pelo dia 15 de agosto.[83]

Este apelo, que realmente deixou D. Pedro II sem outra escolha senão consentir, foi escrito em 15 de abril de 1881. As semanas restantes da gravidez não foram fáceis para a princesa, mas transcorreram sem maiores problemas. A condessa de Barral chegou em 22 de julho e enviou à imperatriz uma descrição muito gráfica do parto, desde a irrupção das primeiras águas, às quatro da madrugada de 8 de agosto, até o nascimento bem-su-

---

81 AGP XLI-5, de Gastão, conde d'Eu, à condessa de Barral, [Paris] 30 de dezembro de 1880.

82 AGP XL-1, de D. Isabel a Gastão, conde d'Eu, 27 rue de la Faisanderie, Paris, 27 de janeiro de 1881.

83 AGP XL-2, de D. Isabel a D. Pedro II, 27 rue de la Faisanderie, Paris, 7 de abril de 1881.

Princesa Isabel do Brasil

cedido de um menino, a fórceps, 24 horas depois. "A princesa está ótima, e os meninos encantados com a chegada de mais um irmãozinho. O Conde d'Eu, como sempre, ficou tão comovido que mal podia consigo — Enfim parabéns e parabéns."[84] Com o nascimento de Antônio — como o bebê foi batizado em 27 de agosto de 1881 —, D. Isabel tornou-se mãe pela terceira vez aos 38 anos de idade. Os três anos e meio de residência na Europa deram-lhe satisfação e estabilidade emocionais, conservaram-na isolada do Brasil e dos assuntos públicos, e a mergulharam num estilo de vida que correspondia às suas necessidades. Agora ela começava a entrar na meia-idade, época em que, graças à maturidade e à senhoria, as mulheres adquiriam certo *status* e certa autoridade na família e na sociedade.

---

84 Da condessa de Barral a D. Teresa Cristina, Paris, 8 de agosto de 1881, original em AGP e impresso em Barral (1977, p.179).

6
A aspirante a imperatriz, 1881-1889

D. Isabel, o conde d'Eu e seus três filhos, 1883
Cortesia do Arquivo Histórico Imperial, Petrópolis

No dia 10 de dezembro de 1881, D. Isabel regressou ao Rio de Janeiro depois de mais de três anos e meio no exterior. Esse período coincidiu com uma acentuada mudança no discurso sobre o gênero. Um símbolo de tal mudança foi a porta batendo no fim da primeira apresentação da peça *Casa de boneca*, de Henrik Ibsen, em 21 de dezembro de 1879, no Teatro Real de Copenhague. Essa batida da porta ecoou em todo o mundo ocidental, suscitando escândalo e esperança. A rebeldia de Nora, ao abandonar o marido, os filhos e o lar, foi duplamente perturbadora. Apontou para a intolerável hipocrisia do casamento burguês e comprovou a crescente capacidade da mulher de ganhar o sustento e, portanto, de viver independentemente e segundo suas próprias convicções.

Trinta anos de persistente agitação de pequenos grupos femininos, na América do Norte e na Europa, tornaram a função da mulher na sociedade um tema legítimo de debate público e, ao questionar os aspectos mais opressivos da ordem patriarcal, abriram caminho para *Casa de boneca*. Igualmente importantes foram as instituições, sobretudo as de educação superior e formação profissional, que passaram a lhes proporcionar um foro de expressão autônoma. As novas formas do capitalismo industrial, que criaram uma economia mais diversificada e uma ordem social mais complexa, também abriram espaços autônomos para elas. "De acordo com a crítica num vasto espectro político", observou uma historiadora do gênero e do consumo, "o mercado moderno era tão perigoso precisamente porque dava à mulher um tipo de independência financeira e psicológica que solapava o seu papel dependente de nutridora da família" (Tiersten, 1999, p.16). As novas formas de consumo conferiram às mulheres uma função ampliada na economia e lhes permitiram viver a vida em ambientes que, embora parecidos com o lar, ficavam fora dele. As lojas de departamentos, com uma miríade de vendedores e empregados, providas pela Bon Marché, inaugurada em 1876 em Paris, eram apenas uma faceta das economias de consumidores e escritórios com suas ofertas de muitos empregos às mulheres, que constituíam uma força de trabalho barata e confiável.

Tais mudanças flexibilizaram as esferas pública e privada como atributos masculinos e femininos. As relações de gênero se tornaram, se não mais igualitárias, pelo menos mais complexas e um pouco mais maleáveis. Fizeram-se ajustes — seria ambíguo dar-lhes o nome de concessões — na situação legal da mulher, inclusive o Married Woman's Property Act [que deu à mulher casada o controle de sua propriedade e sua renda] de 1881, na Grã-Bretanha, e a Lei Alfred Naquet de 1884, na França, que restabelecia o divórcio. Embora as mulheres tivessem conquistado uma esfera de autonomia, esta era extremamente restrita, dependente e vigiada. A incapacidade dos movimentos sufragistas de obter apoio e muito menos o direito de voto mostrou a tenacidade com que os homens defendiam o monopólio dos recursos dos quais dependia o exercício do poder. Porém, a expansão do espaço autônomo (por mais limitada que possa parecer em retrospectiva), a multiplicação das oportunidades de emprego, e a expressão e eliminação dos aspectos mais opressivos do patriarcado satisfizeram as aspirações e as necessidades de muitas mulheres.

Nesse sentido, os ajustes e alterações serviram mais para manter do que para minar o *statu quo*. As mulheres que insistiam numa mudança radical caíam no ridículo e eram atacadas. Como causa, o feminismo só floresceria com uma nova geração de mulheres, que, tomando os ajustes como ponto pacífico, amadureceram e dedicaram a vida à causa da igualdade de gênero.

Enquanto morou na França, entre 1878 e 1881, D. Isabel não se envolveu diretamente com o movimento pelos direitos das mulheres nem manifestou simpatia por ele. Estava longe de ser uma Nora disposta a fugir da "casa de boneca". Não obstante, seu estilo de vida refletia a autonomia mais ampla de que gozavam as mulheres, particularmente no tocante à vida cotidiana.

Ir sozinha às novas lojas de departamentos era algo que muito lhe agradava. Gastão d'Orléans empreendia longas viagens, deixando a cargo dela a casa e os filhos. Longe de se opor a tais práticas, a princesa as estimulava. Quando ele fez uma demorada viagem à Argélia sozinho, ela lhe escreveu: "Você fará bem de não ir antes do 25, porque no dia 24 há grande festa aqui".[1] Havia assumido o controle de sua própria vida, e cada vez mais ocupava o tempo com aquilo de que gostava: seus deveres de esposa e mãe. Alguns desses ajustes também ocorreram no Brasil durante a ausência de D. Isabel. Um decreto de 19 de abril de 1879, que reformava o ensino, as faculdades e instituições de ensino superior existentes, abriu todos os cursos para as mulheres. Em parte, esse decreto se inspirou na carreira de Maria Augusta Generosa Estrela. Em,1875, aos quatorze anos, Maria Augusta convenceu o pai, um comerciante da cidade do Rio de Janeiro, a lhe apoiar o desejo de ser médica. Em 1876, depois de aperfeiçoar seu inglês e concluir o preparatório, matriculou-se na New York Medical College and Hospital for Women. Quando os problemas financeiros impossibilitaram seu pai de continuar financiando seus estudos, vários brasileiros, inclusive D. Pedro II, se dispuseram a ajudá-la a concluir o doutorado em medicina em 1881, a primeira mulher brasileira a chegar a tanto.

No Brasil, a primeira a seguir o exemplo de Maria Augusta, valendo-se do decreto de 1879, foi Rita Lobato Velho Lopes, que se matriculou na escola de medicina do Rio de Janeiro em 1882. Depois se transferiu para a faculdade da Bahia, onde se diplomou em 1887. Essa mudança de província provocou um debate entre os estudantes, um dos quais alegou que nenhum homem se casaria com uma médica, pois ela estaria "corrompida

---

1 AGP XL-1, de D. Isabel a Gastão, conde d'Eu, 27 rue de la Faisanderie, Paris, 6 de fevereiro de 1881.

Princesa Isabel do Brasil

pelo hábito arraigado de andar pelas ruas".[2] Essa colocação não dizia respeito à grande parcela das mulheres brasileiras que trabalhavam e viviam fora de casa como sempre tinham feito, mas às da classe alta, que, se passassem a frequentar os espaços públicos, continuariam fadadas a perder a honra pessoal e a ameaçar a posição social de suas famílias.

A resistência aos ajustes referentes às mulheres, tão notória entre os grupos dominantes no Brasil, era parcialmente motivada pela oposição aos próprios direitos das mulheres. No entanto, mais importante do que isso, era o fato de os círculos governantes perceberem as mulheres brasileiras como parte da campanha cada vez mais impetuosa, promovida por um amplo espectro de interesses sociais no mundo ocidental, pelos direitos socioeconômicos e pela participação política. Em contraste com a Alemanha imperial, que adotou o sufrágio universal masculino e instituiu uma forma de "socialismo de Estado", inclusive o seguro-saúde e o seguro-desemprego, no Brasil, os grupos dominantes careciam tanto de recursos como de mentalidade para tomar semelhantes medidas. Pelo contrário, a Lei de Reforma Eleitoral de janeiro de 1881 cancelou o direito do que hoje chamaríamos de pequena burguesia e "aristocracia operária" das cidades brasileiras: só podiam votar os economicamente "independentes", ou seja, os proprietários de terras ou de investimentos. A defesa dos interesses de classe era uma preocupação suprema.

Como a Constituição de 1824 investia o imperador de prerrogativas consideráveis, a cooperação de D. Pedro II era indispensável à defesa do *statu quo* contra os ataques de baixo. No dia 2 de dezembro de 1881, pouco antes do retorno de D. Isabel da Europa, ele comemorou o sexagésimo quinto aniversário. Agora tinha a aparência e o comportamento de um velho. Na verdade, estava sofrendo de diabetes, doença que um dos médicos da corte final-

---

2 *Gazeta Acadêmica*, BA, 2 ago. 1886, p.166-7, citado em Hahner (1990, p.62, 239).

mente diagnosticou lá pelo final de 1882. A possibilidade da morte do imperador despertou, bem mais do que antes, o interesse dos círculos políticos por D. Isabel. A partir de então, ela passou a ser a futura imperatriz. A opinião progressista desconfiava de sua excessiva devoção religiosa. Por si só, o catolicismo da princesa não chegava a incomodar os conservadores, mas o fervor de sua fé suscitava dúvidas quanto à sua confiabilidade como guardiã do *statu quo*. Sem dúvida alguma, D. Isabel estava longe de ser uma "mulher nova", mas seu gênero e a longa permanência na Europa, onde a ordem tradicional estava passando por mudanças perturbadoras, aumentaram essa preocupação. Nos anos que se seguiram à sua volta, ela manteve o padrão de vida que tinha no exterior. Com esse comportamento, estabeleceu um exemplo que muito ajudou a ampliar o espaço autônomo à disposição das mulheres da classe dominante, mas, pelo mesmo motivo, essa conduta nada fez para reforçar sua posição de futura imperatriz.

Em outubro de 1882, D. Isabel e Gastão d'Orléans comemoraram o décimo oitavo aniversário de casamento. A chama do amor físico, acesa na lua de mel em Petrópolis, continuava a arder com vigor. "Adeus, meu bem-amado, só espero que a tua ausência não dure muito",[3] ela lhe escreveu em setembro de 1882. Os longos anos de convivência significavam que eles tinham uma visão comum, dedicavam-se às mesmas atividades e estimavam os mesmos amigos. As lembranças de sua neta mais velha atestam a força e a estabilidade desse relacionamento: "Eu sempre vi meus avós juntos, mas nunca presenciei uma discussão ou briga entre eles; ocupavam os mesmos aposentos e pareciam ser dois bons amigos" (Isabelle, 1978, p.53).

Aos olhos do mundo, o casal se ajustava às expectativas tradicionais. D. Isabel obedecia ao marido na administração de sua vida, tanto pública como privada. No entanto, a dinâmica do re-

---

3 AGP XL-1, de D. Isabel a Gastão, conde d'Eu, Paço Isabel, 25 de setembro de 1882.

Princesa Isabel do Brasil

lacionamento se alterou com o passar dos anos, deixando para trás a pretensão de superioridade masculina e a submissão feminina que caracterizara o início da união. Em fevereiro de 1882, dois meses após o retorno do casal ao Brasil, Gastão d'Orléans confessou à condessa de Barral:

> Acabo de rasgar quatro páginas da minha carta-diário, pois minha esposa, tendo encontrado algumas palavras que a contrariaram, depois de me haver atormentado por causa delas, começou a rabiscá-las. Isso me enfureceu, e, num acesso de cólera, eu destruí a carta. Mesmo assim, aí vão os fragmentos, que pelo menos lhe permitirão ver que não escondemos nada da senhora.[4]

Três meses depois, D. Isabel escreveu, informando ao marido, que o imperador queria que ele, se possível, participasse de uma viagem de inspeção em 31 de maio. Esse era justamente o principal dia do ciclo de devoções em comemoração ao "Mês de Maria" na igreja de Petrópolis. "Eu gostaria muito, meu querido, que estivesses comigo no dia nas devoções [à Virgem Maria]. Mas não te preocupes. Se tantas coisas te agitam no mesmo dia, não vou falar mais nisso."[5] Agora D. Isabel era o membro mais forte do casal. Suas atividades já não dependiam do consentimento prévio do marido. Tendo compreendido suas forças e suas fraquezas, os dois aprenderam a aceitar e a acomodar as necessidades e os desejos de cada qual.

A partir do retorno ao Brasil em 1881, o casal tratou de permanecer a maior parte do tempo no Palácio da Princesa, em Petrópolis. Quem tivesse uma obrigação a cumprir na cidade do Rio de Janeiro ia e voltava, mas não ficava lá. A inauguração, em 1881, de uma ferrovia que ligava o Rio a Petrópolis, facilitou essas viagens diárias, da maioria das quais o encarregado era o conde d'Eu. Embora continuasse a participar de reuniões so-

---

4 AGP XLI-5, de Gastão , conde d'Eu, à condessa de Barral, Petrópolis, 5 de fevereiro de 1882.
5 AGP XL-1, de D. Isabel a Gastão, conde d'Eu, Paço Isabel, 25 de maio de 1882

225

Roderick J. Barman

bre assuntos militares, ele passou a se ocupar cada vez mais de questões educacionais, caritativas e relacionadas a obras sociais. Ainda que o fatigasse às vezes, esse ritmo de atividades dava-lhe satisfação e autoconfiança. Em 2 de setembro de 1884, no vigésimo aniversário de sua chegada ao Rio de Janeiro, Gastão d'Orléans escreveu ao pai: "Embora eu tenha emagrecido muito e esteja bem mais enrugado do que quando saí da Europa e embora a vida no Rio seja cada vez mais cansativa, eu achei este ano menos penoso do que os anteriores".[6] Ao retornar ao Brasil em 1881, Gastão d'Orléans desenvolveu um estilo de vida que não exigia mais do que ele podia dar.

Grande parte do tempo e da energia de D. Isabel e do conde d'Eu era devotada à criação e à educação dos filhos. "Os três estão muito bem", a princesa informou ao sogro, "e o meu maior prazer é cuidar deles".[7] Cavalgava com eles de manhã, levava-os para passear e lhes ensinava música. O conde d'Eu não se envolvia menos com a criação dos filhos, dando-lhes aulas de francês. Pouco depois do retorno da família ao Brasil, escolheu um preceptor, o Dr. Benjamin Franklin Ramiz Galvão. A escolha foi algo inesperada. Além de ser, simultaneamente, professor na escola de medicina do Rio de Janeiro e diretor da Biblioteca Nacional, Ramiz Galvão era republicano e adepto do positivismo de Auguste Comte. A uma católica devota como D. Isabel, suas opiniões filosóficas só podem ter causado preocupação, mas seu pai aprovou com entusiasmo a escolha do genro. O "Doutor", como Ramiz Galvão era tratado pela família, revelou-se uma ótima escolha, um homem capaz de induzir os meninos a estudar sem perder a afeição por ele. O imperador o nomeou aio dos príncipes em setembro de 1882.

Na década de 1880, D. Pedro II e D. Teresa Cristina estavam consideravelmente menos envolvidos do que antes na vida de D.

---

6 AGP XLI, de Gastão, conde d'Eu, a Luís, duque de Nemours, Petrópolis, 2 de setembro de 1884.

7 AGP XL-4, de D. Isabel a Luís, duque de Nemours, Petrópolis, 22 de dezembro de 1881.

Isabel e de sua família. Embora continuasse a ser uma filha obediente, a princesa dava prioridade ao lar e aos seus. Estava bem menos disposta do que outrora a acomodar sua agenda à dos pais. "Gaston desejaria muito saber também em que ponto e a que hora Papai embarca na quarta-feira para ir à Ponte d'Areia para assistir ao lançamento de um navio", escreveu de Petrópolis em junho de 1883. "Eu ainda desejaria também saber se para isso Papai precisa da galeota e se sua ida lá não complica com minha volta a Petrópolis."[8] Fiel ao velho costume, D. Pedro II continuava a visitar a filha todas as tardes de domingo, quando primeiro lia em voz alta para ela e depois jantava com a família. No entanto, era ele (com D. Teresa Cristina) quem se deslocava até a residência dela no Rio de Janeiro ou em Petrópolis, não ela até a dele. A princesa podia ter uma atitude muito despreocupada, uma vez que a antiga tensão entre o marido e o pai tinha se reduzido consideravelmente. Gastão d'Orléans passara a ser mais dócil e menos competitivo. Já não se ressentia do domínio do imperador como nos primeiros anos de casamento.

O próprio soberano tornara-se menos grandioso e onipresente. Estava decaindo visivelmente, e sua saúde era incerta. Gastão d'Orléans relatou à condessa de Barral: "Eu achei o imperador com ar cansado e ofegante: está com um pouco de tosse e se queixou à filha dos acessos de tremores".[9] Tais presságios de mortalidade não motivaram D. Isabel a assumir um papel mais importante nos assuntos públicos. Como ela explicou ao sogro, seu maior prazer era cuidar dos filhos "e, depois, da minha casa e do meu jardim". Enfim, a ampliação do Palácio da Princesa, em Petrópolis, foi concluída em 1883. "Nossa casa aqui está totalmente pronta e é confortável", ela comentou. "Agora os quartos são bem espaçosos e ficam no segundo andar." Suas cartas ao

---

8 AGP LX-2, de D. Isabel a D. Pedro II, Petrópolis, 15 de junho de 1883.
9 AGP XLI-5, de Gastão, conde d'Eu, à condessa de Barral, Rio de Janeiro, 14 de janeiro de 1884.

Roderick J. Barman

duque de Nemours também mencionam uma atividade que passou a ser o principal interesse de sua vida. "Estou sempre ocupada com a música e estudo com muito prazer piano e violino", e "continuo com muita satisfação e proveito as minhas aulas com Mr. White". José White, um cubano de origem africana, era um talentoso violinista formado em Paris. Na música, era evidente que D. Isabel encontrava satisfação e realização. Como recordou sua neta mais velha, "essas sessões [com José White] ficavam totalmente separadas da vida ordinária".[10]

O interesse de D. Isabel pela música estava ligado à sua devoção religiosa, que continuava a desempenhar um papel central em sua vida. "Eu continuo com muita satisfação e proveito as minhas aulas com Mr. White e, às sextas-feiras, com outras senhoras e senhoritas, canto na igreja o Stabat [Mater] da via-crúcis. Não faltam vésperas aqui." Tomou como confessor "um ótimo padre brasileiro que herdou quase toda a clientela, se é que me atrevo a empregar essa palavra, do antigo pároco, que era francês".[11] Também dedicava muito tempo e preocupação a supervisionar a instrução religiosa dos filhos, da qual um ponto culminante foi a primeira comunhão de Pedro.

O amor da princesa pela música era uma das pontes que ligava seu lar à vida exterior. Ela e o conde d'Eu eram patronos constantes da ópera e de concertos. Relembrando as "boas horas" que passara com o sogro na ópera em Paris, a princesa comentou: "Este ano, o que tivemos aqui foi medíocre".[12] As óperas e os concertos eram eventos sociais nos quais a princesa e seu círculo de amizades podiam se encontrar e se divertir. O casal patrocinava

---

10 AGP XL-4, de D. Isabel a Luís, duque de Nemours, Petrópolis, 22 de dezembro de 1881, 18 de março de 1882; Rio de Janeiro, 13 de agosto de 1883; Petrópolis, 16 de dezembro de 1883; condessa de Paris, Bonheur, p.59.

11 AGP XL-4, de D. Isabel a Luís, conde de Nemours, Petrópolis, 18 de março de 1882.

12 AGP XL-4, de D. Isabel a Luís, conde de Nemours, Petrópolis, 1º de setembro de 1882.

concertos destinados a arrecadar fundos para as instituições que eles apoiavam. D. Isabel adquiriu bastante confiança em seu desempenho ao piano, tanto que tocava nas festas que ela e Gastão d'Orléans davam ocasionalmente depois que voltaram ao Brasil. O imperador e a imperatriz já não se divertiam. A corte deixou de ser um centro social, fato que o corpo diplomático lamentou profundamente. Para preencher essa lacuna, D. Isabel e o marido foram convencidos a oferecer, nos meses de inverno, uma *soirée* de quinze em quinze dias no Paço Isabel, no Rio de Janeiro. Um diplomata austríaco aposentado, em visita ao Brasil em agosto de 1882, compareceu a uma dessas recepções e descreveu a noite em seu diário:

> Habitam eles numa bela casa em Botafogo ... O vestíbulo serve de salão e separa duas salas que são os apartamentos de recepção. Na sala à esquerda ficam as senhoras sentadas ao longo da parede. A Imperatriz e a Princesa ali se encontram. Os homens enchem as duas outras salas e o gabinete do Conde d'Eu. Não havia muita gente ... A Princesa fazia música. Acompanhava ao piano um violinista havanês, com três quartos de sangue negro. Depois do concerto, começaram as danças, momento em que me esquivei. (anotação no diário, apud Gonçalves, 1976, p.46-7)

Aspectos interiores do Paço Isabel
Cortesia da Biblioteca Nacional, Rio de Janeiro

Como essa descrição deixa claro, as *soirées* não eram sofisticadas nem muito animadas, e tendiam a atrair somente aqueles que já eram amigos de D. Isabel e seu marido.

O amor da princesa pelas plantas era a segunda ponte entre a sua casa e a vida exterior. Já em 1868, havia começado a colecionar várias dezenas de espécies de orquídea, as quais aclimatizou nos jardins do Paço Isabel, no Rio de Janeiro. Em 1875, ela e o conde d'Eu ajudaram a organizar a primeira exposição de horticultura do Brasil, realizada em Petrópolis. Erigiu-se um prédio especial, fabricado na França, para abrigar a mostra, e atualmente o "Palácio de Cristal", como ficou conhecido, é um logradouro tradicional de Petrópolis. Em 1882, o casal patrocinou um concerto público em prol da Associação Hortícola de Petrópolis. Em março de 1886, o conde d'Eu observou que sua esposa "hoje se ocupa pessoalmente, em companhia das senhoras de sua amizade, em pôr em ordem as flores ou outros objetos que figuram na Exposição Hortícola de Petrópolis".[13]

As obras beneficentes também vinculavam a vida doméstica de D. Isabel ao mundo exterior. De acordo com a visão tradicional, a caridade, sobretudo quando associada à religião, pertencia à esfera privada, e portanto feminina. Graças a esse trabalho, as mulheres podiam, como observou um historiador, "incorporar, em termos práticos, a superioridade da moral feminina e ... dar um exemplo para o resto da sociedade" (McMillan, 2000, p.53). A campanha de D. Isabel para angariar fundos para a construção da nova paróquia de Petrópolis encaixava-se nessa categoria. As obras filantrópicas também davam às mulheres uma oportunidade de participar da esfera pública sem dar oportunidade a comentários adversos. Após seu retorno ao Brasil, a princesa deixou de se envolver individualmente em obras caritativas para

---

13 AHMI POB, Cat. A, Maço 196, Doc. 8891, cópia de Gastão, conde d'Eu, a Antônio Martins Pinheiro Filho, Petrópolis, 27 de março de 1886.

Princesa Isabel do Brasil

atuar como patrocinadora de organizações dedicadas ao progresso social. No começo de 1882, tornou-se patrona da Comissão das Senhoras da Instrução Pública. Nomeou sua amiga, Amandinha de Paranaguá Dória, presidente da comissão. Do mesmo modo, foi patrona da Associação da Infância Desamparada, em prol da qual patrocinou um concerto em 1884. Tais atividades refletiam não um compromisso com a reforma social, mas o desejo de beneficiar os desamparados, a fim de torná-los tanto felizes quanto virtuosos. Fora de casa, todas as atividades de D. Isabel envolviam um círculo de amigas. As amizades femininas davam às mulheres um espaço que os homens não dominavam, no qual elas tinham autonomia e podiam expressar o que pensavam e sentiam. Nessa rede, obtinham conhecimentos e apoio para lidar com a vida cotidiana. O aspecto emocional que às vezes caracterizava essas relações femininas levou a que fossem chamadas de "amizades românticas".[14] O que as mulheres faziam no interior de sua própria esfera, a da vida privada, não despertava curiosidade nem preocupação nos maridos. Numa época em que a heterossexualidade era axiomática, e outras orientações sexuais, mal definidas e inadmissíveis, a amizade romântica entre mulheres casadas ou solteiras podia ser intensa sem provocar culpa ou alarme. Só as que transgrediam flagrantemente a convenção, vestindo-se e comportando-se como homens, eram objeto de desprezo público e ostracismo.

As principais amigas de D. Isabel, as quais chamava de *minhas duas primeiras*, eram Maria Amanda de Paranaguá Dória, baronesa de Loreto, e Maria de Avelar Tosta, baronesa de Muritiba.[15] Como indica a fotografia das três de mãos dadas na inaugura-

---

14 Ver a discussão clássica sobre a expressão em Smith-Rosenberg (1975, p.1-30).

15 Entrevista com Amanda Dória, baronesa de Loreto, em 15 de novembro de 1922, em Monteiro (1925, p.82).

D. Isabel entre "as minhas duas mais íntimas", Mariquinha Tosta e Amandinha Dória, Petrópolis, 1884, na inauguração da "Expoxição Hortícola"
Cortesia do Arquivo Histórico do Museu Imperial, Petrópolis

ção de uma exposição de horticultura em Petrópolis, sua relação com Amandinha e Mariquinha merece bem o nome de amizade romântica. As duas eram mais moças que D. Isabel e a conheciam desde a infância. Ambas eram casadas, mas não tinham filhos. Podiam passar muito tempo com ela e, para lembrar a frase que a princesa aplicou a Gastão em sua primeira regência, encarregavam-se de "fazer a papinha" nas atividades beneficentes e sociais que ela patrocinava.

Não era grande o círculo de amizades, tanto femininas como masculinas, que cercou D. Isabel e o conde d'Eu depois de sua volta da Europa. Nas seis listas de "visitas a Petrópolis" que este enviou à condessa de Barral, de janeiro a junho de 1886, figuram cerca de 75 nomes por mês. Incluíam-se membros do corpo diplomático e as respectivas esposas, um bom número de *se-*

manários (os camaristas que prestavam serviço ao imperador em turnos semanais), membros das famílias cortesãs, indivíduos envolvidos nas obras eclesiásticas e de caridade, alguns membros do mundo financeiro, artistas e dignitários locais de Petrópolis. Era notável a ausência de políticos, com uma ou duas exceções, como o marquês de Paranaguá, pai de Amandinha, que, como gentil-homem da Câmara imperial, prestava serviços frequentes ao imperador.

Em grande parte, essa distância do mundo político e dos negócios públicos se devia ao contínuo monopólio do poder por parte de D. Pedro II, mas também às experiências do casal na segunda regência de D. Isabel. Menos de um mês depois de voltar da França, Gastão d'Orléans comentou com a condessa de Barral: "Apesar da nossa vida extremamente tranquila, não há mais tempo disponível em Petrópolis que em Paris, mesmo sem levar em conta os assuntos públicos, aos quais, atualmente, graças a Deus, nós somos totalmente estranhos". Só na metade de 1884 ele alterou essa atitude. Convencido de que "era preciso sair dessa rotina de Petrópolis, letárgica em mais de um aspecto", propôs que toda a família visitasse as províncias do Sul. "O imperador, os ministros e todo mundo preferem que eu vá", contou à condessa, mas se recusou a viajar sozinho.[16] D. Isabel opôs fortes objeções quando lhe expuseram o plano. Por fim, preferindo não se separar do marido, concordou, e no começo de novembro partiram de trem com destino à província de São Paulo.

Essa renovada disposição a assumir um papel público por parte do conde d'Eu e — com certa resistência — de D. Isabel devia estar ligada à importância cada vez maior da questão da abolição nos assuntos públicos. A Lei do Ventre Livre, promulgada em 1871, na primeira regência da princesa, criou um fundo de emancipação destinado a financiar a abolição em larga esca-

---

16 AGP XL-5, de Gastão, conde d'Eu, à condessa de Barral, Petrópolis, 2 de janeiro de 1882; Rio de Janeiro, 16 de agosto de 1844.

la e pôr fim rapidamente à escravidão. O fundo mostrou-se ineficaz, libertando pouquíssimos escravos. Esse fracasso, aliado à eliminação do trabalho servil nas colônias espanholas do Caribe e a convicção de que à continuidade da escravidão impedia o progresso do Brasil produziu, no começo da década de 1880, um movimento abolicionista organizado e enérgico. Esse movimento recrutava tanto nas fileiras liberais, no governo desde 1878, como nas da oposição conservadora. Em ambos os partidos, mas sobretudo entre os conservadores, também se entrincheiravam os resolutos adversários de qualquer ação contra o trabalho servil.

Em junho de 1884, o movimento abolicionista progredira tanto na mobilização da opinião pública que D. Pedro II nomeou um novo gabinete liberal, incumbido de acelerar o fim da escravidão. A medida introduzida pelo novo ministério propunha a libertação de todos os escravos com sessenta anos ou mais, a proibição do tráfico negreiro interprovincial e o aumento do fundo existente para a libertação dos escravos. Quando a lei foi derrotada na Câmara dos Deputados, o gabinete se recusou a renunciar e, com o consentimento do imperador, dissolveu a legislatura. Muito embora D. Isabel e o conde d'Eu não tenham tido nenhuma participação nesses fatos, os políticos acreditavam que o casal simpatizava com a causa abolicionista. Em 1869, quando era comandante em chefe no Paraguai, Gastão d'Orléans havia imposto a imediata abolição da escravidão naquele país. Como regente em 1871, D. Isabel sancionara a Lei do Ventre Livre. O gabinete, ansioso por cultivar o apoio da herdeira do trono e de seu esposo, aprovou a proposta do conde d'Eu de visitar as províncias sulistas.

D. Isabel manteve um diário durante toda a excursão, de novembro de 1884 a março de 1885, para o exame de seus pais. As anotações dão uma boa ideia do caráter maduro da princesa. Como seria de esperar, o texto é copioso em referências à religião (geralmente comentários sobre igrejas específicas) e à música. Também descreve uma infinidade de recepções e visitas a instituições filantrópicas, escolas, igrejas e fazendas. No dia 15 de novembro ela visitou a Fazenda Santa Gertrudes, perto de Rio Claro, na província de São Paulo.

> Visita à fazenda, que o Conde [de Três Rios, o dono] me diz estar ainda muito melhor do que quando meus Pais a viram. Com efeito, tudo está muito bem arranjado, excelentes máquinas da casa MacHardy e muita ordem por toda parte.

O conde d'Eu de Poncho, Rio Grande do Sul, 1884
Cortesia de Isabelle, comtesse de Paris

Roderick J. Barman

De tudo há na fazenda, gado vacum, porcada (porcos enormes), patos, marrecos, perus, cabritos, feijão, milho, arroz, frutas e até um açude com peixes.

Os cafezais são os mais belos que tenho visto, e creio não exagerar dizendo que vi ipês de 4 metros de altura e touceiras enormes. Há na Fazenda uns 600.000 pés de café, e ano há que deu 60.000 arrobas de café. Há também plantações de cana e mandioca, que dão açúcar e farinha para o sustento da casa.

Disse-me o Conde que, para a Fazenda, ele só comprava sal e carne seca. Há olaria, serraria, começo de casa para colonos.[17]

Ainda que o diário da princesa não avalie o caráter das mulheres e dos homens que conheceu, é claro que ela gostou de encontrar tantas caras novas. "Como o senhor sabe, custou-me muito deixar os meus queridos pais, a minha casa tranquila, alguns amigos que deixei no Rio e minha querida música, mas eu estou muito contente por ter tomado a decisão de vir", escreveu ao sogro em dezembro. "Agora estou satisfeita com o que vejo e com a recepção cordial que nos dão em toda parte."[18]

As recepções incluíram uma "visita à Câmara Municipal" de Itu, em São Paulo, "onde ... entreguei 14 cartas de liberdade, arranjadas por meio do fundo de emancipação. Os senhores pareciam mais contentes do que os próprios libertos".[19] D. Isabel percebeu a libertação de quatorze escravos como equivalente às esmolas que ela, como boa católica, dava aos pobres em suas visitas. Embora tenha se alegrado de dar as cartas de alforria, como mostra sua observação sobre a postura dos proprietários e dos ex-escravos, ela não se sentia pessoalmente engaja-

---

17 O diário original está conservado em AGP XL-2. O texto referente à província de São Paulo, do qual é feita a citação, foi publicado com notas copiosas e muito úteis; ver Daunt (1957, p.35).

18 AGP XL-4, de D. Isabel a Luís, duque de Nemours, Desterro, Santa Catarina, 25 de dezembro de 1884.

19 Anotação no diário, 15 de novembro de 1884, citado em Daunt (1957, p.32).

da na questão. Essa atitude se alteraria em breve. Nas eleições de 1º de dezembro de 1884, o gabinete que apresentara o projeto que acelerava a abolição por pouco não conseguiu obter a maioria das vagas. O estado agitado da opinião pública e a determinação do movimento abolicionista tornaram impossível a continuidade do *statu quo*. A aprovação da Lei dos Sexagenários era inevitável. Apesar de seu empenho em manter a escravidão, o novo gabinete conservador, chefiado pelo barão de Cotegipe, finalmente promulgou a lei em setembro de 1885.

Uma das medidas tomadas pelo movimento abolicionista para conquistar o apoio público ao fim definitivo da escravidão foi a criação de fundos de emancipação particulares, que tentavam comprar a liberdade de todos os escravos de determinados distritos. O fundo de emancipação era exatamente o tipo de atividade pública que atraía D. Isabel. Tratava-se de uma obra caritativa destinada a ajudar os desafortunados, tornando-os felizes e virtuosos. Era pessoal, pois afetava os indivíduos e seu destino. Combinava as boas ações à oportunidade de ter vida social com seu círculo de amigos. Acima de tudo, tratava-se de um empreendimento piedoso, que realizava os atributos do cristianismo e era aprovado pela Igreja. Tradicionalmente, a igreja católica, no Brasil, tolerava e até apoiava a existência da escravidão. O aumento da influência do ultramontanismo entre os católicos, disposto a estabelecer a Igreja como uma força poderosa e independente nos assuntos públicos, que falasse com autoridade moral, levou a uma sensível mudança de atitude. Vários bispos passaram a se declarar a favor da abolição por motivos morais.

Em 14 de março de 1886, em seu sexagésimo quarto aniversário, a imperatriz D. Teresa Cristina presidiu uma solenidade de gala na qual apresentou 176 ex-escravos com as respectivas cartas de alforria. O dinheiro tinha sido arrecadado por meio de um fundo de emancipação particular organizado pela Câmara Municipal do Rio de Janeiro. Com o intuito de acelerar o fim da escravidão na cidade, a Câmara solicitou a D. Isabel que patro-

Roderick J. Barman

cinasse a campanha e lhe pediu, especificamente, que nomeasse uma comissão de senhoras que arrecadaria fundos para esse fim. Em 7 de abril o conde d'Eu escreveu sobre isso ao ministro do Império (Interior): "Não desejávamos dar a tal pedido resposta definitiva sem saber qual o pensamento do Governo Imperial acerca daquela ideia, que, aliás, me parece louvável, e se tenciona aprovar as deliberações tomadas pela Câmara Municipal".[20] Imediatamente, o ministro levou a questão ao gabinete, que, empenhado em proteger a escravidão, decidiu que a Câmara Municipal excedera a sua competência ao advogar semelhante projeto. Quanto à solicitação específica da Câmara,

> o Gabinete não aconselha que Sua Alteza a Princesa Imperial lhe preste o grande prestígio de sua posição e de suas virtudes: antes pede respeitosamente, em bem do serviço do Estado, que em questão desta natureza Sua Alteza Imperial guarde a neutralidade de alguma forma imposta às Altas Personagens isentas da responsabilidade.[21]

Embora esse intercâmbio não a tenha envolvido diretamente, a questão de gênero estava na base tanto da solicitação como da resposta. Foi o conde, não D. Isabel, quem escreveu ao ministro do Império. Sua carta manifestava não o desejo dela, mas o "nosso", e observava que a ideia parecia louvável *a ele*, não a ela. Os termos do discurso concernente ao exercício do poder eram inteiramente masculinos. A resposta do ministro endereçava uma dupla censura a D. Isabel. A herdeira do trono não devia se envolver com a questão. Ademais, por ser mulher, não convinha que empregasse suas "virtudes", qualidades femininas por definição e, portanto, limitadas à esfera privada, numa questão

---

20 AHMI I, DLC, 7.4.886, Orl. C. 1, de Gastão, conde d'Eu, a Ambrósio Leitão da Cunha, barão de Marmoré, Rio de Janeiro, 7 de abril de 1886.

21 AHMI POB, Cat. A, Maço 196, Doc. 8885, do barão de Marmoré ao conde d'Eu, Rio de Janeiro, 9 de abril de 1886.

Princesa Isabel do Brasil

essencialmente pública. Ela não devia se intrometer no "serviço do Estado", um campo de ação exclusivo dos homens.

A reação do ministério, negando efetivamente qualquer papel à mulher na esfera pública, foi coerente com sua atitude extremamente reacionária no tocante à escravidão. Mesmo tendo promulgado a Lei dos Sexagenários em 1885, o gabinete Cotegipe estava decidido a lançar mão de todos os meios disponíveis para manter a escravidão. Como deixou patente em sua resposta ao conde d'Eu, o ministério não hesitaria em recorrer a seus poderes para perseguir o movimento abolicionista e restringir--lhe as atividades. Bem-sucedida no início, essa política não tardou a se revelar contraproducente. A opinião moderada se opôs à perseguição. O movimento abolicionista se radicalizou e adotou táticas ousadas, como a promoção da fuga dos escravos.

D. Isabel e o marido não tiveram participação nesse drama, que dominou a vida pública ao longo de 1886. Sua atenção estava fixada numa questão privada. Em 1879, a fim de convencer D. Pedro II a autorizar a dilatação de sua permanência na França, eles prometeram ficar cinco anos no Brasil, contados a partir da data em que retornassem. Em dezembro de 1886 esse compromisso expirou. O conde d'Eu informara ao pai no vigésimo aniversário de sua chegada ao Rio de Janeiro: "Quanto a mim, embora, como o senhor sabe, não tenha nenhuma vontade de terminar os meus dias no Brasil, tornei-me recentemente bem mais conformado".[22]

No íntimo, ele continuava a se considerar estrangeiro. Um fator que o reconciliou com a vida no Brasil foi a perspectiva de fazer visitas regulares à Europa. No início de setembro de 1886, quatro meses antes de o casal ficar livre do compromisso, Gastão d'Orléans informou à condessa de Barral: "Nós decidimos ir à Europa no fim deste ano, mas apenas por seis meses, incluindo

---

22 AGP XLI-1, de Gastão, conde d'Eu, a Luís, duque de Nemours, Rio de Janeiro, 2 de setembro de 1884.

239

a viagem de ida e volta. O imperador concordou imediatamente".[23] Como seu filho mais velho, agora prestes a completar onze anos, não podia ficar muito tempo afastado dos estudos em Petrópolis, meio ano era o máximo que a família podia se ausentar. Em 5 de janeiro de 1887, o casal e os filhos viajaram, deixando o imperador e a imperatriz sozinhos no palácio de verão, em Petrópolis. "A partida de meus filhos e netinhos foi-me muito dolorosa", comentou o monarca dois dias depois.[24]

A visita começou bem, com uma estada com os parentes do conde, que moravam nos arredores de Sevilha, porém, quando D. Isabel e sua família se mudaram para uma mansão em Nice, no sul da França, surgiram os problemas. Os meninos, particularmente Antônio, o caçula, sofriam de bronquite crônica. No dia 23 de fevereiro houve um terremoto às seis da manhã, obrigando a família a sair da cama e se refugiar no jardim. "A Princesa mostrou muito sangue-frio durante todo o tempo, e o Conde d'Eu (que de ordinário se agita pela menor coisa) tomou o cataclismo como brincadeira, zombando do terror de todos", contou a condessa de Barral; e acrescentou: "Baby Pedro [ficou] muito nervoso e chorando — Luís, impassível".[25] Ninguém saiu ferido, e uma breve excursão à Itália restaurou o bom humor de todos.

Logo houve outra perturbação. Em 2 de março de 1887, a princesa recebeu telegramas informando que D. Pedro II adoecera. Uma semana antes, quando estava assistindo a um espetáculo de ilusionismo, ele fora atacado por uma dor de cabeça tão forte que o tinha obrigado a se retirar. Durante os meses de

---

23 AGP XLI-5, de Gastão, conde d'Eu, à condessa de Barral, Rio de Janeiro, 9 de setembro de 1886.

24 De D. Pedro II à condessa de Barral, Petrópolis, 7 de janeiro de 1877, citada em Barral (1977, p.264).

25 Da Condessa de Barral a D. Pedro II, Villa des Caroubiers, Nice, 24 de fevereiro de 1887, original em AGP e impresso em Barral (1977, p.264).

março e abril, seguiu-se um ciclo de enfermidades que os médicos não conseguiam diagnosticar nem tratar. D. Isabel foi chamada de volta ao Brasil, onde chegou em 6 de junho, depois de cinco meses de ausência. Os médicos do imperador recomendaram que ele fosse à Europa em busca de profissionais mais capazes e de um tratamento melhor, mas ele se recusou a sair do país. Somente em 30 de junho concordou em partir com a esposa e o neto mais velho, Pedro Augusto, numa atmosfera in-

D. Isabel pouco antes de sua terceira regência, 1887-1888
Cortesia da Fundação Grão-Pará, Petrópolis

tensamente emocional. Alguns temiam que ele nunca voltasse. Outros acreditavam que não recuperaria a saúde a ponto de poder continuar governando. Como regente, D. Isabel voltou a governar em nome e em favor do pai, mas é perfeitamente possível que o dia 30 de junho tenha marcado o início real do que se denominou "o terceiro reinado".

Que a regente e seu marido tinham consciência dessa possibilidade ficou indicado pelo ato simbólico que realizaram imediatamente depois da partida do imperador. D. Isabel e sua família se mudaram para a residência dos pais dela, no Rio de Janeiro, o Paço de São Cristóvão. "É do quarto e da mesa de Mamãe que estou-lhes escrevendo", a princesa informou aos pais dois dias depois de seu embarque. "A nossa instalação aqui está muito cômoda, e mesmo esta solidão de São Cristóvão (alegrada pelos meninos) foi boa para estes primeiros dias sobretudo."[26] Uma afirmação ainda mais decisiva de sua autonomia e de seu direito de exercer o poder foi a decisão de pôr em ordem e guardar em baús a grande quantidade de cartas e documentos espalhados no escritório de D. Pedro II e nas bibliotecas do palácio. Nem a mudança nem essa remoção foram feitas com o conhecimento e a autorização prévios do imperador.

Ao assumir a regência, a princesa preferiu manter o *statu quo*. "O ministério ofereceu-me sua demissão, que não aceitei", ela recordou um ano e meio depois. "O Barão de Cotegipe parecia-me poder sustentar a situação e eu conhecia-lhe as tendências firmes a apoiar o que diz respeito à religião, tendências infelizmente raras." [27] Ainda que se dedicassem sistematicamente aos assuntos do Estado, D. Isabel e o marido não se mostraram

---

26 AGP XL-2, de D. Isabel a D. Pedro II e D. Teresa Cristina, São Cristóvão, 2 de julho de 1887.

27 AHMI POB, Cat. A, Maço 199, Doc. 9030, narrativa sem título de D. Isabel, datada por ela de "dezembro de 1888" (daqui por diante citada como "Memorando de dezembro de 1888").

Princesa Isabel do Brasil

mais empenhados em governar do que haviam se mostrado em 1871 e 1872, ou em 1876 e 1877. Em carta à condessa de Barral em meados de julho, o conde d'Eu comentou:

> Quanto aos ministros, até agora não nos incomodaram. As reuniões com eles têm sido raras e breves: na ausência do imperador, a política naturalmente cochila. O pior trabalho é o exame das petições de graça e os infindáveis requerimentos de esmolas![28]

Esse senso de afastamento, essa indisposição para tomar a iniciativa não duraram. A causa foi a questão da escravidão. A tentativa do ministério Cotegipe de interpretar as disposições da Lei dos Sexagenários, de 1885, de modo restritivo e retrógrado, e o emprego da força para dispersar as manifestações abolicionistas foram contraproducentes. "O ministério, consequentemente, ficou uma vez mais moralmente enfraquecido", comentou o conde d'Eu com o pai; "na minha opinião, convém substituí-lo quando se oferecer uma ocasião que não tenha o caráter de uma pressão ilegal".[29] A posição do gabinete ficou ainda mais debilitada quando um abolicionista derrotou o ministro do Império (Interior) na eleição para preencher uma vaga. Os fazendeiros da província de São Paulo, principal produtora de café do país, começaram a abandonar a causa da escravidão, certos de que conseguiriam manter a produção com o emprego de mão de obra imigrante.

"A questão da abolição caminhava, suas ideias ganhavam-me cada dia mais", recordou D. Isabel posteriormente.

> Não havia publicações a respeito que não lesse e cada vez mais me convencia de que era necessário fazer alguma coisa nesse sen-

---

28 AGP XLI-5, de Gastão, conde d'Eu, à condessa de Barral, Rio de Janeiro, 14 de julho de 1887.

29 AGP XLI-1, de Gastão, conde d'Eu, a Luís, duque de Nemours, São Cristóvão, 11 de agosto de 1887.

tido. Disse-o ao Barão de Cotegipe, a tudo respondeu-me que não iria de encontro à lei Saraiva, porque ele também a fizera, mas poderia interpretá-la de modo que o prazo de libertação ficasse muito diminuído, falou-me de 3 ou 4 anos para que tudo ficasse finalizado. Nisto encerraram-se as Câmaras, e o Sr. Barão prometeu estudar a questão no interstício. Cada dia que passava convencia-me mais de que nada faria.[30]

A impaciência da princesa aumentou. Referindo-se às festividades do aniversário de D. Pedro II, no dia 2 de dezembro, ela contou ao pai:

> A Câmara Municipal libertou pelo livro de ouro 62 escravos. Já dei a ideia de uma festa importante neste sentido para sua chegada! Quem dera que todos fossem seguindo o exemplo dos fazendeiros de São Paulo! O Rio de Janeiro por ora está muito emperrado, mas mais tarde ou mais cedo será constrangido a fazer o mesmo que os outros.[31]

No começo de 1888, a causa abolicionista despertara em D. Isabel um interesse sem precedentes pelos negócios públicos e a determinação de governar. "Você vê, minha querida, que eu não me ocupo apenas de *frivolidades!*", escreveu à condessa de Barral em 11 de janeiro. "Posso pensar bem, quero fazer o máximo possível pelo meu país. O reconhecimento geral só me chegará muito mais tarde, quando tiver arruinado minha saúde! como o pobre Papai!"[32] Três dias depois, decidida a obrigar o gabinete a agir, convocou o barão de Cotegipe para uma reunião particular. "Disse-me logo que lhe parecia que o ministério estava perdendo prestígio", anotou o barão num memorando escrito após o

---

30 Memorando de dezembro de 1888.
31 AGP XL-2, de D. Isabel a D. Pedro II e D. Teresa Cristina, Paço Isabel, 3 de dezembro de 1887.
32 AGP XL-5, de D. Isabel à condessa de Barral, Petrópolis, 11 de janeiro de 1888; toda a carta de D. Isabel está escrita em francês.

encontro. Perguntou-lhe o motivo. "S. A. respondeu que se referia à questão da abolição da escravidão." Cotegipe informou que "o ministério estudava a questão e em abril daria sua opinião, fazendo alguma coisa ou não". Então D. Isabel "disse que achava bom que o Gabinete desde já fizesse alguma promessa. Respondi que, não tendo plano, seria isso falta de discrição e só às Câmaras é que daríamos conta do nosso procedimento".[33]

Conforme a visão prevalecente da mulher, o barão de Cotegipe, em sua narrativa, se recusou a tratar a regente como autônoma: "S. A. parecia inspirada pelo Conde d'Eu, pois este ou aprovava o que ela dizia, ou acrescentou algumas observações". Entre elas, figurava a proposta de que "poderíamos [o gabinete] ouvir o Conselho de Estado ou convocar um Congresso de Lavradores. (O respeito privou-me de dar a conveniente resposta a tão esdrúxulo projeto.)" No memorando, relatou o final do encontro com D. Isabel:

> Minha lealdade exigia que eu aconselhasse a S. A. que deixasse esta e as questões políticas aos partidos, como fazia a rainha Vitória. Neste ponto, reclamou pelo seu direito, que não contestei senão pelo uso que dele fizesse em questões que dividiam os partidos. Tanto S. A. como o Conde d'Eu observaram que a rainha Vitória já ia perdendo ou tinha perdido por essa neutralidade![34]

Ao se referir à rainha Vitória, o barão de Cotegipe indicou à regente que, como mulher, não lhe convinha exercer poderes muito mais adequados a ser empregados por seu pai. O memorando do chefe dos ministros concluiu:

> À vista disto, parece-me que S. A. está influenciada, pois nunca falou tão clara e positivamente. Mostrava desejo de que se fizes-

---

33 IHGB BC, Lata 960, Pasta 28, memorando intitulado "Conferência com S. A. (Paço Isabel) em 14 de janeiro de 1888" (daqui por diante citado como "Conferência").

34 "Conferência".

Roderick J. Barman

se alguma coisa qualquer, mas nunca pôs na balança a sorte do ministério como agora. Temos a deliberar sobre o que convém."[35]

Acostumado a tratar a regente e seu marido com desdém, o barão de Cotegipe se valeu de sua habilidade verbal para embromar a princesa, sem levar em consideração as consequências. D. Isabel, por sua vez, considerou a conferência um fracasso: "Nada parecia compreender o Sr. Barão e, com muito boas palavras e muito jeito, ainda desta vez foi mais fino do que eu".[36] Sem se deixar abater pelos subterfúgios do barão de Cotegipe, D. Isabel repetiu diante de todo o gabinete o que dissera ao primeiro-ministro em particular. E, uma vez mais, recebeu apenas belas palavras. No fim de fevereiro, sua paciência se esgotou, como revela uma carta à condessa de Barral:

> Gaston lhe tem escrito. Ele tem mandado os jornaizinhos dos meninos, onde você verá tudo o que se fez pela Emancipação dos cativos de Petrópolis. Como já lhe disse, atualmente é quase que tolice empregar dinheiro em libertar escravos, mas vimos que podíamos libertar já os que ficarão livres daqui a um ano e meio (é convicção minha e da maioria). É sempre uma caridade grande, e além disso o que mais nos influiu foi a ideia de dar um empurrão ao pensamento da abolição com pequeno prazo, que parecia estar no ânimo de todos, exceto no dos emperrados que é necessário acordar. Ou acordam ou a onda os levará. Que Deus nos proteja, e que mais essa revolução ou evolução nossa se faça o mais pacificamente possível.[37]

O barão de Cotegipe manteve-se firme na recusa de se incomodar com as preocupações da regente. Não lhe deu nenhuma indicação do futuro rumo do gabinete. "Pelo pouco, porém, que obti-

---

35 Ibidem.
36 "Memorando de dezembro de 1888".
37 AGP XL-5, de D. Isabel à condessa de Barral, São Cristóvão, 22 de fevereiro de 1888. A carta foi escrita em português.

ve dele e do Sr. Belisário [Soares de Sousa, ministro da Fazenda] e da atitude do Ministério, estava convencida que nada faria."[38] Chegou-se ao ponto de ruptura por ocasião da violência com que a polícia da cidade do Rio de Janeiro reprimiu os participantes de uma passeata a favor da abolição. D. Isabel enviou uma longa explicação do acontecido ao pai, que ainda convalescia na Europa:

> Quanto ao Ministério [Cotegipe], terá sabido pelos jornais o que houve. Os últimos tumultos muito me entristeceram. Há tempos minhas ideias divergiam das do Ministério, sentia que o Governo perdia muita força moral, já alguma cousa neste sentido dissera há bastantes semanas, agora com mais firmeza e por escrito, censurando ao mesmo tempo a polícia em grande parte do que houve: a polícia ou antes a atitude tomada pelas autoridades policiais há já algum tempo. Minha declaração da perda de força moral e de que insistia pela demissão do Chefe de polícia deu em resultado a queda do Ministério. Não me arrependo do que fiz. Mais tarde ou mais cedo o teria feito, confesso que uma surda irritação se apoderara de mim, e em consciência não devia continuar com um Ministério, quando eu por mim mesma sentia e estava convencida de que ele não preencheu as aspirações do País nas circunstâncias atuais. Deus me ajude, e que a questão da emancipação dê breve o último passo que tanto desejo ver chegar! Há muito a fazer, mas isto antes de tudo.[39]

D. Isabel escolheu pessoalmente o chefe do novo gabinete, João Alfredo Correia de Oliveira, que participara do ministério Rio Branco de 1871-1875. Deu-lhe plena liberdade para selecionar os colegas ministros. Também o deixou à vontade quanto ao programa do gabinete: "Muitos dias e semanas levei sem ousar perguntar positivamente o que fazia o novo ministério, queria deixar-lhe toda a liberdade".[40] Entretanto, a princesa exprimiu

---

38 "Memorando de dezembro de 1888".
39 AGP XL-2, de D. Isabel a D. Pedro II e D. Teresa Cristina, São Cristóvão, 14 de março de 1888.
40 "Memorando de dezembro de 1888".

sua objeção à ideia de que os ex-escravos fossem obrigados a trabalhar mais dois anos. Ficou claro que tal exigência não podia ser atendida, e a opinião pública participava do desejo de D. Isabel de pôr fim total e imediatamente à escravidão. Assim, na abertura da nova sessão legislativa, em maio de 1888, o ministro da Agricultura apresentou um projeto de abolição incondicional. Uma onda de entusiasmo popular garantiu a promulgação da medida em sete dias. D. Isabel contribuiu, deslocando-se de Petrópolis na própria data, o domingo, 13 de maio, a fim de transformar, com a sua assinatura, o projeto em lei.

A cena no Paço da Cidade, onde a princesa recebeu a delegação oficial que lhe apresentou o projeto para sanção, foi um delírio. O palácio ficou lotado de gente entusiasmada de todas as classes, mulheres e homens, e o estado de espírito era de irrefreável regozijo. Seguiram-se três dias de comemorações públicas, durante os quais se decretou feriado e a alegria imperou. Para D. Isabel, esse triunfo foi obnubilado por uma crise familiar. Seu pai, que estava em tratamento na Europa desde a metade de 1887, revelou-se o pior tipo de paciente. Quando D. Isabel assinou a Lei Áurea, D. Pedro II acabava de passar por uma grave crise de saúde. Alguns dias depois, seu organismo sofreu um novo colapso. Praticamente à beira da morte, o corpo do imperador reagiu subitamente. Sucedeu-se um prolongado período de convalescença.

"Seria o dia de hoje um dos mais belos de minha vida, se não fosse saber meu pai enfermo. Deus permitirá que ele nos volte para tornar-se como sempre útil à nossa Pátria."[41] O teor desse depoimento, que D. Isabel prestou no momento em que recebeu o texto da Lei Áurea, em 13 de maio, indicava que o papel decisivo que ela desempenhou para assegurar a abolição imediata não significou nenhuma mudança em sua relação com o pai.

---

41 *Organizações e programas ministeriais*: regime parlamentar no império. 2. ed., Rio de Janeiro, 1962, p.240.

Princesa Isabel do Brasil

Ele continuava a servir de modelo para os seus atos como regente. Ela seguia o curso por ele estabelecido em termos de política e administração. Não passava de uma substituta até que ele voltasse. O relato com a justificação de seus atos recentes, que D. Isabel escreveu em dezembro de 1888 (ver "Com a sua própria voz", a seguir), deixou claro que ela considerava sua conduta excepcional. Fora levada a agir de acordo com a consciência e convencida de que a abolição seria o melhor para a nação. Deus a havia orientado.

Com a sua própria voz

Dezembro de 1888

Como a opinião abolicionista em mim ganhou terreno tão depressa? A ideia, já de todo tempo minha, por si era humanitária, moralizadora, generosa, grande, apoiada pela Igreja, a escravidão em si era um atentado, os senhores já de tal atentado por demais tinham gozado (se eles tivessem tido pagar os salários desde o começo?! É verdade que neste caso teriam contado com o que poderiam dispor, e assim algumas não teriam caído tão de supetão, mas o mal estava feito, e não podia deixar de ser cortado, e além disso eles deviam ter se preparado ou nunca se prepariam), seu escravos fugiam, não havia meio algum de contê-los (o que me admiro é que mais cedo tal não tivesse sucedido), o país agitava-se; não deveria ponderar tudo isso, e com a consciência tranquila arrostar os desagravados de pequeno número, ou de muitos que os houvesse? E a indenização? Apesar de, nesse ponto, jamais antes de ter sido formulado o projeto e tivesse emitido minha opinião, não a poderia admitir como conveniente nem justa; cer-

Continua

tos escrúpulos poder-me-iam ter vindo, para longe os arredava, primeiro o País não poderia indenizar senão de uma maneira ilusória, na mesma maneira teria de sair de impostos que recairiam sobre quem com isso nada tinha que ver, o fundo de emancipação a custo de impostos, único para tal fim aplicável, seria mais do que insuficiente e a quem iria socorrer? Aos que de seu *motu proprio* não libertassem seus escravos, iria somente pagar dívidas atrasadas, sem aproveitar à lavoura para a qual melhor era empregá-lo em melhoramentos que dessem em resultado o bem geral da lavoura, e mais justamente. Além disso, como já disse, a ideia da injustiça da escravidão e do muito que por demais os senhores gozaram de seus escravos não podia deixar de atuar no meu espírito.

Meus filhos, se mais tarde lerdes este papel, lembrai-vos de *que se* [acrescentado acima a lápis] vossa mãe assim procedeu nesta grande questão da abolição foi na convicção de que seria melhor à pátria, por quem tinha obrigação de velar, e a vocês, a quem deixaria o nome de sua mãe e o trono limpos de qualquer piche de egoísmo ou de fraqueza. Deus me ajudou, meus filhos, procedendo inteiramente como minha consciência me mandava, muito e muito pensei, mas tudo fiz facilmente a ponto de, mais tarde, quando tudo ficou terminado, espantar-me dos elogios que me faziam, da minha coragem, do sábio que mostrava, da grandeza do cometimento... [sic]

Procedei sempre como Deus vos ordenar, vossa consciência e espírito ficarão tranquilos, tudo vos será fácil, e, se assim não for, é que Deus vos julga capazes de lutar e tornar-vos ainda mais dignos de ganhardes a vida eterna.[42]

---

42 "Memorando de dezembro de 1888". A elipse após a palavra "cometimento" aparece no texto de D. Isabel.

Princesa Isabel do Brasil

A experiência de regente em 1887 e 1888 certamente deu a D. Isabel muito mais consciência do governo como um mecanismo por meio do qual é possível operar mudança e aprimoramento. Em carta ao pai em março de 1888, ela comentou: "Há muito a fazer, mas isto [a abolição] antes de tudo".[43] Não obstante, para ela, uma coisa era preocupar-se com o que precisava ser feito, e outra muito diferente conceber as políticas específicas para atingir esses fins. O pai não incluíra em sua educação o treinamento prático no exercício do poder. Eu sua primeira regência, a princesa era uma novata e preferiu deixar o serviço do governo para o visconde do Rio Branco. A combinação das circunstâncias pessoais com as públicas, durante a segunda regência, em 1877 e 1878, tornou-lhe muito difícil, senão impossível, empenhar-se em promover mudança e aprimoramento. Agora, em 1888, os problemas enfrentados por qualquer um (monarca ou presidente) que governasse o Brasil eram formidáveis, a ponto de desafiar a capacidade do mais experimentado governante homem.

D. Pedro II retornou em agosto de 1888, bem antes do que se esperava, dada a gravidade do mal que o acometera em Milão. Os médicos concluíram que ele não restringiria suas atividades enquanto estivesse fisicamente ao alcance das atrações da Europa. Só no Brasil, no confinamento da rotina habitual, é que era possível administrá-lo. Em comentário à chegada do imperador, o conde d'Eu foi sagaz:

> A avidez e o entusiasmo do público com o imperador foram enormes, parece-me que bem maiores do que em seus regressos anteriores. Mas trata-se de uma homenagem puramente pessoal; pois, como acho que já escrevi, desde a sua partida, a ideia republicana avançou imensamente, coisa que a todos impressiona; e, apesar da prosperidade financeira que marcou este ano, nunca, nos

---

43 AGP XL-2, de D. Isabel a D. Pedro II e D. Teresa Cristina, São Cristóvão, 14 de março de 1888.

Roderick J. Barman

últimos 40 anos, a situação da monarquia brasileira pareceu mais instável do que hoje.[44]

Gastão d'Orléans compreendeu perfeitamente que, a despeito do prestígio de que D. Pedro II continuava a gozar entre os brasileiros, a situação instável do país havia privado o regime imperial de viabilidade. Na mesma carta, informou ao pai acerca de um esquema, "proposto por Nioac [visconde de] e Mota Maia", para estender a regência de D. Isabel apesar do retorno de seu pai, de modo que a missão de governar não lhe comprometesse a saúde. D. Pedro II seria imperador apenas no nome. Quando sondado por Nioac, o monarca, como seria de esperar, não demonstrou o menor entusiasmo pela proposta. No dia seguinte ao de sua chegada, João Alfredo, chefe do gabinete, foi tratar de negócios com ele. Muitos anos depois, conversando com o historiador Tobias Monteiro, o ministro-chefe contou o que transpirou na época.

Quando João Alfredo chegou a São Cristóvão, a Princesa recebeu-o na grande varanda da área; à sua indagação de se havia algo, respondeu que Mota Maia estava com o Imperador e saberia dele em que disposição se achava. Daí a pouco M. M. apareceu e declarou ter o Imperador dito que não compreendia esse papel do Imperador honorário, e a Princesa levantou as mãos e disse: "Dou graças a Deus que meu pai se sinta com forças para governar e arrede de mim essa grande responsabilidade". Diz J. Alf. que ela dizia isso com uma veemente expressão de sinceridade.[45]

---

44 AGP XLI-1, de Gastão, conde d'Eu, a Luís, duque de Nemours, São Cristóvão, 23 de agosto de 1888.

45 BNRJ TM, Armário 32, Pacote 95, nota manuscrita de Tobias Monteiro, com o cabeçalho "Chegado do I. em 88. Ideia abdicação". Após a palavra "disposição", a nota contém a frase "(Vê-se que havia desejo de obter a abdicação quanto antes.)". A carta do conde d'Eu, de 23 de agosto de 1888, confirma que D. Pedro II se recusou a levar a proposta em consideração.

Se for exato, esse relato mostra quão pouco a terceira regência influenciou D. Isabel, como ela era indiferente ao exercício do poder e que força tinha seu senso de dever filial. Enquanto o pai desejasse reinar, ela teria satisfação em depositar o governo em suas mãos. Essa atitude teve a desvantagem de deixar o governo à deriva. A existência de semi-inválido de D. Pedro II significava que os assuntos oficiais não lhe deviam interromper a rotina nem fatigá-lo. A princesa colaborou com o conde Mota Maia, o médico pessoal de seu pai, e João Alfredo, o ministro-chefe, num sofisticado esquema para dissimular a extensão em que o imperador estava sendo manipulado. Embora ele talvez não tenha compreendido o que estava acontecendo, o público compreendeu, como observou o conde d'Eu em novembro de 1888:

> O declínio da monarquia não faz senão se acentuar cada vez mais, o público não tardou a entender que, devido às restrições impostas pelo seu estado de saúde, o imperador, por maior que

A Família Imperial em Petrópolis no começo de 1889
Cortesia do Arquivo Histórico do Museu Imperial, Petrópolis

253

seja a sua boa vontade, já é incapaz de governar como governava antes de adoecer.[46]

Todo o sistema de governo, que durante quarenta anos dependera da orientação e da inspiração do imperador, perdeu o rumo nos meses que se seguiram ao seu retorno. A princesa não manobrou para substituir o pai. Os filhos dela, agora com treze, dez e sete anos, eram demasiado jovens para fazê-lo. O poder estava efetivamente vago, e atualmente sabe-se que o príncipe Pedro Augusto alimentava a ambição de ocupá-lo. Sobrinho mais velho de D. Isabel, ele chegara ao Brasil em 1872 com o irmão menor, Augusto, para ser criado pelos avós. Antes do nascimento do primeiro filho de D. Isabel, em 1875, Pedro Augusto, para todos os efeitos, era o herdeiro do trono. A trajetória sombria de sua infância — a perda da mãe aos três anos de idade, a separação do pai aos seis — teve continuidade numa adolescência solitária e confinada no Paço de São Cristóvão. Os dois meninos receberam pouca atenção e afeto da tia e do tio durante a ausência dos avós em 1876 e 1877. A antipatia de Pedro Augusto por D. Isabel e o conde d'Eu devia datar dessa época.

Aos 22 anos, ele era um rapaz bonito, atraente e inteligente. A visita à Europa na companhia dos avós, em 1877-1878, deu-lhe certo polimento. E, acima de tudo, o príncipe Pedro Augusto era homem. Para os brasileiros que não gostavam de D. Isabel, mas tampouco desejavam a república, era o sucessor ideal de D. Pedro II. Tinha inclinação para a intriga e uma grande reserva de ressentimento. Seu senso de realidade e até mesmo sua estabilidade mental parecem ter ficado prejudicados em virtude de uma grave enfermidade que o acometeu durante a per-

---

46 AGP XLI-1, de Gastão, conde d'Eu, a Luís, duque de Nemours, Petrópolis, 12 de novembro de 1888.

Princesa Isabel do Brasil

manência na Europa. Ao voltar ao Brasil, ele começou a sonhar seriamente com o trono e, para atingir esse objetivo, não hesitou em fomentar o descontentamento contra a tia e o tio. Sua ambição não só não atraiu apoio significativo como contribuiu para enfraquecer ainda mais a causa monarquista. A futilidade das manobras de Pedro Augusto levaram seu irmão mais moço a censurá-lo com uma frase memorável: "Deixa disso que a sucessão não é dela [D. Isabel], nem do maneta [Pedro], nem do surdo [o conde d'Eu], nem sua também" (Franco de Andrade, 1953, p.198).

A ambição do príncipe de ocupar o trono pode ter sido vã, mas suas intrigas certamente contribuíram para aumentar a antipatia por D. Isabel e seu marido. A perspectiva de ela subir ao trono despertou ressentimento em muitos setores. "Eu estou convencido de que o terceiro reinado será uma desgraça e esta opinião, vejo-a cada dia espalhar-se e consolidar-se, mas não pode deixar de ser assim",[47] comentou um escritor no fim de 1887. Mesmo os que apoiavam o regime reconheciam esse fato. "A Princesa não tem popularidade, e, infelizmente, faltam-lhe muitas outras qualidades para ocupar o lugar do pai, e sobretudo a prudência e o critério", escreveu em fevereiro de 1888 o editor do *Jornal do Comércio*, o mais importante da época.[48] Como o papel de D. Isabel na abolição da escravatura lhe dera amplo apoio popular, a avaliação que o editor fez da situação requer esclarecimento.

De fato, a promulgação da Lei Áurea deu muita popularidade à princesa na massa de brasileiros, que passou a chamá-

---

47 De João Capistrano de Abreu a José Maria da Silva Paranhos Júnior, futuro barão do Rio Branco, Rio de Janeiro, 23 de dezembro de 1887, em Rodrigues (1954, 1, p.119).

48 De João Carlos de Sousa Ferreira a François Picot, Rio de Janeiro, 10 de fevereiro de 1889. In: *1º Centenário do Jornal do Comércio, 1827-1927*. Rio de Janeiro, 1928, p.200.

-la de *Redentora*. Ao mesmo tempo, seu papel na abolição suscitou ódio e até desprezo nas classes que controlavam a riqueza do Brasil. Sobretudo os proprietários rurais não lhe perdoavam ter apoiado a abolição sem nenhuma compensação pela "propriedade" perdida, pois, para eles, os ex-escravos não passavam disso. Uma vez recuperados do choque da Lei Áurea, passaram a exigir compensação, e sua campanha explica as observações de D. Isabel no relato sobre a crise da abolição (ver "Com a sua própria voz", neste capítulo). Seu gênero intensificava a rejeição dos fazendeiros, que identificavam direito de propriedade com virilidade. Que uma mulher exercesse o poder já era motivo suficiente para ultraje, mas que se servisse desse poder para privá-los de sua propriedade era, em última instância, um insulto à sua masculinidade.

A campanha dos proprietários rurais pela compensação contou com o firme apoio do Partido Republicano, que, indiferente à coerência ideológica, tratou de acolher em suas fileiras todos os interesses hostis ao regime imperial. O núcleo do Partido Republicano era a *intelligentsia*, homens cultos mas sem fortuna nem conexões familiares. Essa intelectualidade se inspirava na França, onde a Terceira República enfrentava um conflito feroz com o monarquismo e a igreja católica. Os republicanos franceses davam pouca ou nenhuma importância aos direitos das mulheres, vistas como aliadas e agentes do altar e do trono. "Se amanhã se der o sufrágio às mulheres", escreveu um político de destaque, "a França retrocederá subitamente à Idade Média" (Clemenceau, apud McMillan, 2000, p.228). Os republicanos brasileiros participavam dessa visão dos direitos da mulher. A *Gazeta da Tarde*, um jornal radical, proclamou no início de 1886:

> Em resumo, a condessa d'Eu não parece talhada para ocupar o trono de um país onde a democracia avoluma-se de dia em dia. O reinado da princesa, com o seu séquito, será a desgraça para ela e sua família, desastre para a causa da liberdade, e tremenda calamidade para o Brasil. O palácio Isabel é foco permanente de cons-

piração, não contra o Imperador, mas contra o progresso e o desenvolvimento de um povo nobre e cheio de legítimas aspirações. Só poderá reinar reacionariamente, e eu creio que o povo não se sujeitaria em caso algum a um governo de sacristão e de indústria [especulação].[49]

Os três filhos de D. Isabel no Paço da Princesa, Petrópolis
Cortesia da Fundação Grão-Pará, Petrópolis

---

49 "A sociedade no Rio de Janeiro: A princesa imperial (continuação)", *Gazeta da Tarde*, 12 mar. 1886. O artigo fazia parte de uma série ostensivamente escrita por um diplomata europeu e originalmente publicada num jornal de São Petersburgo, mas, na verdade, elaborada pela própria equipe do *Gazeta da Tarde*.

O frequente distanciamento da princesa do cenário público e sua falta de contato direto com o povo facilitaram os ataques dos políticos radicais e da imprensa. Estes sofreram um choque excessivamente desagradável quando ela, na qualidade de regente, não só assumiu a liderança da luta contra a escravidão como conseguiu aboli-la em questão de meses. De fato, D. Isabel se adiantou às forças progressistas do país e ganhou popularidade justamente entre aqueles que os republicanos afirmavam representar. A verdade é que estes, cultos e elitistas, não tinham muita simpatia pela massa analfabeta e ignara. A nova aliança entre a princesa e a ralé fez, subitamente, com que o "terceiro reinado" parecesse bem menos ilusório e inviável do que se supunha. Desse modo, nos meses que se seguiram à regência, se redobraram os ataques à princesa.

Ela, por sua vez, retomou a vida costumeira após o retorno do pai, voltando a se afastar das questões públicas. Para conservar a recém-adquirida popularidade, teria de encontrar meios de manter o contato com a gente simples do país. Mas isso seria um desafio direto à autoridade de seu pai. O caráter e o estilo de vida de D. Isabel a impediam de mudar drasticamente de comportamento. Ela continuou a dedicar-se à família e aos amigos, à música, às plantas e às obrigações religiosas. Sua única interferência na vida pública serviu apenas para aumentar sua reputação de beata. Em reconhecimento à atuação da princesa para pôr fim à escravatura no Brasil, o papa Leão XIII lhe conferiu a Rosa de Ouro, prêmio raramente concedido aos membros meritórios da laicidade. Numa cerimônia realizada em 28 de setembro de 1888, na Capela Imperial da cidade do Rio de Janeiro, o internúncio papal entregou o presente à princesa, que prestou um juramento de obediência ao pontífice.

A religião era uma faceta central na vida de D. Isabel. Para ela, um presente do chefe da igreja cristã era uma honra que devia ser recebida em público e com a máxima reverência. Acreditando piamente na infalibilidade do papa em matéria de fé e de moral, não hesitou em lhe prometer obediência. Para os seus inimigos, a cerimônia pública e o voto de obediência corroboraram tudo quanto se alegava contra ela. Em 1866, a *Gazeta da Tarde* havia proclamado: "A princesa infelizmente é beata, essa fatal qualidade é uma das coisas mais dominantes na vida da futura imperatriz".[50] A cerimônia da Rosa de Ouro também serviu para selar o destino de D. Isabel na mente dos políticos no poder. A devoção fervorosa de uma mulher era aceitável, desde que mantida na esfera privada. Do ponto de vista dos políticos, mulher nenhuma podia tomar a iniciativa ou impor suas convicções aos homens, mas ela tinha feito exatamente isso, e duas vezes, em 1888: havia usado a prerrogativa de monarca para trocar o gabinete Cotegipe por outro mais disposto a promulgar a abolição e, agora, como futura imperatriz, subordinara-se ao papa. Na terceira regência, já insistira para que se pendurassem crucifixos em todas as salas de aula.

Os políticos simplesmente não podiam confiar em D. Isabel como protetora do *statu quo*. Achavam-na perigosa, imprevisível em seus atos e inclinada a ser dirigida não por eles, mas pelo marido e, ao que tudo indica, também pelo papa.

Os ataques à princesa estendiam-se ao seu marido. No quarto de século decorrido desde que chegou ao Brasil, Gastão d'Orléans se mostrou incapaz de conquistar a simpatia e a confiança do povo. Não inspirou respeito na vida pública. Pelo contrário, sempre foi profundamente impopular. Antes de tudo, a surdez, que piorou com a idade, mantinha-o apartado dos brasileiros. O sotaque lembrava qualquer interlocutor de que estava diante de um estrangeiro. Ao *francês* faltava presença física e traquejo social. "Não é bonito, não é elegante, não é simpático", observou a *Gazeta da Tarde* em 1886.[51] Qualquer detração que o atingisse era facilmente aceita.

---

50 Ibidem.
51 "A sociedade no Rio de Janeiro: o conde d'Eu (conclusão da quarta carta)", *Gazeta da Tarde*, 26 mar. 1886.

Ele não passava de um dono de cortiços que, como se dizia, alugava suas propriedades, na cidade do Rio de Janeiro, a preços exorbitantes. Era avarento e mandava dinheiro para a França a fim de garantir o futuro. Apesar de suas realizações durante os anos em que foi comandante em chefe no Paraguai, e apesar do serviço que prestara no aprimoramento do equipamento do exército, o conde não contava com o apoio nem dos oficiais nem dos soldados. A suposição mais generalizada era a de que ele, por ser homem, seria o governante efetivo do Brasil quando D. Isabel sucedesse ao pai.

Em virtude dos constantes ataques da imprensa, não admira que o conde d'Eu finalmente tenha ficado, como ele mesmo disse, "cansado de ser usado aqui como bode expiatório da imprensa, ostensivamente responsabilizado por tudo, sem, na realidade, ter voz nem influência".[52] Começou a assumir um papel nos negócios públicos. Em março de 1889, por ocasião da epidemia de febre amarela na cidade portuária de Santos, levou para lá uma missão médica para socorrer os doentes. "Em boa hora lembrou-se o Conde d'Eu de ir para ali mostrando interesse pelo povo", comentou o editor do *Jornal do Comércio*, "e eu desejaria tivesse também sido mostrado pela Princesa em relação a esta capital".[53] Em maio, Gastão d'Orléans anunciou ao ministro João Alfredo a ideia de empreender uma longa visita pública às províncias do Norte.

O presidente do Conselho [de Ministros] e o imperador aplaudiram muito essa ideia, mas sugeriram que a Princesa faria bem se também fizesse a viagem. A isso Mota Maia [o médico pessoal de D. Pedro II] se opôs, por causa do imperador, de modo que foi preciso renunciar.[54]

---

52 AGP XLI-5, passagem datada de 21 de maio em Gastão, conde d'Eu, à condessa de Barral, Petrópolis, 14 de maio de 1889.
53 De João Carlos de Sousa Ferreira a François Picot, 28 de março de 1889. In: *1º Centenário*, p.203.
54 AGP XLI-5, passagem datada de 21 de maio em Gastão, conde d'Eu, à condessa de Barral, Petrópolis, 14 de maio de 1889.

Princesa Isabel do Brasil

A objeção fundamentava-se que, como D. Pedro II podia morrer a qualquer momento, a herdeira não devia passar tantas semanas longe do Rio de Janeiro. Por justificável que fosse, o efeito dessa objeção foi destituir o plano de grande parte de sua eficácia. O fato de D. Isabel permanecer no Rio de Janeiro, levando a vida habitual, enquanto o conde percorria o Norte, confirmou a impressão prevalecente de que, quando se iniciasse o "terceiro reinado", seria ele, o impopular consorte da imperatriz, o verdadeiro governante do Brasil.

A viagem proposta quase foi cancelada em decorrência de uma crise política que irrompeu dias antes de sua partida. O Partido Liberal e a ala descontente dos conservadores (favorável à compensação) se uniram para derrotar o gabinete em exercício. João Alfredo solicitou a dissolução da legislatura. Fiel ao seu novo papel ativo, o conde d'Eu pediu uma audiência a D. Pedro II, na qual se manifestou contrário à dissolução. "Foi a primeira vez em que falei de política com o imperador. Ele me deixou falar cerca de meia hora sem dizer nada, um pouco contrariado, creio. Depois de algum tempo, disse que ia pensar no assunto", contou Gastão d'Orléans à condessa de Barral. "A princesa havia prometido estar presente a essa discussão, mas, tendo se atrasado por causa dos ensaios na igreja, só chegou quando já estávamos concluindo."[55]

Como de hábito, o imperador manteve a filha e o genro totalmente excluídos das subsequentes manobras políticas. Mesmo naquela fase de seu reinado, não admitia partilhar a autoridade com ninguém, muito menos com uma mulher. Negada a dissolução, o ministério renunciou, e a rivalidade entre as duas alas do Partido Conservador impediu que se formasse outro com seus membros. D. Pedro II se voltou uma vez mais para os liberais, e o visconde de Ouro Preto assumiu a chefia

---

55 AGP XLI-5, de Gastão, conde d'Eu, à condessa de Barral, Petrópolis, 28 de maio de 1889.

261

do novo gabinete. Nele incluiu o barão de Loreto, marido de Amandinha, como ministro da Justiça. O ministro da Guerra era o "visconde de Maracaju, meu confidente íntimo na Guerra do Paraguai", comentou o conde d'Eu. "A senhora há de dizer que são escolhas excelentes: pois sim!! Eu estou apenas moderadamente contente. Temo que tudo isso seja demasiado áulico e não tenha prestígio aos olhos do País." Disse à condessa de Barral que preferia um gabinete que esposasse as ideias mais radicais. "Se o novo ministério parecer, como o precedente, que recebe inspiração da princesa, não se ganhará verdadeiramente nada."[56]

Acreditava-se amplamente que o visconde de Ouro Preto havia nomeado ministro o barão de Loreto com o objetivo de conquistar a boa vontade de D. Isabel e garantir que, caso a morte de seu pai a levasse ao trono no futuro imediato, ela mantivesse o gabinete. Por essas mesmas razões, o visconde de Ouro Preto estimulou o conde d'Eu a visitar as províncias nortistas. A viagem, que se estendeu de junho a setembro, foi um sucesso, demonstrando que a monarquia ainda contava com um apoio considerável no país. Motivo de preocupação foi um discurso de Gastão em Recife, em agosto, dizendo que, se a república substituísse a monarquia pela vontade do eleitorado, a família imperial teria de deixar o país.

Ao saber dessa intervenção, D. Isabel escreveu uma carta em que expressava sua inquietação e observava: "Eu entendo perfeitamente que, havendo outra forma de governo, talvez fôssemos obrigados a partir, mas não gosto de dizê-lo. Sou apegada ao país, nasci aqui, e tudo nele me lembra os meus 43 anos de felicidade!"[57] Quando chegou o momento de despachar essa carta, ela preferiu

---

56AGP XLI-5, de Gastão, conde d'Eu, à condessa de Barral, Petrópolis, 7 de junho de 1889.

57AGP XL-1, D. Isabel a Gastão, conde d'Eu, Tijuca, Rio de Janeiro, 18 de agosto de 1889.

Princesa Isabel do Brasil

substituí-la por outro texto, no qual evitava qualquer menção direta à sua insatisfação com o discurso. Aliás, outros comentaristas participaram da contrariedade de D. Isabel. "O conde d'Eu fez em Pernambuco um discurso pouco prudente", escreveu o editor do *Jornal do Comércio* no fim de agosto. "Cada vez confio menos na tranquila transferência do poder por ocasião do falecimento do Imperador, que, felizmente, apresenta boa aparência."[58] Gastão d'Orléans não discordava absolutamente dessa opinião. Ainda naquele ano havia observado à condessa de Barral:

> Eu compreendo que a senhora esteja preocupada com a situação política do Brasil. Quem não estaria? No entanto, acho impossível que Papai seja exilado. Enquanto ele viver, ninguém levará as coisas ao extremo. Mas depois? Isso é terrível de pensar. Não entendo que *precauções* a senhora quer que tomemos! Não temos meios de tomá-las de forma alguma.[59]

Quando D. Isabel e o marido se reencontraram no Rio de Janeiro, na metade de setembro de 1889, a situação política parecia muito mais favorável à monarquia que por ocasião da partida do conde d'Eu. Diversos desenvolvimentos contribuíram para isso. Na noite de 15 de julho, quando a família imperial estava saindo do teatro, um grupo de pessoas, à porta, recebeu-a com um "Viva a república" e, pouco depois, um tiro de revólver atingiu o coche imperial. Durante o incidente, D. Isabel, tal como seus pais, comportou-se com muita frieza e bom-senso. O incidente serviu para desacreditar o radicalismo e induzir cautela. O novo gabinete começou a distribuir benesses políticas e financeiras aos descontentes. Em 31 de agosto, o Partido Liberal obteve maioria esmagadora nas eleições da nova Câmara dos

---

58 De João Carlos de Sousa Ferreira a François Picot, Rio de Janeiro, 28 de agosto de 1889. In: *1º Centenário*, p.210.
59 AGP XLI-5, de Gastão, conde d'Eu, à condessa de Barral, Petrópolis, 5 de fevereiro de 1889.

Deputados. No mesmo instante, iniciou-se um impetuoso *boom* no mercado acionário. "A situação política e econômica do país afigura-se-me lisonjeira", observou o editor do *Jornal do Comércio*. "Receio, todavia, o gênio aventuroso e um tanto precipitado do visconde de Ouro Preto." Ele "nem sempre mede o alcance futuro das medidas que um tanto apaixonadamente adota, ou propositalmente deixa de medir esse alcance".[60]

A impetuosidade de Ouro Preto não era avaliada nem controlada pelo imperador, que passava a maior parte do tempo em Petrópolis e só ocasionalmente ia ao Rio de Janeiro, e decerto muito menos pela herdeira do trono. Para esta e o conde d'Eu, o acontecimento mais importante na época foi a comemoração de suas bodas de prata, ocorrida no Paço Isabel em 15 de outubro de 1889. Os que apoiavam o gabinete governante aproveitaram a ocasião para demonstrar lealdade à herdeira do trono e ao seu marido. "Nesse dia, a maior parte da imprensa foi de uma amabilidade a que não estamos acostumados", contou Gastão d'Orléans ao seu pai, "e os dissidentes se limitaram a ficar em silêncio".[61] No mês seguinte, organizaram-se várias festividades em homenagem à visita de um navio de guerra chileno ao Rio de Janeiro. Entre elas, houve um luxuoso baile em 11 de novembro, na Ilha Fiscal, localizada na Baía da Guanabara. No dia seguinte, D. Isabel começou a preparar o Paço Isabel para uma recepção aos oficiais do navio chileno, prevista para o dia 19.

Sob essa calma superfície preparava-se uma explosão. O Partido Republicano, que o visconde de Ouro Preto providenciara para que ficasse sem nenhuma vaga na recém-eleita Câmara dos Deputados, abandonou toda esperança de substituir o regime imperial por meios pacíficos. Os radicais do partido assumiram o controle.

---

60 De João Carlos de Sousa Ferreira a François Picot, Rio de Janeiro, 13 de setembro de 1889. In: *1º Centenário*, p.213.

61 AGP XLI-1, de Gastão, conde d'Eu, a Luís, duque de Nemours, Paço Isabel, 17 de outubro de 1889, citada em Rangel (1935, p.385).

Princesa Isabel do Brasil

E tinham uma arma na mão. O corpo de oficiais, particularmente os de baixa patente, que geralmente eram republicanos, estava sumamente insatisfeito e em estado de franca indisciplina. O visconde de Ouro Preto não fez nenhuma tentativa de conciliar as forças armadas e, em pouco tempo, tornou-se o foco do descontentamento dos oficiais. Arquitetaram-se planos de um levante militar e encontrou-se um líder no marechal Deodoro da Fonseca, um velho oficial que tinha motivos para detestar o visconde de Ouro Preto. O objetivo imediato era derrubar o gabinete, porém, muitos conspiradores esperavam e pretendiam que a revolta também liquidasse o regime imperial. Na noite de 14-15 de novembro, os oficiais tiraram dos quartéis as tropas da guarnição e marcharam para o quartel-general, no centro da cidade. Previamente avisado, o gabinete reuniu as forças com que contava e se embarricou no quartel-general do exército. Seguiu-se uma breve escaramuça, mas as forças do gabinete se recusaram a abrir fogo em sua defesa. A resistência se esfacelou. Os rebeldes entraram no prédio. Os ministros foram obrigados a renunciar. Estimulado pelo curso dos acontecimentos e persuadido pela jovem oficialidade, o general Deodoro da Fonseca abraçou a causa da república, da qual ele seria o primeiro presidente.

Eram 10 horas da manhã do dia 15 de novembro, quando à casa chegaram o visconde da Penha e o barão de Ivinheima, declarando-nos que, diziam, parte do exército insurgido, e na Lapa achar-se um batalhão ao qual se tinham reunido os estudantes da Escola Militar, armados.

Assim foi que D. Isabel descreveu, alguns dias depois, os acontecimentos no relato que ela intitulou "Memória para meus filhos".[62]

---

62 AHMI POB, Cat. A, Maço 207, Doc. 9413, "Memória para meus filhos". Essa narrativa, escrita por D. Isabel em forma de esboço no fim de novembro, está impressa em Magalhães Jr. (1957, 2, p.396-403). A passagem citada se encontra na p.396.

265

As notícias que chegavam eram tais que a nós pareciam exageradas. O Miguel Lisboa ofereceu-se então para ir ao próprio Campo da Aclamação [hoje praça da República] saber do que havia. Daí voltou dizendo que o Ministério estava sitiado no Quartel, e o Ladário [o ministro da Marinha] dado como morto. Ligamos os telefones com os Arsenais de Marinha e Guerra, que responderam nada saber.

Não quis sair logo do Paço Isabel, temi que talvez, não sendo as coisas como se diziam, não viessem mais tarde acusar-me de medo, do que, aliás, nunca dei provas.

Pouco depois vieram notícias de que tudo estava apaziguado, nada mais haver a recear, mas todo o exército coligado ter imposto e alcançado a retirada do Ministério. Gaston exclamou: a Monarquia está acabada no Brasil. Ainda iludida, eu julguei que tal exclamação era pessimismo. Também nos informaram que o Deodoro tinha a seu lado o Bocaiuva e o Benjamim Constant e que declarara um Governo Provisório. (Magalhães Jr., 1957, 2, p.396).

Nesse ponto do drama, a principal preocupação de D. Isabel e de seu marido era entrar em contato com o pai dela a fim de convencê-lo a ficar em Petrópolis, onde podia organizar uma reação ao levante. Mas a agência central de telégrafo já estava em poder dos rebeldes. O casal decidiu mandar os três filhos a Petrópolis, sob os cuidados de seu aio, o Dr. Ramiz Galvão. "Era o meio de informar Papai do que havia e também pôr os meninos fora do barulho" (ibidem), observou a princesa. Durante a viagem dos príncipes, de barco e de trem, "nossa presença passou quase despercebida", recordou mais tarde Luís, o segundo filho do casal. "Lembro-me perfeitamente que os nossos companheiros de viagem discutiam com pachorra as novidades do dia, sem lhes ligar, ao que parecia, grande importância" (Orleáns-Bragança, 1913, p.9). Na verdade, essa indiferença tipificou a reação do público à queda do regime.

Voltemos ao relato de D. Isabel: "Ao meio-dia e tanto, recebemos um telegrama de Mota Maia dizendo que papai partira de Petrópolis e que vinha pelo caminho de Ferro do Norte. Resolve-

Princesa Isabel do Brasil

mo-nos ir ter com ele". Tomaram uma lancha para fazer a viagem por mar, mas "em caminho Gaston avistou em frente à Misericórdia os carros de Papai. Dirigimo-nos ao Cais Pharoux e aí soubemos que, com efeito, ele já se achava no Paço da Cidade. Desembarcamos e ficamos com ele e mamãe" (Magalhães Jr., 1957, 2, p.396). Nas horas de ansiedade que se seguiram no Paço da Cidade, D. Isabel e o conde d'Eu tentaram convencer D. Pedro II a entrar em ação. Propuseram que retomasse o controle da situação, confiando a formação de um novo gabinete a um político simpático às forças armadas. O imperador nada fez. Nem mesmo permitiu que se convocasse uma reunião do Conselho de Estado, composto de políticos veteranos. Por fim, a princesa e o marido tomaram a iniciativa de enviar convocações aos conselheiros em nome dela. Só às onze e meia da noite D. Pedro II finalmente concordou em se reunir com o Conselho, que recomendou a formação de um novo gabinete. A essa altura, os acontecimentos tinham avançado para muito além da possibilidade de reversão. O general Deodoro da Fonseca proclamara-se presidente da nova república e nomeara um ministério. O único consolo — e o mais importante para D. Isabel — foi o telegrama do aio de seus filhos, avisando que haviam chegado sãos e salvos a Petrópolis.

No dia seguinte, os membros da família imperial viram o Paço da Cidade cercado pela cavalaria. Tornaram-se quase prisioneiros. Às duas da tarde, uma delegação de oficiais do exército informou a D. Pedro II que ele e o resto da família tinham 24 horas para sair do Brasil. "Dizer o que se passava em nossos corações, não é possível. A ideia de deixar os amigos, o país, tanta coisa que amo, e [me] lembra mil felicidades de que gozei, fez-me romper em soluços!" (ibidem, p.398).

Tais sentimentos, D. Isabel incorporou-os a uma mensagem pública, respondendo à ordem de partir:

> É com o coração partido de dor que me afasto de meus amigos, de todos os brasileiros e do País que tanto amei e amo, para

Roderick J. Barman

cuja felicidade esforcei-me por contribuir e pela qual continuarei a fazer os mais ardentes votos.

Rio de Janeiro, 16 de novembro de 1889
Isabel, condessa d'Eu [63]

⌣ Na realidade, ela não precisou abandonar todos os amigos, já que tanto Amandinha Dória como Mariquinha Tosta, com os respectivos maridos, decidiram acompanhar a família imperial na viagem ao exílio. Os dois casais trataram de fazer as malas e pôr em ordem não só seus próprios negócios como os da princesa. A principal preocupação de D. Isabel era reunir-se com os filhos, ainda ausentes em Petrópolis. Lá, "encerrados no palácio, deixaram-nos durante dois longos dias na mais completa ignorância do que se passava lá fora", recordou o segundo filho da princesa (Orléans-Bragança, 1913, p.9-10).

Na noite de 16-17 de novembro, os membros da família imperial foram acordados bem antes do amanhecer e informados de que embarcariam imediatamente. Levados a bordo da canhoneira *Parnaíba*, ancorada na Baía da Guanabara, lá ficaram até o meio-dia. Um dos temores se esvaeceu durante a manhã, quando do "os meninos, que na véspera mandáramos chamar de Petrópolis, chegaram, graças a Deus". À tarde, a canhoneira deixou o porto e, por volta das oito da noite, encontrou-se com o *Alagoas*, o paquete escolhido para transportar os exilados à Europa. A transferência da família imperial de um barco a outro foi feita com considerável dificuldade. "Na verdade perigo havia, sobretudo para Papai e Mamãe, e para as crianças" (Magalhães Jr., 1957, 2, p.399, 400). No vapor, D. Isabel se encontrou com as duas amigas e os respectivos maridos, que haviam concluído às pressas os preparativos para a viagem. À meia-noite, o *Alagoas* se fez ao largo e tomou o rumo da Europa. Começavam os anos de exílio.

---

63 *Jornal do Comércio*, 17 nov. 1889, impresso em Lacombe (1989, p.261).

7
A mulher dona de si, 1889-1921

D. Isabel exilada na França
Cortesia do Arquivo Histórico do Museu Imperial, Petrópolis

A viagem para o exílio marcou uma mudança, o grande climatério da vida de D. Isabel. Pode-se comparar a alteração fundamental que ela viveu no ponto central de sua maturidade com o advento da menopausa no ciclo vital da mulher. Um estudo médico do fim do século XIX, baseado na história de mais de mil mulheres da Inglaterra e da França, constatou que, em média, a idade da menopausa era a de 45 anos e nove meses. Embora nenhuma evidência mostre precisamente quando D. Isabel passou por essa mudança na vida, o exílio ocorreu quando ela tinha 43 anos, bem próxima, portanto, da idade média da menopausa.

O ciclo reprodutivo coincidiu com sua carreira pública no Brasil. A cerimônia de 29 de julho de 1850, que a reconheceu como herdeira do pai, realizou-se mais ou menos à época da menarca. Ela se casou poucas semanas depois da maioridade, a idade legal em que podia ascender ao trono imperial. Durante a primeira regência, D. Isabel ficou cada vez mais ansiosa para desempenhar o papel que lhe cabia de gerar um filho e possível herdeiro do trono. Regente pela segunda vez cinco anos depois, ela se ocupou de cuidar do primeiro filho e de engravidar novamente. À época da terceira regência, uma década mais tarde, tinha três filhos, de modo que havia cumprido o dever da maternidade. Numa abordagem da mulher e da medicina na era vitoriana, uma autora argumentou, acerca da menopausa, que, "uma vez perdida a capacidade de engendrar filhos, o mundo da mulher se caracterizava pela perda de sentido" (Vertinsky, 1990, p.89). Paralelamente, o golpe de 15 de novembro de 1889 privou D. Isabel do papel de futura imperatriz. Coube-lhe viver ainda três décadas na França, período durante o qual, tanto na avaliação de seus contemporâneos como na da posteridade, ela nada fez que merecesse atenção.

Embora a maior parte dos textos médicos e livros de aconselhamento do século XIX seja unânime em encarar a menopausa como o fim do curso da vida da mulher em termos de valor físico, intelectual e social, a opinião desses autores — homens — re-

Princesa Isabel do Brasil

fletia atitudes de gênero solidamente estabelecidas, não a experiência feminina. É bem verdade que, na era vitoriana, somente uma minoria de moças podia ter a esperança de viver até a idade da menopausa e ultrapassá-la, contudo, a mudança de vida não era, por si só, causa de morte. O que matava ou abreviava a existência da maioria das mulheres eram os perigos da gravidez e do parto. As que viviam a experiência da menopausa podiam esperar passar a ter mais saúde e sobreviver aos homens da mesma geração. Naturalmente, as circunstâncias externas continuavam a moldar a vida da mulher. Na melhor das hipóteses, a mulher da classe média ou alta podia prever que seria uma viúva abastada, dona de sua própria vida e respeitada pelos filhos e descendentes. Na pior, teria de administrar com parcos recursos um marido inválido ou pais idosos. Não obstante, depois da menopausa, a mulher podia comandar a própria vida numa medida anteriormente impossível. De fato, ela se tornava dona de si.

A partir de 15 de novembro de 1889, D. Isabel tornou-se muito dona de si, embora, durante a longa viagem ao exílio, as perspectivas não parecessem claras nem promissoras. No *Alagoas*, passou muito tempo anotando por escrito as reações que tivera diante dos últimos acontecimentos. Nessas notas, a maior parte das quais ela incorporou a "Memória para meus filhos", manifestou o que sentiu pelo golpe, "a maior infelicidade da nossa vida". Antes e acima de tudo, culpou os políticos, que, em sua opinião, deixaram de cumprir o dever:

> Como o Ministério, e especialmente os ministros da Guerra, da Marinha e da Justiça e o presidente do Conselho, por estes não sabiam nada? Imprudência! e mais imprudência! descuido ou o quê? Uma vez que a força armada toda estava do lado dos insurgentes, todos nós, nem ninguém poderia [sic] fazer senão o que fizemos. (Magalhães Jr., 1957, 2, p.395-6)

Se estivessem informados da situação real, D. Pedro II e o conde d'Eu ter-se-iam posicionado em Petrópolis, afirmou ela, e não

271

se deixariam levar para a armadilha do Rio de Janeiro. Seu pai fora traído por aqueles nos quais tinha mais razão para confiar. Nas notas, D. Isabel se diz calma e resoluta. Quando Gastão quis ir a Petrópolis, ela se opôs.

> Quanto a mim, que sempre vejo tudo pelo melhor, estava longe de pensar que sucederia o que sucedeu e, portanto, atuou muito no meu espírito a ideia de não fazermos um papel que mais tarde tornasse menos fácil a nossa posição, podendo-se nos acusar de pusilanimidade ... Não quis sair logo do Paço Isabel, temi que talvez, não sendo as coisas como se diziam, não viessem mais tarde acusar-me de medo, do que, aliás, nunca dei prova. (ibidem)

Suas palavras eram uma negação indireta e, portanto, uma refutação da percepção prevalecente das mulheres como frágeis mortais incapazes de, como os homens, enfrentar o perigo ou reagir friamente aos desafios.

Seu texto também deixa claro que ela não se considerava, de modo algum, responsável pela derrocada da monarquia. "Numa conversa sobre os acontecimentos que haviam dado lugar à crise e as acusações de intervenção que nos faziam, dissemos [ao comandante da canhoneira *Parnaíba*] que nunca nos envolveríamos nos negócios do Estado" (ibidem, 2, p.402). Coerentemente com a atitude de D. Isabel em relação à política e às questões públicas, suas memórias têm escassas referências às causas do declínio do regime e tampouco avaliam os motivos pelos quais os acontecimentos tomaram o rumo que tomaram.

A indiferença pelo poder e a tendência a aceitar o mundo tal como era explicam por que suas memórias denotam pouco ou nenhum sentimento de perda ou privação. Sua queixa por ter deixado de ser herdeira do trono tinha a ver com o fato de ser obrigada a deixar o país em que nasceu sem nenhuma certeza de um dia voltar. Em 23 de novembro, profundamente entristecida com a última vista do Brasil, D. Isabel exprimiu seus sentimentos por escrito:

Princesa Isabel do Brasil

Não se pode ser completamente feliz neste mundo! Meu verdadeiro bom tempo já passou! Conserve-me Deus ao menos aqueles que amo! A pátria de minhas melhores afeições afasta-se cada vez mais! Que Deus a proteja! A lembrança das horas felizes me sustenta e me abate![1]

Mas a situação não era tão simples. A vida de D. Isabel no Brasil sempre se definira por seu papel de herdeira do trono, o qual lhe dava pouca satisfação. Depois de se casar em 1864, tinha passado nada menos que seis anos na Europa, onde era a condessa d'Eu, virtualmente uma pessoa privada. Em novembro de 1889 estava, simultaneamente, a caminho do exílio e de volta a um estilo de vida familiar. Todos os seus parentes moravam na Europa, nenhum deles no Brasil. Se fora obrigada a abandonar um círculo de amizades, as suas duas amigas mais queridas estavam viajando com ela. A França, onde a família imperial se fixaria, não despertava temores nem lhe oferecia perigo. Seu domínio da língua era excelente. Ela era bicultural e bilíngue. Na França, poderia praticar a sua religião sem restrições nem censuras, e assegurar-se de que os filhos receberiam uma educação católica.

A viagem a bordo do *Alagoas* se arrastou de 18 de novembro a 7 de dezembro de 1889. D. Pedro II, que não perdeu o habitual autocontrole, passou os dias lendo em voz alta e embrenhando-se em colóquios intelectuais. Evitava qualquer menção aos acontecimentos recentes ou aos planos para o futuro. D. Teresa Cristina, emocionalmente devastada pelo exílio, começou a adoecer. Pedro Augusto, transtornado com a súbita mudança do destino, desenvolveu uma aguda mania de perseguição que tornou necessário seu confinamento na cabine durante alguns dias. Como observou D. Isabel, "tivemos sérios receios pelo seu juí-

---

1 AHMI POB, Cat. A, Maço 207, Doc. 9413, nota escrita em francês por D. Isabel, traduzida e citada em Lacombe (1989, p.265).

zo" (Magalhães Jr., 1957, 2, p.401). O conde d'Eu, na medida do possível, encarregava-se de oferecer aos filhos trabalho escolar e exercício físico. D. Isabel passou a maior parte dos dias na companhia dos Dória e dos Tosta. Não foi um período alegre. Ao contrário do ex-imperador, que se recusava a discutir seus planos, a D. Isabel e ao conde d'Eu não restava outra coisa senão pensar na vida futura. O lugar de residência e as finanças os preocupavam consideravelmente. Em relação à primeira questão, o amor de D. Isabel pelos pais e seu senso de dever não lhes davam opção.

Pelo menos nos primeiros meses, era provável que toda a família morasse na mesma casa. Mais urgente era o problema financeiro. A família imperial não levava nenhum dinheiro para o exílio e não tinha bens na Europa. Na primeira etapa da viagem, D. Isabel e o marido passaram muito tempo escrevendo cartas e instruções sobre a administração de seus negócios e propriedades no Brasil. Como estavam muito endividados, tanto a princesa como seus pais dependiam totalmente do estipêndio que recebiam do tesouro brasileiro. Por ora, o governo provisório havia prometido continuar o pagamento. Também decretara que o monarca deposto receberia a importância de cinco mil contos de réis (o equivalente a seis vezes a sua renda anual). Só em 27 de novembro, quando o *Alagoas* já se aproximava do arquipélago de Cabo Verde para a primeira escala, foi que o ex-soberano pensou nessa oferta. "Minha opinião foi aceitá-la desde que fosse dada a título de garantia dos benefícios que a lei garante à família imperial", escreveu Gastão d'Orléans à condessa de Barral. Foi D. Isabel que se ateve ao princípio. "Mas a princesa se opôs, apoiada por Tosta e Dória, e, ademais, soube-se que o imperador havia dito a M. Maia que não queria receber nada."[2] O texto de D.

---

2 De Gastão, conde d'Eu, à condessa de Barral, *Alagoas*, 27 de novembro de 1889, impresso em "A deposição do imperador e a viagem para o exílio", *Anuário do Museu Imperial*, v.16, p.238, 1955.

Isabel não toca nesse assunto. Entretanto, é dela a caligrafia no esboço da declaração que declina a concessão. Uma cópia assinada por D. Pedro II foi enviada ao Brasil de Cabo Verde. D. Isabel teve dois momentos de satisfação no trecho final da viagem para o exílio:

> Já no dia 1º meu coração sobressaltava-se ao ver içar, ao sair de São Vicente, a nossa bandeira, ainda não hasteada neste vapor desde a partida. Não pude deixar de bater palmas e tive um momento de grande júbilo. Parecia-me a esperança! Lembrei-me de tantos momentos de verdadeira felicidade! (Magalhães Jr., 1957, 2, p.401)[3]

O dia seguinte, 2 de dezembro, era o do sexagésimo quarto aniversário de seu pai. D. Teresa Cristina estava de cama, com gripe, mas os outros membros da família e o séquito se reuniram para comemorar a data. Num jantar especial, serviu-se champanhe.

> Bebemos à saúde de Papai, ele respondeu às nossas saúdes brindando: À prosperidade do Brasil! Todos cordialmente tomaram parte no nosso regozijo, e o comandante e gente de bordo mostravam-se especialmente dispostos a nos testemunhar sua simpatia por todos os meios possíveis ... Todos os da comitiva escreveram pensamentos, que, assinados, viemos entregar a Papai. (ibidem, p.400-1)

O tributo que a princesa escreveu em seu próprio nome e no do marido refletia esses sentimentos:

> Depois de tanta angústia, o dia de seus anos, nosso querido Papai, afigura-se-nos como o raiar da aurora de dias menos tristes. Possa esta esperança, que desperta o dia 2 de dezembro, se realizar; possamos nós todos, pelo menos ainda por muitos e muitos

---

3 A bandeira hasteada no *Alagoas*, durante a viagem do Rio de Janeiro a São Vicente, era uma improvisação, cópia das estrelas e das listras da bandeira norte-americana, se bem que usando o verde e o amarelo. A "nossa bandeira" era a do império brasileiro.

anos, passar este dia tão caro para nós ao lado do nosso querido Papai a quem tanto de coração amam seus filhos.[4]

Como indicam essas palavras, os acontecimentos de 15 de novembro não fizeram com que D. Isabel fraquejasse em sua devoção ao pai. Bem cedo, na manhã de 7 de dezembro, o *Alagoas* atracou em Lisboa. Os exilados foram recebidos com honras reais pelo sobrinho-neto de D. Pedro II, o rei Carlos I, recentemente elevado ao trono de Portugal. O interesse público se concentrou, naturalmente, no imperador deposto, cuja serena dignidade despertou muita admiração. Deu-se pouca atenção ao conde d'Eu e ainda menos à D. Isabel. Um jornalista português escreveu:

> Bondoso e de trato agradável, um pouco surdo, Sua Alteza o sr. conde d'Eu esteve muito tempo conversando conosco. Recebeu-nos com íntima satisfação, desejando saber notícias do Brasil, interrogando-nos sobre os mais pequenos detalhes das notícias que lhe íamos dando e que sabíamos dos telegramas que têm chegado a Lisboa.

Depois de sintetizar a conversa sobre os acontecimentos de 15 de novembro, o periodista prosseguiu:

> Estávamos falando com o sr. conde d'Eu, quando se acercou de nós Sua Alteza a Princesa Imperial.
> — Diga-nos, nos perguntou a sra. condessa d'Eu, o que é aquela horrenda coisa que está junto à Torre de Belém?
> — É um gasômetro pertencente à nova companhia do gás, lhe respondemos.
> — É pena terem assim estragado aquele belo monumento.
> — Sua Majestade o imperador demora-se em Lisboa? Vem fixar a residência no nosso país?

4AGP XL-2, de D. Isabel a D. Pedro II, a bordo do vapor *Alagoas*, 2 de dezembro de 1889.

Princesa Isabel do Brasil

— Não sei; mas quase tenho a certeza que não. O imperador vai residir para Cannes. Diga-me, está adotada já a nova bandeira do Brasil?

— Os últimos telegramas, lhe dissemos nós, dizem que até as Constituintes é mantida a antiga bandeira.

— Alegra-me isso. Achava revoltante que se impusesse pela vontade de dois ou três homens uma nova bandeira à pátria. E ainda falamos sobre coisas do Brasil, que nada adiantam.[5]

Para o jornalista e, aliás, para quem ia ler essa reportagem, D. Isabel não era uma pessoa cujas opiniões tivessem peso. Existia como mera adjunta do pai e do marido.

O séquito imperial ficou dez dias em Lisboa. Então, D. Isabel, com a família, Pedro Augusto, os Tosta e os Dória, empreendeu viagem para o sul da Espanha, ao passo que o imperador, D. Teresa Cristina e seus acompanhantes foram visitar o norte de Portugal. Os dois grupos marcaram encontro no norte da Espanha, de onde seguiriam para a França. D. Isabel e seu grupo fizeram uma excursão pitoresca, que terminou em Madri quinze dias depois. Amandinha Dória contou o que então se passou:

Em caminho soubemos que a nossa mui querida Imperatriz estava mal. Não nos quiseram dar de chofre a fatal notícia, pois todos na Espanha já sabiam que Sua Majestade, no dia 28, às 2 horas da tarde, tinha falecido no Porto, de uma síncope cardíaca.

Ainda ignorando este triste fato, fomos à missa das 11, na igreja de Santa Ignez.

De volta ao hotel, abrindo o Príncipe vários telegramas que lhe eram dirigidos, encontrou neles a terrível notícia e logo romperam os prantos e soluços de S.S. A.A. e de todos nós, que muito amávamos nossa Imperatriz.[6]

---

5 *Gazeta de Portugal*, 8 dez. 1889, reproduzindo a entrevista de *Novidades*, 7 dez. 1889.

6 IHGB, Lata 658, Livro 6, manuscrito intitulado "Notas de viagem", de Amanda Dória, baronesa de Loreto (daqui por diante citado como "Notas de viagem"), anotação de 29 de dezembro de 1889.

277

A gripe que a ex-imperatriz contraíra no *Alagoas* piorou em Portugal, em parte porque D. Pedro II não fez caso do estado da esposa nem se dignou a alterar o seu ritmo habitual de atividades por causa dela. No Porto, na manhã de sua morte, quando ela pediu a presença de um sacerdote, o monarca deposto tinha saído para ver os pontos pitorescos da cidade. D. Teresa Cristina morreu praticamente sozinha. O remorso de D. Pedro resultou num intenso pesar e prostração física. Só lhe restou buscar consolo na filha.

D. Isabel e seus acompanhantes dirigiram-se apressadamente à cidade do Porto, lá chegando em 30 de dezembro. D. Teresa Cristina estava sendo velada no hotel. Ao ver o corpo da mãe, ela desmaiou. Sua relação com D. Teresa Cristina era complexa. Na infância, as duas eram muito unidas, porém a princesa não tardou a se deixar atrair pelo pai dominante. A nomeação da condessa de Barral como aia, em 1856, prejudicou ainda mais a posição da imperatriz. Depois de se casar, em 1864, D. Isabel passou a usar a mãe como uma fornecedora de comida, roupa e serviços, conquanto tenha sentido necessidade de protegê-la. Sua própria convivência com Gastão d'Orléans só fazia deixar clara a carência de afeto e apoio que sua mãe sofrera durante muitos anos. À dor e ao transtorno causados pela morte de D. Teresa Cristina acrescentou-se a notícia de que, no dia 21 de dezembro, o governo provisório suspendera a pensão anual paga à família imperial e banira o ex-imperador e seus descendentes do solo brasileiro. É provável que a ideia de nunca mais voltar à pátria adotiva tenha contribuído para matar a ex-imperatriz.

O governo português organizou exéquias oficiais para D. Teresa Cristina, em Lisboa, fixando a data de 9 de janeiro, pouco depois da cerimônia de comemoração da ascensão do rei Carlos I. Até lá, D. Pedro II, a família e seu séquito tiveram de permanecer no Porto, no hotel em que a imperatriz falecera. Praticamente não havia dinheiro para custear as despesas de hospe-

Princesa Isabel do Brasil

dagem e do funeral. O conde d'Eu informou ao pai: "Quanto à situação financeira, no momento está reduzida a *zero*, tanto para ele [D. Pedro II] quanto para nós".[7] Um importante comerciante do Porto, que fizera fortuna no Brasil, emprestou uma importância considerável ao monarca deposto. Embora não tivessem participado da transação, D. Isabel e o marido, já muito endividados no Brasil, decidiram reduzir as despesas ao mínimo.

O falecimento de D. Teresa Cristina e o decreto de banimento do Brasil alteraram a dinâmica do relacionamento de D. Isabel com o pai. Embora ela não tenha passado a amá-lo menos, ele perdeu a capacidade de comando. Em vez de servir de distração e relaxamento de seus deveres, a filha tornou-se uma necessidade para ele, o ponto central de sua existência. Para D. Isabel, os vínculos com o pai constituíam apenas uma das dimensões de sua vida. Sua atitude continuou a ser de devoção filial, no entanto, seu objetivo principal foi, cada vez mais, levar o pai a fazer o que lhe parecia melhor para ele. O fato é que esse sistema de manipulação se iniciara em agosto de 1888, quando do retorno do imperador ao Brasil. D. Isabel já estava acostumada a colaborar estreitamente com o conde de Mota Maia, o médico pessoal e companheiro de exílio de seu pai.

No dia seguinte ao do enterro, a comitiva imperial foi de trem para Cannes, o lugar de residência escolhido por D. Pedro II. A mudança na relação de D. Isabel com o pai ficou patente quando os viajantes interromperam a viagem para visitar o santuário de Lourdes. A princesa lá peregrinara em outubro de 1873 e, novamente, durante a permanência na França, entre 1878 e 1881, quando dedicou uma placa que diz: "Deo Gratias et Maria, 28 de julho de 1874 — 18 de outubro de 1875 — 26 de janeiro de 1878" (Calmon, 1975, 3, p.1048-9), as datas de

---

7 AGP XLI-1, de Gastão, conde d'Eu, a Luís, duque de Nemours, Lisboa, 7 de janeiro de 1890.

279

Roderick J. Barman

nascimento de seus três primeiros filhos. O ex-soberano, que outrora desdenhava as devoções prediletas da filha, não só assistiu à missa na Igreja da Gruta como comungou. Anotou em seu diário: "Tenho gostado de Lourdes".[8] Em Cannes, toda a comitiva se hospedou no Hotel Beau Séjour. Uma das primeiras responsabilidades de D. Isabel, com a ajuda de Amandinha Dória, foi abrir, a bagagem que a imperatriz levara do Brasil. Os membros do séquito receberam lembranças tiradas de seus pertences. No entanto, nem tudo foi tristeza. Muitos parentes de D. Isabel a visitaram. A visita mais bem-vinda foi a da condessa de Barral e de sua nora, irmã de Amandinha Dória. "Levamos a vida a mais frívola possível", anotou Amandinha em seu diário em 25 de janeiro, "imitando as elegantes que vivem na rua, entrando nas lojas e tomando chá ou comendo doces no Rumpelmeyer, o confeiteiro mais afamado de Cannes".[9]

D. Isabel e o marido trataram de retomar a vida autônoma. Matricularam os três filhos no College Stanislas, da ordem dos jesuítas. O francês fluente dos meninos facilitou-lhes a adaptação à escola. Geralmente acompanhada por Amandinha Dória, D. Isabel começou a procurar uma mansão para alugar. Tal como Amandinha anotou em 28 de janeiro, a princesa "deseja convencer o Imperador a fim de morar, com os Príncipes, numa casa e deixar a vida de hotel, extraordinariamente dispendiosa, só *em artigo hotel* mil francos por dia". E acrescentou: "Sua Majestade tem-se oposto a semelhante ideia, dizendo que prefere o hotel". No último dia do mês, D. Isabel e Amandinha foram examinar

Beau Site ou Villa d'Ormesson, esplêndida, vista magnífica, excelentes cômodos, perto do hotel Beau Site, que pertence ao

---

8 AHMI POB, Cat. B, Março 37, Doc. 1057 (daqui por diante citado como "Diário de D. Pedro II", anotação de 15 de janeiro de 1890.
9 "Notas de viagem", anotação de 25 de janeiro de 1890.

Princesa Isabel do Brasil

proprietários da casa ... e um belo jardim, ou parque inglês com o *lawn-tenis*, jogo da moda. O preço é de 500 francos pelo resto da estação.[10]

D. Isabel e o marido resolveram alugar o palacete, coisa que agora podiam, já que o pai de Gastão concordara em mantê-los com uma mesada até que a situação financeira melhorasse. D. Isabel ainda insistiu para que o pai os acompanhasse na mudança. "Questão de vivendas", anotou D. Pedro II em seu diário no dia 4 de fevereiro, "decidi não sair deste hotel. É difícil viajar com outros". Com isso, o ex-imperador estava se privando da facilidade de contato com a filha e a família, uma vez que a Villa Beau Site ficava do outro lado de Cannes, a uma boa distância do Hotel Beau Séjour. "Faz pena não poder ao menos S. M. ter na mesma habitação seus Filhos e Netos (hoje seu único consolo), e é igualmente triste para a querida Princesa estar longe de seu amado Pai", escreveu Amandinha Dória. "Ela tem derramado copiosas lágrimas, embora tencione vir constantemente vê-lo no Beau Séjour e tenha certeza de que, por seu lado, o Imperador diariamente estará em sua casa."[11]

A mudança de residência coincidiu com a partida dos parentes e amigos que tinham ido visitar D. Isabel em Cannes na metade de janeiro. Os Tosta a acompanharam na mudança para a Villa Beau Site, onde o casal se instalou. No entanto, os Dória não permaneceram em Cannes. Amandinha e o marido decidiram fazer uma longa excursão pela Europa, que ainda não conheciam. D. Pedro II fez sua primeira visita no dia seguinte: "Fui à Villa d'Ormesson, para onde foi minha filha com a família. Tem boa vista".[12] No domingo seguinte, retomou o antigo hábito de jantar na casa da filha. Todavia, como revela a anota-

---

10 Ibidem, anotações de 28 e 30 de janeiro de 1890.
11 Ibidem, anotação de 8 de fevereiro de 1890; anotação de 4 de fevereiro de 1890.
12 "Diário de D. Pedro II", anotação de 11 de fevereiro de 1890.

ção daquela data em seu diário, ele descobriu que o mundo já não era exatamente como antes:

> Depois de tomar café vou à casa de minha filha para jantar. 4h 20 não a achei e mesmo a encontrei em caminho, indo, conforme disse-me Gaston, para uma tômbola no colégio Stanislas. É difícil viajar com quem nos faz perder tempo. O Mota Maia foi dizer-lhe que eu estava aqui, e entretanto lerei. 6h 25 ... comecei a minha leitura à Isabel de *Luz e Calor* de Manuel Bernardes.[13]

Como deixa claro esse registro no diário, para D. Isabel, em sua vida nova, o cuidado com o pai não tinha prioridade sobre os interesses de sua própria família. Toda quinta-feira, os cinco iam jantar com D. Pedro II. Depois da refeição, Gastão voltava para casa com os filhos, e D. Isabel ficava com o pai até cerca de dez horas. Em todos os outros aspectos, cada qual levava uma vida à parte, como Gastão d'Orléans informou à condessa de Barral em meados de março: "Também sabemos menos do que nunca o que lá se trama [no Hotel Beau Séjour] no tocante a finanças ou política. Como é estranho! mas, no fundo, coerente com o que sempre foi". Nessa carta, ele ainda comentou que desde a sua estada na Inglaterra em 1870 não se sentia tão seguro e satisfeito como agora. "É até um grande prazer as nossas despesas serem um pouco inferiores ao orçamento estabelecido por papai, ao passo que lá [no Brasil] uma das minhas aflições, nos últimos 25 anos, era sempre gastar mais do que eu podia."[14] A residência em Cannes se estendeu até o fim de julho, quando se encerrou o ano letivo e venceu o contrato de aluguel da Villa Beau Site. Então a família imperial partiu para um circuito de visitas.

A primeira delas foi uma estada de quinze dias com a condessa de Barral, em Voiron, perto de Grenoble, nos Alpes fran-

---

13 Ibidem, anotação de 16 de fevereiro de 1890.
14 AGP XLI-5, de Gastão, conde d'Eu, à condessa de Barral, Cannes, 15 de março de 1890.

Princesa Isabel do Brasil

A Família Imperial e outros em Voiron, França, agosto de 1890
Cortesia do Arquivo Histórico do Museu Imperial, Petrópolis

ceses. Os Dória foram a Voiron no fim de sua excursão pela Europa. À D. Isabel, que conhecia a condessa e Amandinha havia mais de trinta anos, essas duas semanas deram oportunidade de recordar a juventude. Foi um período feliz, mas também um momento de mudança e despedida. "Não nos demoramos mais na Europa, meu marido e eu", recordou Amandinha na velhice, "porque ele precisava regressar ao Brasil para tratar da vida. Não éramos ricos" (Monteiro, 1925, p.82). Quando os Dória partiram, em 3 de agosto, D. Isabel não tinha certeza de que voltaria a ver a amiga. O mesmo se podia dizer acerca da condessa de Barral, então já idosa, com 74 anos.

Na segunda parada do itinerário, a estância alemã de Baden-Baden, D. Isabel tratou de cuidar da vida. Com o conde d'Eu, decidiu fixar-se definitivamente no subúrbio de Paris, onde houvesse uma escola adequada para os filhos. O casal esperava que

Roderick J. Barman

D. Pedro II concordasse em morar perto deles, se não com eles. Gastão foi o primeiro a deixar Baden-Baden, seguido pela esposa no dia 10. O ex-imperador anotou: "A Isabel veio já há algum tempo despedir-se pois que vai a Paris por alguns dias para ver casa nos arrabaldes para o inverno."[15] De Versailles, nos arredores da capital francesa, a princesa escreveu uma longa carta para o médico de seu pai.

Sr. Mota Maia,

É da mesa de jantar que lhe escrevo. Levamos todo o dia a correr ceca e meca. Tomamos todas as informações, não deixamos nada por indagar, e por ora só encontramos dois apartamentos que poderão servir para Papai, no 1º andar, e a sua família no 3º andar.

Quanto a nós, *impossível* achar qualquer cousa senão *villa*. Há uma que nos conviria, que não está longe do apartamento em Passy. Em Auteuil não há nada que sirva. A solução mais razoável para tanta complicação e dificuldade é mesmo Versailles, a não se querer meter Papai em apartamento de Paris mesmo, o que é menos conveniente.

Eis, pois, o que proponho, e para que lhe peço encarecidamente vá dispondo Papai, e o Nioac igualmente, para que a Papai fale nesse sentido. *Conto* com a sua dedicação e amizade. Diga a Papai que eu mesma não poderei ir para a minha *villa* já e que proponho vamos todos para o Hotel des Reservoirs em Versailles. Daí, quando eu sair para a minha *villa*, Papai iria para a casa do Nioac, por uns quinze dias, de onde voltaria, quando quisesse, para Versailles, de onde nós não podemos sair, à vista da educação dos meninos. Julgo mesmo mais digno e melhor para Papai o Hotel des Reservoirs (que é abrigado), uma vez que os apartamentos em Passy ou Auteil (os que achei) não estão neste caso, e eu vi tudo o que havia.

ICE [16]

---

15 "Diário de D. Pedro II", anotação de 5 de outubro de 1890.
16 AHMI I, DMM, 1889/96, I. c. 1-21, de D. Isabel ao conde de Mota Maia, s.d. [Versailles, 10 ou 11 de setembro de 1890].

A carta de D. Isabel deixou claro que, por mais que ela quisesse que seu pai passasse a residir perto deles, nenhuma recusa tolheria a decisão já tomada. D. Pedro II concordou em visitá-la na nova mansão perto de Versailles. Embora tenha se fixado na própria Paris, fazia muitas visitas para poder desfrutar "a companhia quase contínua de meus filhos e netinhos".[17] Sem dúvida, não houve meio de convencê-lo a mudar de planos. No começo de novembro, o ex-imperador voltou a Cannes com seu séquito.

Essa partida significou que D. Isabel, enfim, passava a ser inteiramente dona de si. Podia organizar a vida como bem entendesse nos limites das convenções que ela mesma aceitava e defendia. Tal como no Brasil, era uma existência enfocada na família, nos deveres religiosos e nas atividades sociais. Gastão d'Orléans continuou alvo do amor e da dedicação da esposa. Ainda que gostasse muito de viajar e conhecer lugares novos, D. Isabel preferia o lar e a vida doméstica. As cartas que escrevia, quando separada dele, estavam repletas de conforto e apoio, com frases como "Eu estou triste sobretudo por vê-lo tão abatido!".[18] Um comentário de D. Pedro II mostra como os dois se acomodavam um ao outro, cada qual entregando-se às suas atividades prediletas: "O Gaston esteve cá com os netinhos depois do almoço. A Isabel foi a Paris correr lojas e só virá aqui à noite. Não gosto desses passeios sem o Gaston, que não gosta de andar pelas lojas".[19]

Instalada na periferia de Paris, D. Isabel tinha a possibilidade de participar de inúmeros eventos culturais e sociais na capital francesa. Suas companheiras mais íntimas e constantes eram Mariquinha Tosta, baronesa de Muritiba, a amiga da infância que se exilara com ela, e Eugênia da Fonseca Costa, filha

---

17 "Diário de D. Pedro II", anotação de 5 de outubro de 1890.
18 AGP XL-1, de D. Isabel a Gastão, conde d'Eu, Vichy, 12 de agosto de 1891.
19 "Diário de D. Pedro II", anotação de 3 de outubro de 1891.

do visconde da Penha, uma brasileira que se mudara para Paris depois do 15 de novembro de 1889. As duas serviam, efetivamente, de damas de honra da princesa; aliás, Eugeninha Penha, como D. Isabel costumava se referir a ela, era sobrinha-neta da viscondessa de Fonseca Costa, que havia sido a dama de honra e confidente de D. Teresa Cristina.

Tanto a princesa como seu marido viam nos filhos o principal objeto de dedicação. À época em que a família fixou residência nos arredores de Versailles, seu filho mais velho, Pedro, completou quinze anos. Luís era dois anos mais novo, e Antônio ou "Totó", como o apelidaram, estava com nove. Os três meninos eram muito diferentes no caráter. Pedro era gentil e simpático, mas não gostava de estudar e, geralmente, se mostrava desajeitado. Luís tinha força de vontade, era muito ativo e perspicaz. Em março de 1890, seu pai comentou: "O Bebê Pedro sempre se destaca pela indolência e a inépcia", ao passo que "Luís faz exatamente o mesmo trabalho escolar sozinho, com um prestígio e uma capacidade admiráveis".[20] É provável que a facilidade com que Luís superava o irmão mais velho e a atitude crítica de seus pais tenham tornado Pedro menos disposto a competir, inibido que era em virtude do defeito no braço e na mão esquerdos. Totó era o típico caçula, um pouco mimado, em parte por causa dos constantes problemas de saúde, em parte graças à sua personalidade cativante. "Totó", como observou seu avô, "que está muito engraçado".[21]

Mesmo morando longe do pai, D. Isabel não descuidava dele. Os dois trocavam cartas e telegramas constantemente. Ela o visitou diversas vezes em Cannes, onde chegou a passar um mês, entre fevereiro e março de 1891. Essa longa permanência ajudou a consolá-lo de uma perda comum, a condessa de Barral,

---

20 AGP XLI-5, de Gastão, conde d'Eu, à condessa de Barral, Cannes, 15 de março de 1890.
21 "Diário de D. Pedro II", anotação de 4 de agosto de 1891.

Princesa Isabel do Brasil

falecida em 14 de janeiro. Assim que soube da doença da condessa, D. Isabel acorreu à sua cabeceira. "Voltamos ontem de uma triste *pélérinage*, que me encheu de dor, mas que estimamos fazer para prestar uma última homenagem à nossa tão querida condessa de Barral", escreveu a princesa a uma amiga da

D. Isabel com o pai e o filho mais velho, Pedro, em Cannes, abril de 1891
Cortesia do Museu Nacional Histórico, Rio de Janeiro

infância no Brasil. "Infelizmente só chegamos à Grande Garenne depois de ela morta, mas pudemos a acompanhar a seu último jazigo e rezar por ela junto de seu corpo."[22] Por mais triste que tenha sido para D. Isabel, a morte da condessa foi um golpe duríssimo para o seu pai, que muito precisou do consolo da filha durante o longo e rigoroso inverno de 1891. Durante as férias escolares, em janeiro e em abril, Gastão também foi visitá-lo com os filhos. Em 10 de abril, quando todos partiram, D. Pedro II escreveu no diário: "Fico muito e muito só até princípios de maio", quando ele se mudaria de Cannes para Versailles. Devido ao diabetes, o ex-imperador era muito menos ativo do que antes, com limitada capacidade de andar. No dia 13 de maio, celebrou com a filha o terceiro aniversário da abolição da escravatura. "Já dei bonito ramalhete à Isabel em lembrança do dia de hoje."[23] Somente duas outras pessoas, uma delas o filho do visconde do Rio Branco, estiveram presentes a essa modesta cerimônia. Um mês depois, D. Pedro II saiu de Paris para uma estada em Vichy, onde sua saúde piorou desastrosamente. D. Isabel lhe fez uma visita de uma semana no fim de junho e, acompanhada do filho Antônio e de Eugeninha Penha, passou um mês e meio com ele em agosto e setembro.

Durante essa segunda viagem, um incidente patenteou a independência de D. Isabel em relação ao pai. No domingo, 16 de agosto, D. Pedro II anotou no diário: "Excelente visita dos Bispos de Rodez e de Rennes, deste sobretudo, muito menos inteligente do que o outro."

Dois dias depois, D. Isabel escreveu ao marido:

> Diga a Margerite que o monsenhor Gonindard [bispo auxiliar de Rennes] está aqui, que ele pregou aqui, que domingo eu con-

---

22 AHMI I , DED , 1866/899, I. B. c. 1-40, de D. Isabel a Adelaide Taunay, Versailles, 18 de janeiro de 1891.

23 "Diário de D. Pedro II", anotações de 10 de abril, 13 de maio de 1891.

Princesa Isabel do Brasil

versei muito com ele (ele veio nos visitar, assim como o bispo de Rodez), que ele me pediu muito para não deixar de ir a Paray-le-Monial nessa ocasião, que vai facilitar, e que talvez eu consiga entrar no claustro, o lugar em que Nosso Senhor mostrou Seu coração à Santa Marguerite-Marie [Alacoque]! Eu vou ficar felicíssima! Vou rezar por nós três, pelos nossos três queridos que eu beijo de todo o coração!

D. Isabel começou imediatamente a preparar a peregrinação ao santuário dedicado ao Sagrado Coração. Em 20 de agosto, D. Pedro II apontou no diário: "Tive discussão com a Isabel que pretende ir a Paray-le-Monial, o que lhe aumentará a fama de beata, prejudicando-a na opinião. Mas não faz mal e vá". No dia seguinte, ele comentou: "Acabo de dizer adeus à Isabel; apesar do que lhe aconselhei, insistiu em ir a Paray-le-Monial". Na noite de 22 de agosto, depois de seu retorno, ele simplesmente escreveu, "10h 30. Minha filha e o Totó, assim como Eugeninha [Penha]". No dia seguinte, D. Isabel enviou uma carta extática ao marido: "Que hei de lhe dizer sobre Paray-le-Monial? Quando voltamos a Moulins, foi como se tivéssemos caído do céu na terra. Deixei aquele santuário sagrado com saudades. Lá eu consagrei Totó ao Sagrado Coração. Que ele o proteja!". Em suma, D. Isabel finalmente era independente do pai. Já não se empenhava em fazer o que agradava a ele. No dia 12 de setembro, D. Pedro II escreveu: "A Isabel veio dar-me boas noites. Não gostou do teatro. Dei-lhe notícias da morte de Peruzzi, que mostrou não conhecer apesar de tanto dever ter visto este nome no que lhe escrevi da minha viagem pela Itália".[24] Ex-diplomata, escritor, político e campeão da unificação italiana, Ubaldino Peruzzi era exatamente o tipo de pessoa que D. Pedro II admirava, mas que não despertava o menor interesse em D. Isabel.

---

24 "Diário de D. Pedro II", anotações de 16, 20, 21 e 22 de agosto de 1891 e de 12 de setembro de 1891; AGP XL-1, de D. Isabel a Gastão, conde d'Eu, Vichy, 16 e 22 de agosto de 1891.

A melhora da saúde do ex-imperador lhe permitiu sair de Vichy em meados de setembro. Depois de uma estada em Versailles, ele seguiu para Paris, onde D. Isabel e Gastão passaram a visitá-lo pelo menos três vezes por semana. No começo de novembro, a política interferiu subitamente. Manuel Deodoro da Fonseca, presidente desde 15 de novembro de 1899, perdeu a paciência com a oposição e dissolveu o Congresso, assumindo poderes ditatoriais. Seu ato levou o país à beira da guerra civil. Durante alguns dias, pareceu possível a restauração do regime imperial. Em Paris, um pequeno grupo de monarquistas foi consultar D. Pedro II sobre as medidas a serem tomadas. Ao que tudo indica, o plano era que tanto D. Pedro II como D. Isabel abdicassem em favor de Pedro, agora com dezesseis anos. O jovem príncipe voltaria ao Brasil acompanhado do avô, que seria o regente até que ele chegasse à maioridade em outubro de 1893. D. Isabel e o marido permaneceriam na Europa para não prejudicar o sucesso do esquema. Embora ela não tivesse participado dessas discussões, o plano seria inviável sem o seu consentimento. Consultaram-na no dia 12 de novembro e, como D. Pedro II anotou em seu diário, "o resultado foi o que receava".[25]

O motivo ostensivo da recusa de D. Isabel foi sua resistência a deixar o filho, um rapazinho ainda impressionável, retornar ao Brasil, onde a atmosfera política e intelectual, que ela conhecia muito bem, era hostil ao catolicismo. A nova república privara essa religião do *status* de religião do Estado, e ninguém, nem mesmo os bispos, queria reverter semelhante medida. De modo que, se coroado imperador, Pedro governaria um Estado laico, cercado de conselheiros irreligiosos. Na opinião de D. Isabel, a fé de seu filho mais velho estaria em perigo. No caso, sua recusa em consentir não teve consequência. Em 21 de novembro, a marinha se revoltou contra Deodoro da Fonseca, que, para evitar derramamento de sangue, preferiu renunciar. O vice-

---

25 "Diário de D. Pedro II", anotação de 13 de novembro de 1891.

-presidente assumiu o cargo e a legislatura foi restaurada. A crise imediata terminou.

Esses desenvolvimentos no Brasil não tardaram a passar a segundo plano por causa dos acontecimentos em Paris. D. Pedro II apanhou um resfriado que evoluiu para pneumonia. O diabetes impossibilitou a recuperação. Nas primeiras horas de 7 de dezembro de 1891, ele morreu no Hotel Bedford, bem atrás da igreja Madeleine, no centro de Paris. No quarto se achavam D. Isabel com o marido e o sobrinho Pedro Augusto, além de Maia Mota, o antigo médico do imperador, seu mordomo Aljezur, os Tosta e cerca de vinte outros brasileiros. Os presentes primeiramente beijaram a mão do falecido e depois a de D. Isabel, num reconhecimento formal da sua posição de herdeira do trono. E como tal ela foi tratada nos dias que se seguiram à morte do pai. O governo francês deu exéquias de Estado a D. Pedro II, com honras oficiais na igreja Madeleine. Acompanhado por D. Isabel e toda a família, o caixão seguiu de trem a Lisboa para uma segunda cerimônia fúnebre oficial. D. Pedro II foi sepultado no mausoléu real, ao lado de sua esposa.

No espaço de dois anos, D. Isabel perdera a mãe e o pai. Agora, aos 45 anos de idade, acabava de se tornar o membro mais importante da família, apta a traçar o próprio rumo. Com a venda da propriedade de seus pais no Brasil, ela herdou a metade do dinheiro. Tornou-se financeiramente independente, embora grande parte da herança tenha servido para pagar as gigantescas dívidas que D. Pedro II contraíra em dois anos de exílio. D. Isabel e o marido puderam adquirir casa própria, uma vasta mansão no subúrbio parisiense de Boulogne-sur-Seine, onde passaram a ter uma existência convencional e bastante frugal. Dedicavam o tempo à criação dos filhos e ao cuidado do pai de Gastão d'Orléans, o já muito idoso duque de Nemours. À parte o fato de ser a verdadeira governante do Brasil aos olhos dos monarquistas, nada distinguia D. Isabel — nem na aparência, nem no comportamento — de mil outras damas da aristocracia francesa.

Por ocasião da queda do regime imperial, a restauração parecia impossível. No fim de 1889, o editor do *Jornal do Comércio*, o mais importante do país, havia comentado:

> É minha opinião que deve ser completamente banido do espírito de todo homem sensato a esperança de restauração monárquica no Brasil; tentar qualquer coisa nesse sentido seria hoje loucura e até crime contra a pátria, que seria ensanguentada e nunca mais se constituiria tal que foi.[26]

O espectro da guerra civil que pairou sobre o Brasil em novembro de 1891 foi afastado com a renúncia do presidente Deodoro da Fonseca. Seu sucessor, o general Floriano Peixoto, era muito mais determinado, implacável e matreiro. Seu estilo autocrático de governo despertou uma oposição generalizada, principalmente entre os rivais nas forças armadas. Ele tratou os dissidentes com inclemência.

Em novembro de 1892, um grupo de monarquistas dirigiu um apelo a D. Isabel:

> A reação contra a ordem de cousas instituída a 15 de Novembro de 1889 lavra profunda e extensamente em todas as províncias, sendo que a do Rio Grande do Sul está prestes a romper movimento de combate. Para seu completo êxito e triunfo definitivo da causa, de que é V. M. I. a primeira e única legítima representante, e causa que a maioria da Nação adota, são necessários recursos pecuniários que, nas circunstâncias atuais do país, impossível é nele reunir.[27]

Os conspiradores queriam que D. Isabel avalizasse suas promessas de que a monarquia restaurada restituiria com ju-

---

26 João Carlos de Sousa Ferreira a François Picot, Rio de Janeiro, 28 de dezembro de 1889, In: *1º Centenário*, p.216.

27 IHGB, OP, Lata 427, Doc. 19, esboço de um apelo a D. Isabel, datado de Rio de Janeiro, novembro de 1892.

ros todo o dinheiro emprestado para apoiar a rebelião. Também lhe pediram que sancionasse a própria rebelião, pois "que é tempo de agir; porquanto perdido o atual ensejo, dificilmente se nos oferecerá outro de restabelecer-se a ordem, a liberdade e a legalidade neste desgraçado país, ameaçado das mais terríveis desgraças".

Sem ofender os autores do apelo, D. Isabel formulou uma resposta em termos que não davam lugar a dúvida quanto à sua atitude.

> Meu Pai, com seu prestígio, teria provavelmente recusado a guerra civil como meio de tornar a voltar à pátria ... lamento tudo quanto possa armar irmãos contra irmãos ... Não julgo do papel do poder moderador envolver-se em luta, sobretudo quando seu bom êxito só se me apresenta como possível. Não posso deixar de lembrar que, no caso de mau êxito, a tentativa atual tornaria mais difícil qualquer outra mais certa quando os espíritos mais amadurecidos estivessem, e mais aptos a consolidar o que fosse feito.[28]

Ela não chegou a proibir a tentativa, mas tampouco a afiançou. Numa resposta particular, enviada a João Alfredo, chefe do gabinete durante sua terceira regência, foi mais explícita na expressão de sua oposição:

> De forma alguma desejo animar semelhante guerra, e tanto mais que não vejo nela base segura e nem êxito provável ... Quando a política deixará de empregar meios que diminuem a grandeza moral dos povos e das pessoas? É assim que tudo se perde e que nós nos perdemos. O senhor, porém, conhece meus sentimentos de católica e brasileira.[29]

---

28 D. Isabel aos srs. Ouro Preto, Lafaiette e João Alfredo, Boulogne-sur-Seine, 4 de dezembro de 1892.

29 UFP JA, de D. Isabel a João Alfredo Correia de Oliveira, Boulogne-sur-Seine, 4 de dezembro de 1892. A Constituição de 1824 criara quatro ramos do governo, confiando o poder moderador ao imperador.

Tanto o apelo do líder monarquista como a reação — pública e privada — de D. Isabel refletiam a divisão de gênero. Para os monarquistas, recorrer às armas era uma necessidade não só por causa do governo despótico de Floriano Peixoto, mas também porque, em tais circunstâncias, os homens deviam mostrar resolução, coragem e disposição para agir com ousadia. A violência era a reação masculina adequada. A rebelião armada parecia muito menos justificável a D. Isabel, que considerava o uso da força incompatível com o cristianismo. O *glamour* da batalha não significava nada para ela, que antes de tudo pensava nos mutilados, nas viúvas e nos órfãos: "Quanto preferível seria que a persuasão moral, só, para lá nos fizesse voltar! ... Dói-me o coração pensar que talvez só leve a fazer ainda maior número de infelizes".[30]

A prometida insurreição irrompeu em fevereiro de 1893, e a guerra civil se prolongou até 10 de agosto de 1894. No fim, o presidente da República triunfou. Tal como previra D. Isabel, o conflito não levou à restauração. Os monarquistas não conseguiram mobilizar apoio popular suficiente e não lograram derrotar as forças armadas. Para tanto, a causa devia ter sido liderada por um príncipe guerreiro — ousado, bravo e com recursos —, semelhante ao príncipe Alfonso, que, em 1874, derrubara a república espanhola e subira ao trono como rei Alfonso XII. O Brasil não contava com semelhante salvador. Pedro, o filho mais velho de D. Isabel, chegou à maioridade em outubro de 1893, mas não tinha desejo nem capacidade de assumir a causa. Seu primo Pedro Augusto, o sobrinho mais velho da princesa, por certo estava disposto, mas, depois da morte de D. Pedro II, sua conduta passou a se tornar cada vez mais desequilibrada, e em outubro de 1893 ele tentou o suicídio. Seu pai foi obrigado a interná-lo num asilo, onde passou o resto da vida.

---

30 UFP JA, de D. Isabel a João Alfredo Correia de Oliveira, Boulogne-sur-Seine, 4 de dezembro de 1892.

O conde d'Eu já próximo da velhice
Cortesia da Biblioteca Nacional, Rio de Janeiro

A recusa de D. Isabel a apoiar a guerra civil no Brasil não significou que ela não tivesse um papel ativo no conflito. Na resposta ao apelo dos monarquistas, assinou simplesmente "Isabel", o que assinalava sua pretensão à coroa. Os interesses políticos favoráveis a Floriano Peixoto insistiam em dizer que a restauração da monarquia significava aceitar D. Isabel como imperatriz, e usavam esse fato para denegrir os rebeldes e angariar apoio ao regime. Todos os preconceitos de gênero associados ao exercício do poder foram mobilizados contra ela, que era retratada como reacionária e fanática religiosa.

Acostumados aos ataques da imprensa e à hostilidade pública, D. Isabel e o conde d'Eu estavam protegidos pela distância contra essa nova campanha desencadeada contra eles. Não sofreram nenhuma perda social com o fracasso da causa monarquista. Sua vida na França manteve o ritmo sereno com o passar dos anos. Em setembro de 1894, D. Isabel manifestou gratidão ao marido "pela sua boa carta do dia 2, escrita trinta anos depois que nos vimos pela primeira vez! Parece que ainda ontem eu o estava vendo, meu querido, no aconchegante salão de mamãe em São Cristóvão!".[31] No fim de junho de 1896, o duque de Nemours faleceu, e sua herança proporcionou segurança financeira ao filho e à nora. Um mês depois, D. Isabel comemorou seu quinquagésimo aniversário.

Na década de 1890, seus três filhos chegaram à idade adulta e passaram a ter vida própria. Em setembro de 1893, ela mandou notícias do mais velho a uma amiga de infância no Brasil: "A 25 Pedro parte para Viena. É preciso que faça alguma coisa e a carreira militar nos parece a única que ele deve seguir. Vai estudar na escola Militar de Wiener Neustadt", perto de Viena. "A separação é que vai me custar muito." Os irmãos mais novos seguiram Pedro na mesma escola militar.

No dia 18 Pedro era nomeado oficial depois de ter terminado com as melhores notas seus três anos de academia. As cerimônias foram muito belas e tocantes. Agora tenho todos os três comigo, o que é uma grande consolação para o Príncipe [o conde d'Eu] e para mim.

Seis anos depois, D. Isabel comentou: "Eis-me de novo em Boulogne depois de ter peregrinado muito. Neste momento estou só, Antônio tendo partido ontem com o Príncipe para a Áustria. Felizmente o Príncipe volta-me a 15".[32]

---

31 AGP XL-1, de D. Isabel a Gastão, conde d'Eu, Luchon, 4 de setembro de 1894.

32 AHMI, DED, 1866/889, I. B. c. 1-40, de D. Isabel a Adelaide Taunay, Dinard, 11 de setembro de 1893; AHMI, DVC, 30.3.867, I. B. bi. 1-4, de D. Isabel à viscondessa de Lages, Saint Gervais, 30 de agosto de 1896 Boulogne-sur-Seine, 4 de outubro de 1902.

Pedro, o filho mais velho de D. Isabel, com farda de oficial do exército Austro-Húngaro
Cortesia de Isabelle, condessa de Paris

Para preencher o vazio deixado pela partida dos filhos, ela se entregou com zelo e dedicação a todos os tipos de obras de caridade organizadas pela igreja católica. Apesar do tom hiperbólico, uma passagem do sermão feito em seu enterro dá uma ideia de sua rotina diária:

> Sua mão dava com generosidade tanto para os pobres quanto para a glória de Deus. Sua caridade não tinha limites senão os de uma fortuna demasiado modesta para a sua posição, para a régia generosidade com que sonhava o seu coração compassivo. Em Boulogne-sur-Seine, os sacerdotes, os presidentes e as presidentas de

obras competiam para solicitar a sua elevada patronagem para coletas, subscrições e festas beneficentes. Ela nunca a recusou.[33]

Em 1905, Gastão d'Orléans comprou o Château d'Eu, situado no vilarejo do mesmo nome, perto de Le Tréport, no litoral normando. O castelo, residência predileta do rei Luís Felipe, ficava no

D. Isabel embarcando em sua carruagem no Château d'Eu, em companhia do Dr. Francisco de Sousa Melo e do marido de Mariquinha Tosta, o barão de Muritiba
Cortesia do Arquivo Histórico do Museu Imperial, Petrópolis

---

33 *Discours prononcé par Mgr. de la Ville Rabel Archevêque de Rouen aux obsèques de S. A. I. et R. Madame la Comtesse d'Eu en l'église Notre-Dame d'Eu le 18 Novembre 1921* (Eu, França, sem data), 6.

Princesa Isabel do Brasil

centro da cidade, numa ampla elevação com vista para o rio Bresle. Três anos antes, um incêndio danificara consideravelmente aquilo que, na realidade, era uma enorme casa de campo construída no século XVI. "Contamos refazer o exterior. Quanto ao interior, só nos ocuparemos da Capela, o resto não sendo necessário, é muito dispendioso a restaurar", contou D. Isabel a Amandinha Dória.[34] Dali por diante, o casal decidiu passar o inverno e a primavera na mansão de Boulogne-sur-Seine e o verão e o outono em Eu. Transferiram-se para os amplos salões do castelo os pertences da família imperial — móveis, quadros, papéis — chegados do Brasil no início da década de 1890 e, em sua maior parte, guardados desde então. Os aposentos particulares de D. Isabel davam para os jardins formais projetado pelo célebre paisagista André Le Nôtre. Neles ela plantou várias centenas de roseiras de diferentes variedades, cujo perfume invadia o interior do castelo.

A aquisição do castelo, do qual provinha o título de conde de Gastão d'Orléans, fazia parte de um plano dinástico mais ambicioso. Em 1909, selou um acordo com o primo, o duque de Guise, aspirante ao trono da França, para que ele e seus descendentes constituíssem um ramo à parte da família real francesa. "O conde d'Eu pretendia ligar o filho Pedro a Eu a fim de transformá-lo num príncipe francês", comentou a filha mais velha de Pedro no fim da década de 1970. "Para tanto, chegou a tiranizar meu pai, que, por amor filial, deixava que ele o fizesse. O próprio testamento do conde d'Eu foi redigido de modo a vincular D. Pedro a Eu" (Isabelle, 1978, p.55). O que deu a Gastão d'Orléans a oportunidade de obrigar o filho mais velho a aceitar seu plano foi a esposa que este escolheu.

Em fevereiro de 1889, o conde d'Eu descrevera Pedro como "tão incapaz e descuidado nisso [jogar bilhar com D. Pedro II] quanto em tudo o mais"; não obstante, como contou sua mãe,

---

34 Arquivo do Museu Histórico Nacional, Rio de Janeiro, Coleção Loreto, de D. Isabel a Amanda Dória, baronesa de Loreto, citado em Lacombe (1989, p.273).

em 1896, Pedro concluiu "com as melhoras notas seus três anos de Academia".[35] Essa transformação não surpreende. Na escola militar de Wiener Neustadt, Pedro se viu livre, pela primeira vez na vida, da vigilância e das recriminações dos pais. Lá fez amizade com os quatro irmãos Dobrzensky de Dobrzenicz, barões do império austro-húngaro e descendentes da antiga nobreza tcheca. Visitou a propriedade da família em Chotebor, a sudeste de Praga, e lá conheceu a irmã deles, Elisabete. Assim como, em sua primeira viagem à Europa em 1865, D. Isabel descobrira um estilo de vida que lhe dava satisfação, agora seu filho mais velho estava descobrindo a existência que lhe convinha: despretensiosa, espontânea, doméstica. Embora a grande atração que ele sentia por "Elsi", como a chamavam, estivesse ligada a essa descoberta, a verdade é que o casal combinava muito em termos de caráter e temperamento. Como declarou sua filha mais velha: "Em geral surpreendente, o comportamento de meus pais às vezes causava assombro. Mas sua simplicidade, assim como sua naturalidade, fazia com que isso nunca escandalizasse ninguém" (ibidem).

Em compensação, Luís, o irmão mais moço de Pedro, era um ativista; ambicioso e voluntarioso, encarava o mundo como algo a ser conquistado. Praticante de alpinismo, escalou o Mont Blanc em 1896. A uma visita ao sul da África, seguiu-se uma longa e ousada excursão à Ásia Central e à Índia. Sobre essas três experiências ele escreveu e publicou. Era no segundo filho, não em Pedro, que D. Isabel e o conde d'Eu viam a pessoa capaz de manter a causa da monarquia no Brasil. Em abril de 1904, em carta a um importante monarquista brasileiro, ela observou: "Desejaria também que estivesse convencido de que não faço absolutamente questão de minha pessoa. Outro mais moço poderá estar mais no caso de ser útil, e, se ainda não soltei as rédeas é porque a mocidade pode ser temerária".[36]

---

35 AGP XLI-5, de Gastão, conde d'Eu, à condessa de Barral, Petrópolis, 9 de fevereiro de 1889.

36 UFP JA, de D. Isabel a João Alfredo Correia de Oliveira, 8 de abril de 1904, impresso em Calmon (1975, p.323).

Princesa Isabel do Brasil

Litografia da Família Imperial, enviada em cartão de Natal
Cortesia da Fundação Grão-Pará, Petrópolis

De volta de suas aventuras, Luís empreendeu exatamente o mesmo tipo de projeto. Resolveu visitar o Chile num vapor que fazia escala no Rio de Janeiro. Com sua presença, queria desafiar o decreto do governo provisório que banira a família imperial. Sua súbita chegada ao Rio de Janeiro revelou como era frágil o apelo do monarquismo no Brasil. A mão do tempo tinha sido implacável com "os venerandos chefes do nosso partido", escreveu ele ao subir a bordo do vapor. "Como os semblantes envelheceram, e quantos cabelos brancos!" (Orleáns-Bragança,

1913, p.6). Não havia uma nova geração monarquista que defendesse a causa. O governo nacional cumpriu o decreto de banimento, e Luís não foi autorizado a pôr os pés na terra natal. Mais tarde, relatou as experiências dessa viagem em *Sob o Cruzeiro do Sul*, publicado em 1913.

Mas essa ambição frustrada não ficou sem consolo. Seu irmão Pedro não renunciava ao desejo de se casar com Elisabete Dobrzensky, porém, D. Isabel e o conde d'Eu se recusavam a

Elisabete "Elsi" Dobrzensky, 1908
Cortesia de Isabelle, comtesse de Paris

Princesa Isabel do Brasil

consentir, pois a aspirante a noiva carecia de descendência real.
Mesmo quando o imperador Francisco José deu o título de conde ao pai de Elisabete Dobrzensky em 1906, eles continuaram a se opor ao casamento. Só em 1908, quando Luís ficou noivo de sua prima Maria Pia de Bourbon-Nápoles, foi que D. Isabel e o marido por fim concordaram com o casamento de Pedro: desde que ele abrisse mão do direito ao trono brasileiro em favor do irmão. Esse fato reforçou o plano do conde d'Eu de fazer do filho mais velho o chefe de um ramo independente da família Orléans. Pedro, que não estava interessado em ser monarca, assinou a renúncia no dia 30 de outubro de 1908. O casamento de Luís com Maria Pia foi celebrado em 4 de novembro, e o de Pedro com ... dez dias depois. No intervalo entre as duas núpc... ...eu ao Diretório Monarquista do Rio de Janeiro.

Pedro continuará a amar sua pátria e prestará a seu irmão todo o apoio que for necessário e estiver ao seu alcance. Graças a Deus, são muito unidos. Luís ocupar-se-á ativamente de tudo o que disser respeito à monarquia e a qualquer bem para nossa terra. Sem desistir por ora de meus direitos, quero que ele esteja ao fato de tudo, a fim de preparar-se para a posição à qual de todo coração desejo que ele chegue. Queiram, pois, escrever-lhe todas as vezes que julgarem necessário, pondo-o a par de tudo o que se for dando.

Minhas forças já não são o que eram, mas meu coração é o mesmo para amar a minha pátria e todos aqueles que nos são tão dedicados.

Toda minha amizade e confiança,

Isabel Condessa d'Eu [37]

---

37 IHGB OP, Lata 427, Doc. 19, de D. Isabel ao Diretório Monarquista, Château d'Eu, 9 de novembro de 1908; impresso em Saxe-Coburgo e Bragança (1968, p.105).

Essa carta foi escrita quase duas décadas depois do exílio de D. Isabel, e sua linguagem é reveladora. Ela continuava a viver conforme os padrões absorvidos no início da vida. O pretendente ao trono brasileiro tinha de se casar com uma mulher do mesmo *status*. Ao designar Luís herdeiro de seus direitos e agente seu, ela se distanciou do papel que lhe correspondia desde a morte do pai em dezembro de 1891. Já não assinava "Isabel", mas retrocedera para "Isabel, condessa d'Eu", que a identificava como uma pessoa privada. E enfatizou que essa mudança de *status* não implicava uma diminuição de seu amor pelo Brasil. Símbolo desse amor era o anacã que os acompanhara ao exílio. "A Princesa quer que lhe diga que o lindo papagaio paraense", o conde d'Eu informou ao doador em 1895, "que devemos há anos à sua fineza, aqui ainda está conosco e gozando de saúde. Os meninos não o deixam atrás nem nas viagens de férias".[38] Em suas memórias, *Joies et tristesses*, escritas aproximadamente no fim de 1908, D. Isabel menciona "nosso querido papagainho do Pará, nosso fiel companheiro de vinte anos, morto tão recentemente".

Um prazer que o casamento dos filhos deu a D. Isabel foram os netos. "Estou à espera do terceiro neto, filho do Pedro", escreveu a João Alfredo em agosto de 1914. "Junto envio-lhe uma fotografia minha com meus netos do Luís. Pedro Henrique [o filho mais velho de Luís] cada vez se desenvolve mais e é criança inteligentíssima. Os avós têm um amor especial pelos queridos netinhos."[39] Marie Isabelle, a neta mais velha de D. Isabel, recordou:

> Minha avó tinha adoração por mim, e eu me orgulhava muito desse amor; agora me pergunto se o retribuí suficientemente. Ela me mimava tanto.

---

38 AHMI I, DLC, 7.4.886, Orl. c. 1-18, de Gastão, conde d'Eu, a Ambrósio Leitão da Cunha, barão de Marmoré, Boulogne-sur-Seine, 17 de setembro de 1895.

39 UFPJA, de D. Isabel a João Alfredo Correia de Oliveira, 11 de agosto de 1914, impresso em Calmon (1975, p.34), que lhe atribui a data incorreta de 1911.

Eu era a neta querida dos meus avós ... Tinha um amor voraz de gatinha por minha avó e uma ternura imensa por meu avô (Isabelle, 1978, p.53-4).

O motivo da devoção do casal pela primeira neta, com seus cachos loiros, remontava a quase quarenta anos antes. Ela era a lembrança, quase a reencarnação de sua própria filha, também loira, que morrera ainda no ventre.

Depois de casados, Pedro e Luís continuaram morando com os pais, alternando entre a mansão de Boulogne-sur-Seine e o Château d'Eu. A proximidade dos avós permitiu a Marie Isabelle observá-los com os olhos argutos da infância:

> Minha avó era uma "mulher de caráter", como se denominam os indivíduos difíceis de definir. Fisicamente, era baixa, loira, de olhos azuis; usava um penteado alto, todo cacheado, lembrança de uma febre tifoide que a obrigou a adotar um corte particularmente rente. Embora não fosse muito bonita, era charmosa, inteligente e decidida. Sua voz era doce, e ela não falava com o sotaque brasileiro, e sim com a entonação muito particular dos Bourbon das Duas Sicílias, que sobreviviam apesar de dispersos em diversos países do mundo. Afinal, a imperatriz Teresa Cristina, sua mãe, era uma Bourbon das Duas Sicílias. Eu achava a voz de minha avó muito melodiosa e adorava a entonação com que ela me chamava de "Bébelle". Ademais, era uma mulher de ideias generosas, se bem que categóricas.

Nas palavras da neta, D. Isabel "sabia manifestar autoridade de um modo bem concreto". Quando os netos se atreviam a colher as rosas dos canteiros sob as janelas de seus aposentos, no Château d'Eu, ela gritava: "Seus diabinhos malvados, parem de estragar as minhas rosas!" (ibidem, p.52-3).

A *villa* número 7 do bulevar Boulogne, em Boulogne-Seine, era

> uma bela mansão do período de Napoleão III, com um jardim enorme, relvados, um estábulo, uma horta e estufas que permitiam o

cultivo de flores em todas as estações. No rés do chão, havia uma capelinha com as paredes revestidas de pano vermelho, nas quais ficavam presos os relicários e, num dos pilares, no canto, a famosa "Rosa de Ouro".

D. Isabel passava as manhãs no escritório com a secretária, atualizando a correspondência com os parentes e amigos e planejando as atividades. "Somente duas coisas a apaixonavam: o Brasil e a conversão dos ateus", recordou sua neta. "Durante muitos anos, ela se esforçou em vão na tentativa de salvar, entre outras, a alma do marechal Joffre, que a visitava com frequência em Boulogne." Entre seus visitantes, havia muitos brasileiros, tanto os que estavam de passagem como os residentes na França. Entre estes, destacavam-se Mariquinha Tosta, baronesa de Muritiba, e o marido, que acompanharam a família real ao exílio. Os Muritiba e outros, como a baronesa de São Joaquim, continuavam servindo D. Isabel e constituíam os derradeiros vestígios da corte imperial. Outra figura do passado era José White, seu ex-professor de música, o violinista afro-cubano que, tal como D. Isabel, se mudara do Rio de Janeiro para Paris.

Ele vinha diversas vezes por mês, e durante horas ouvia-se a música provinda do salão, no qual ninguém tinha o direito de entrar. Unicamente seus filhos de vez em quando eram autorizados a adentrar aquele santuário: aquele salão repleto de bibelôs, fotografias, estatuetas de mármore, no qual nunca se viu uma flor. (ibidem, p.57, 59)

A vida plácida e regular de D. Isabel mudou bruscamente com a eclosão da Primeira Guerra Mundial em agosto de 1914. A invasão da França pela Alemanha ofereceu uma válvula de escape tanto para o idealismo como para o ativismo de Luís, que, segundo suas próprias palavras, era um "soldado no fundo do coração" (Orléans-Bragança, 1913, p.28). Ele e o irmão Antônio precipitaram-se a defender a pátria dos ancestrais. Como a lei os proibia de servir nas forças da nação, por serem membros da família

As bodas de ouro, cartão-postal enviado por D. Isabel e o conde d'Eu, outubro de 1914. Da esquerda para a direita, de pé, Luís, Antônio, Pedro; sentados, Maria Pia, D. Isabel, o conde d'Eu, Elisabete, com os netos. O conde d'Eu segura a mão da futura comtesse de Paris
Cortesia da Fundação Grão-Pará, Petrópolis

real francesa, ambos se alistaram como oficiais do exército inglês. Durante toda a guerra, D. Isabel e o marido ficaram morando no Château d'Eu, onde se ocuparam de visitar os feridos e socorrer os refugiados da Bélgica e do norte da França. Em 15 de outubro de 1914, o casal comemorou bodas de ouro na companhia dos três filhos, das duas noras e dos seis netos. A fotografia tirada nesse dia registrou a última ocasião de plena felicidade.

As provações e tristezas que se seguiram atingiram D. Isabel em sua própria identidade de mulher. Em 1915, combatendo nas trincheiras de Flandres, Luís, seu segundo e estimado filho, contraiu uma enfermidade que o deixou debilitado e quase incapaz de andar. Antônio, o mais novo, que esteve no calor da guerra, sobreviveu ileso. Depois do armistício, num voo de Paris a Londres, seu avião caiu no norte da capital inglesa. Gravemente ferido, ele veio a falecer em 29 de novembro de 1918. "Loiro, não muito alto, o queixo saliente, eu o achava muito bonito, e, de fato, o seu charme era inegável", relembrou sua sobrinha mais velha. "Era verdadeiramente um original, amado por todos e adorado pelas mulheres" (Isabelle, 1978, p.60). Sua morte foi um golpe devastador para D. Isabel, como mostra a carta que escreveu ao marido um dia depois de receber a notícia (ver "Com a sua própria voz", a seguir). Na agonia dessa perda, tal como sempre fazia desde a morte da irmã em fevereiro de 1871, ela se voltou para a fé, "a única consolação para semelhante perda!".[40] No entanto, por mais que estivesse sofrendo, não esqueceu o esposo e tentou abrandar-lhe a dor com palavras de conforto.

Alguns meses depois dessa tragédia, D. Isabel perdeu o segundo filho, Luís. A moléstia contraída nas trincheiras resistiu a todas as formas de tratamento. Sua saúde foi declinando lenta e implacavelmente, até que a morte o levasse em março de 1920. Além desses rudes golpes pessoais, a própria saúde de D. Isabel começou a se deteriorar, por causa de problemas cardíacos (talvez herdados da mãe), agravados pelo excesso de peso. Cada vez com mais dificuldade para caminhar, ela foi obrigada a usar bengala. Por fim, ficou confinada numa cadeira de rodas. Em julho de 1919, pouco depois do septuagésimo aniversário da esposa, o conde d'Eu relatou que ela, "apesar de sair regularmente com sua coragem habitual, sente-se às vezes um tanto abatida, principalmente no fim do dia".[41] A imobilidade só fez piorar o seu estado. "Eu não estou mal", ela escreveu ao marido em janeiro de 1921, "mas minhas pernas e meus pés incharam muito ultimamente".[42]

---

40 AGP XL-4, de D. Isabel a Luís, duque de Nemours, Meran, Áustria, 16 de fevereiro de 1871.
41 IHGB, Coleção Baronesa de Loreto, Lata 299, Pasta 19, de Gastão, conde d'Eu, a Amanda Dória, baronesa de Loreto, Boulogne-sur-Seine, 31 de julho de 1919.
42 AGP XL-1, de D. Isabel a Gastão, conde d'Eu, Château d'Eu, 5 de janeiro de 1921.

Com a sua própria voz

30 de novembro de 1918, Boulogne-sur-Seine (Seine)

Meu pobre e querido bem-amado!

Que dor! Eu estou com o coração e a cabeça em frangalhos! O nosso bom e galante Totó! Reze para que a minha cabeça permaneça intacta. Tanto eu rezei pela cura de Totó que, se Deus não o permitiu, é porque achou melhor assim. Esse querido tão querido vai para Deus no desabrochar da força e da beleza, cheio de glória e reforçado pelos sacramentos da nossa Santa Igreja Católica! Para ele, é o esplendor, para nós, a dura provação que suportaremos com submissão, com a ajuda de Deus! É um grande consolo pensar que ele está feliz. Mas eu não voltarei a vê-lo neste mundo! É horrível. Eu o conservarei comigo para sempre, esse querido, querido, Totó! Como eu também penso em você, meu bem-amado, e no tão querido Pedro, que sempre é tão útil! Luís e as duas noras me acompanham em minha dor, assim como todos os que nos cercam. Esta manhã, o nosso excelente pároco veio dizer a missa aqui, por Totó, e nós todos comungamos pela sua alma, inclusive Puppe e Bonbon. Luís me mostrou o belo artigo que escreveu sobre Totó no *L'Action Française* de hoje. Ah! meu Deus, meu Deus! Ontem à noite, eu cheguei a perder a pobre cabeça, mas o bom Deus a restaurou.

Chorando, eu o abraço de todo o coração, querido, querido! Desta que é tão sua que espera poder minorar a sua dor!

Is [43]

---

43 AMHI POB, Cat. A, Maço 204, Doc. 9354, de D. Isabel a Gastão, conde d'Eu, Boulogne-sur-Seine, 30 de novembro de 1918.

A imobilidade negou-lhe uma derradeira consolação: retornar à pátria para presenciar o traslado dos restos mortais de seus pais. Ela fora inflexível em não permitir que os corpos dos imperadores fossem retirados de Lisboa enquanto o Brasil fosse republicano. No entanto, a queda da monarquia portuguesa, em outubro de 1910, levou-a a mudar de ideia. Atendendo ao pedido formal dos líderes monarquistas, D. Isabel autorizou o traslado caso o governo o solicitasse e revogasse o banimento. A irrupção da Primeira Guerra Mundial impediu qualquer ação. Em maio de 1920, o presidente do Brasil enviou ao Congresso um projeto de lei que revogava o banimento e autorizava o retorno. A lei foi promulgada em 7 de setembro, e quatro meses depois, em 8 de janeiro de 1921, um navio de guerra brasileiro entrou no porto do Rio de Janeiro com os corpos do imperador e da imperatriz a bordo. Acompanhava-os o conde d'Eu e Pedro, seu único filho vivo, mas não D. Isabel, então já presa à cama. Seu marido enviou cartas endereçadas à *"Chère bien aimée"* (querida bem-amada), com longos e comoventes relatos da viagem, do desembarque no Rio e de seus dias no Brasil, inclusive de uma visita a Petrópolis.[44] Ela teve de se contentar com esse substitutivo da realização do sonho de um dia retornar ao país em que nascera.

Em 15 de outubro de 1921, D. Isabel e Gastão d'Orléans comemoraram o quinquagésimo sétimo aniversário de casamento no Château d'Eu. Três semanas depois, ela contraiu gripe e não tardou a perceber que o fim estava próximo. "Eu nunca me senti tão fraca", disse ao pároco. "Prepare-me para morrer! Eu gostaria de ficar mais algum tempo com os meus, mas não peço nada. O bom Deus sabe melhor do que nós o que nos é preciso." No dia 14 de novembro ela perdeu a consciência e seu corpo parou de lutar. O pároco chegou a tempo de ministrar-lhe o derradeiro sacramento da Igreja, com os membros da família

---

44 AGP XLI-3, de Gastão, conde d'Eu, a D. Isabel, Hotel Avenida, Lisboa, 12 de dezembro de 1920, e quatro cartas com datas posteriores.

Princesa Isabel do Brasil

ajoelhados ao seu redor. Cinco dias depois, o conde d'Eu escreveu a Amandinha Dória no Rio de Janeiro:

> Estas são as primeiras linhas que escrevo para o Brasil depois do terrível golpe; e nem estou em estado de dar-lhe como desejara pormenores.

> Calcule a desolação em que ficamos e amerceie-se da desgraça deste amigo velho de todos os seus, Gastão d'Orléans.[45]

Quatro anos mais velho que D. Isabel, Gastão d'Orléans não sobreviveu muito tempo à sua morte. Convidado, com o que restava de sua família, a participar das comemorações do centenário da independência do Brasil, morreu a caminho do Rio de Janeiro em 28 de agosto de 1922. Seu corpo foi levado de volta à França e sepultado ao lado do de sua esposa, na cripta da família Orléans, em Dreux. Em 1953, ambos os féretros foram trasladados ao Brasil para ser enterrados com D. Pedro II e D. Teresa Cristina na Catedral de Petrópolis. Só em 1971, no sesquicentenário da independência do Brasil, seus corpos foram transferidos para Petrópolis. Atualmente, a efígie tumular de D. Isabel se encontra na capela imperial, no interior da Catedral de Petrópolis. Fica ao lado da sepultura de D. Pedro II, se bem que mais recuada, para não competir com a efígie dele. O túmulo de Gastão d'Orléans, separado do da esposa, fica à direita do de D. Teresa Cristina. A capela não ostenta nenhum sinal de reconhecimento pelo papel indispensável que a fé e a determinação de D. Isabel tiveram na construção da catedral. Do lado de fora, os vendedores que atendem os turistas não têm nenhuma fotografia de D. Isabel entre os cartões-postais que vendem. Na morte, tanto quanto em vida, D. Isabel continua a ser objeto das presunções de gênero que assim lhe moldaram a existência.

---

45 *Discours prononcé*, p.6; IHGB, Coleção Baronesa de Loreto, Lata 299, Pasta 19, de Gastão, conde d'Eu, a Amanda Dória, baronesa de Loreto, Château d'Eu, 19 de novembro de 1921.

8
Reflexões

A efígie tumular de D. Isabel, Catedral de Petrópolis, com a do marido e dos pais
Coleção pessoal do autor

Todos os seres humanos nascem com capacidade de agência: de desejar, de formar intenções e de agir. A agência, como ação, muitas vezes implica levar outro indivíduo ou grupo a fazer algo que normalmente não faria; implica o exercício do poder. A agência, como desejar e formar intenções, é moldada pelas qualidades pessoais dos indivíduos, pela cultura em que vivem e pelo acesso que têm aos recursos. William H. Sewell Jr. explica que "conceber os seres humanos como *agentes* significa, em parte, concebê-los *habilitados* pelo acesso a um ou outro tipo de recurso" (Sewell Jr., 1992, p.10).

Embora "em certa medida ... os recursos sejam controlados por todos os membros da sociedade, por mais destituídos e oprimidos que sejam" (ibidem), Sewell observa que "a agência exercida pelas diferentes pessoas está longe de ser uniforme" (ibidem, p.15). A agência requer uma interação entre os seres humanos individuais e as culturas e os recursos das sociedades nas quais eles vivem. Em qualquer sociedade, a cultura dominante favorece alguns indivíduos e desfavorece outros. Alguns estudiosos, como James C. Scott, em seu trabalho sobre a resistência camponesa, argumentam a favor de um grau considerável de autonomia individual e, portanto, de agência, independentemente das circunstâncias mais genéricas. Certos estudos recentes sobre a América espanhola vão mais além. Florencia E. Mallon postula que, entre os camponeses, autonomia e agência podem envolver não só resistência, mas também um papel ativo na plasmação da cultura e dos fatos. Outros acadêmicos, inclusive o cientista social francês Pierre Bourdieu, com seu conceito de *habitus*, acham que a cultura dominante e a distribuição de recursos formam uma estrutura ou arcabouço tão forte e tão universal que "até as ações mais astuciosas ou improvisadas empreendidas pelos agentes reproduzem, necessariamente, essa estrutura" (ibidem, p.20).

Sewell reconhece a existência da autonomia e da agência, mas enfatiza a influência das "posições sociais — definidas, por

Princesa Isabel do Brasil

D. Isabel em Paris, já próxima da velhice
Cortesia do Arquivo Histórico do Museu Imperial, Petrópolis

exemplo, pelo gênero, pela riqueza, pelo prestígio social, pela classe, pela etnia, pela ocupação, pela geração, pela preferência sexual ou pela educação" (ibidem, p.21). A vida de D. Isabel exemplifica a maneira pela qual o gênero, como estrutura, moldou e compeliu a agência humana e, assim, o exercício do poder. Foi o que o gênero fez, mesmo entre mulheres aparentemente mais bem posicionadas para ter autonomia. No mundo ocidental do século XIX, nove mulheres foram monarcas ou regentes em seus países. Como elas dispunham das prerrogativas próprias do soberano, é lícito presumir que tinham condições de exercer uma influência considerável na condução dos negócios públicos.

O gênero foi fundamental na vida dessas mulheres. Elas tiveram de cumprir os deveres de governante em culturas que consideravam a feminilidade incompatível com o exercício do poder. Os homens eram a norma. Todas elas, com uma única exceção, eram muito jovens quando começaram a atuar como governantes, portanto, achavam-se num período da vida em que se esperava que assumissem e inclusive cumprissem múltiplas e cumulativas obrigações femininas. A expectativa era que fossem, ao mesmo tempo, mulheres e governantes em sociedades, como a do Brasil, em que suas vidas, em virtude do gênero, eram enormemente coagidas pelo conjunto de suposições destinado a limitar-lhes a função pública.

As presunções genéricas negavam sistematicamente às mulheres o acesso a recursos e a participação na esfera pública. As normas de comportamento eram de tal modo universais que privavam tanto os homens como as mulheres da capacidade de conceber conjuntos de crenças e formas comportamentais alternativos, o necessário primeiro passo para capacitar a mulher a exercer o poder abertamente naquilo que os homens denominavam esfera pública.

A vida de D. Isabel (1846-1921) coincidiu com o período habitualmente considerado da "primeira onda do feminismo".

Ao longo desses anos, enfrentando o ridículo e uma hostilidade brutal, as mulheres de muitos países do mundo ocidental começaram a conceber um arcabouço alternativo de relações de gênero. Com seus atos, impuseram a remoção das barreiras formais à sua propriedade e ao seu uso dos recursos. Dilataram a área em que tinham autonomia e agência, obtendo o acesso ao ensino superior e o ingresso nas profissões. Pouco antes da morte de D. Isabel, as mulheres de alguns países do mundo ocidental conquistaram o direito de voto e de se candidatar às eleições na política nacional. O ritmo da mudança foi extremamente lento; e os ganhos obtidos, uma questão tanto de forma como de conteúdo. Elas não se libertaram no tocante ao acesso aos recursos. O sistema patriarcal de relações de gênero, vigente em todo o mundo ocidental, continuou dominante e estável.

A partir de 1850, D. Isabel passou a ser a princesa imperial, efetivamente a futura imperatriz. Na qualidade de herdeira do trono brasileiro, tinha um acesso privilegiado aos recursos dos quais dependia o exercício do poder. Na vida adulta, dispunha de uma renda considerável e era tratada com deferência. Sua educação e as frequentes viagens à Europa dotaram-na de uma gama de atributos culturais inusitados entre os brasileiros, e quase sem precedentes entre as brasileiras. Como regente, a princesa tinha o pleno controle das prerrogativas monárquicas. Todavia, com os olhos fitos na posteridade, agiu decisivamente apenas uma única vez e numa única questão: a abolição imediata da escravatura no dia 13 de maio de 1888.

Pode parecer contraditório e até deplorável que D. Isabel não se tenha afirmado. No entanto, o acesso aos recursos inerentes ao poder não basta, por si só, para conferir agência. A mescla de atributos culturais por ela absorvidos por meio das relações com o pai, com a aia e com o marido, o estilo de vida que o matrimônio lhe impôs e as condições em que ela exerceu a função de regente, tudo isso a impediu de desenvolver uma noção vigorosa de autonomia e um desejo de agência. Em nenhum momento da vida D. Isabel perseguiu objetivos por ela mesma escolhidos. Pelo contrário, tal como muitas outras mulheres do século XIX, particularmente as da classe dominante, desempenhou papéis a ela atribuídos por outros. Esses papéis foram, sucessiva e também cumulativamente, os de filha, noiva, esposa, mãe e futura imperatriz. Ela não renunciou a nenhum deles ao assumir o seguinte, simplesmente foi acrescentando um novo fardo aos que já carregava. Esperava-se que desempenhasse todos esses papéis ao mesmo tempo, independentemente de serem compatíveis entre si ou excessivos em sua totalidade. A princesa não se rebelou contra o destino que lhe coube e raramente manifestou insatisfação em relação a ele. Já nos primeiros anos de vida, aprendera quais eram os deveres da mulher. Em suma, embora tivesse acesso aos recursos inerentes ao poder, suas circunstâncias pessoais a impediam de exercê-lo.

Não surpreende que D. Isabel nunca tenha demonstrado entusiasmo por seu quinto e historicamente mais importante papel, o de sucessora no trono, pois ele exigia características de gênero muito diferentes das requeridas pelos outros papéis. Ela passou a infância e a adolescência num ambiente altamente patriarcal nas estruturas e nas atitudes. Como explica o Capítulo 2, o mundo inteiro girava em torno de D. Pedro II, e cada desejo seu era lei. Como pai, ele não era intolerante nem negligente, mas com as filhas, assim como com tudo o mais, estava acostumado a impor sua vontade. O tratamento dispensado por D. Pedro II teve um grande impacto em D. Isabel. Um estudo de Jeanne H. Block, escrito no começo da década de 1980, constata que, na formação da identidade de gênero, "o pai parece ser o agente mais decisivo no direcionamento e na canalização da tipificação sexual da criança, tanto do menino quanto da menina". Muito mais do que as mães, os pais tratam as filhas diferentemente dos filhos. Estimulam-nas a desenvolver e a manter estreitas relações interpessoais. "Elas são incentivadas a falar de seus problemas e a refletir sobre a vida, a elas se mostra o afeto

Princesa Isabel do Brasil

D. Isabel ainda muito jovem
Cortesia do arquivo Histórico do Museu Imperial, Petrópolis

fisicamente e a elas se dá conforto e segurança." Em outras palavras, a filha é criada para ser "inequivocamente mulher" (Block, 1984, p.8-9), o que, como indicou Carolyn G. Heilbrun, "significa colocar o homem no centro de sua vida e só permitir aquilo que lhe honre a posição preeminente"(Heilbrun, 1988, p.20-1). Assim foi entre D. Isabel e D. Pedro II. Um relacionamento de prazer e satisfação para ambos, rematado pela disposição de D.

Isabel de se dar bem com o pai. Essa cordialidade não alterava a realidade de que ela não passava de sua "matraquinha", incapaz de se opor a ele em qualquer matéria de princípio para não perder seu afeto.

Essa dependência ficou reforçada com o fato de D. Isabel, na infância e na adolescência, ter tido escasso contato com o mundo exterior à família e aos dois palácios. A vida tal como conhecida pela grande maioria das brasileiras não oferecia nenhum tipo de alternativa viável para o seu *status* de herdeira do trono imperial. Ela ficou presa e limitada ao papel que lhe cabia, tal como o moldou seu pai, despojada de autonomia e agência. Exatamente como a Nora de Henrik Ibsen, vivia numa casa de boneca. D. Pedro II cuidou para que a instrução de suas filhas não diferisse "da que se dá aos homens, combinada com a do outro sexo".[1] A instrução, ele a definia no mais *strictu sensu*: a transmissão de conhecimento abstrato. Não fez a menor tentativa de integrar esse conhecimento abstrato à experiência do mundo mais amplo nem de combinar a instrução com a aplicação prática como um preparo real da filha para governar o Brasil. Consequentemente, D. Isabel percebia o mundo do aprendizado e mesmo o da própria educação em termos de gênero, como um privilégio de seu pai em particular e dos homens em geral.

Mesmo naquela época, não faltou quem julgasse que a educação da princesa deixava a desejar. Escrevendo a D. Isabel pouco depois de seu casamento, a ex-aia recomendou três metas para a educação dos filhos. Ela devia "desde logo pôr perto deles as pessoas competentes para se ocuparem deles para não haver conflito de afetos, e não acumular tantos materiais estudados e em tempo introduzir mais cedo seus meninos na sala para lhes abrir a inteligência pelos ouvidos".[2] A condessa de Barral pôs o

---

1 Esboço de documento, com a caligrafia de D. Teresa Cristina, intitulado "Atribuições da aia", s.d., original em AHMI POB e impresso em Lacombe (1946, p.250).

2 AGP s.n., da Condessa de Barral a D. Isabel, Paris, 23 de novembro de 1865.

D. Isabel mãe, 1883, com os três filhos e a condessa de Barral, durante a última visita desta ao Brasil
Cortesia da Fundação Grão-Pará, Petrópolis

dedo nas principais feridas da educação da princesa. Esta não contou com instrutores externos cedo o suficiente, foi sobrecarregada com conhecimentos desorganizados e não teve acesso à experiência do mundo exterior. Tais falhas explicam tanto quanto qualquer outra coisa por que a educação que ela recebeu não a estimulou nem a preparou para pensar com autonomia e agir de modo inovador.

Um defeito de sua educação, não mencionado pela aia, foi não tê-la preparado para ser brasileira. D. Isabel aprendeu a ser elegante e bem-comportada, fluente em francês, inglês e alemão, devota e pontual nos deveres religiosos, dedicada à família e às obras de caridade, instruída, se bem que não intelectual, e empenhada em conservar o *statu quo* social, cultural e de gênero. Graças à influência tanto de D. Pedro II como da condessa de Barral, aprendeu a ser bicultural e bilíngue: a França rivalizando com o Brasil como modelo. Amava profundamente sua pátria, mas esse amor se concentrava principalmente no aspecto físico: as plantas, os animais e a paisagem do Brasil. Na infância e na adolescência, teve pouco contato com os brasileiros, a não ser com os criados, e essa situação não se alterou com o casamento. Quase um terço do período entre o retorno do conde d'Eu do Paraguai, no fim de abril de 1870, e o exílio do casal em novembro de 1889, decorreu fora do Brasil. Só em 1884 e 1885, durante a visita às províncias do Sul, a princesa teve um contato mais prolongado com os futuros súditos, se bem que o diário que escreveu nessa viagem sugira que ela passou muito tempo, talvez a maior parte dele, na companhia de homens de sua própria classe. Não foi só a permanência no exterior que a impediu de se identificar com os brasileiros em geral e com as brasileiras em particular. A sua própria realeza tornava-lhe difícil considerar-se parte de um grupo mais amplo, qualquer que fosse. Decerto se identificava com as amigas, mas estas eram mulheres da classe dominante, a maioria das quais ela conhecia da infância. As condições de sua vida cotidiana a impediram de desenvolver um senso de autonomia condutiva para o exercício do poder político.

Ao casar a filha com um estrangeiro, D. Pedro II confirmou e aprofundou o abismo que a separava dos conterrâneos brasileiros. A viagem de lua de mel que ela e Gastão d'Orléans em-

Princesa Isabel do Brasil

preenderam à Europa, em 1865, foi, como indicou o Capítulo 3, um episódio decisivo em sua vida. A viagem revelou o tipo de existência que mais lhe dava satisfação, a qual D. Isabel desfrutou durante mais de trinta anos a partir de 1889. Ela desenvolveu a identidade bicultural e bilíngue que a educação lhe havia dado. Por um lado, brasileira e lusófona, ligada ao seu *status* de herdeira do trono e futura imperatriz; por outro, europeia e francófona, ligada ao marido. Como as convenções da época ditavam que a esposa devia deixar para o marido o contato com o mundo exterior, o casamento de D. Isabel aos dezoito anos intensificou o seu isolamento em relação aos brasileiros. Como explica o Capítulo 4, sua vida social era extremamente restrita. Nem o Paço Isabel, no Rio de Janeiro, nem o Palácio da Princesa, em Petrópolis, chegaram a ser centros importantes de socialização para os grupos governantes do Brasil.

Seu casamento, em outubro de 1864, foi arranjado, e ela não esboçou o menor gesto de protesto. Apaixonou-se profundamente pelo marido, e esse amor permaneceu constante até o fim de sua vida. O desempenho dos papéis cumulativos que se lhe atribuíam causou-lhe problemas consideráveis. Ela foi uma filha obediente para D. Pedro II, que, como era habitual entre os pais do século XIX, nunca abriu mão do pátrio poder sobre ela. Também foi noiva e esposa dedicada para Gastão d'Orléans, que, desde o começo, muito precisou de apoio e compreensão. D. Isabel se viu apanhada num triângulo tanto físico como cultural entre ambos: D. Pedro II e o conde d'Eu por cima, ela por baixo. As tensões que nasceram entre os dois homens, Gastão d'Orléans procurando afirmar seu poder no Brasil e D. Pedro II tratando de emascu-lá-lo para que não viesse a ser um concorrente, deixaram-na entre dois fogos. D. Isabel achou melhor não tomar partido e fingir que não havia conflito. A tensão se resolveu com o colapso nervoso que o conde d'Eu sofreu quando era comandante em chefe no Paraguai. Essa experiência e os crônicos problemas de saúde liquidaram seu desejo de rivalizar com o sogro.

323

Até a primeira regência, em maio de 1871, D. Isabel não participou dos negócios do Estado. À parte o memorando sobre como governar o Brasil, que o pai lhe escreveu pouco antes de embarcar para a Europa, a princesa não teve, virtualmente, nenhum preparo e nenhum contato com os assuntos públicos. A tensão entre o conde d'Eu e o imperador lhe deu muita razão para evitar qualquer envolvimento político, como explica o Capítulo 4. Conforme o estudo de 1984 de Jeanne H. Block, a maneira vigente de criar as filhas tende a "incentivar a proximidade, desestimular a solução independente dos problemas, limitar a exploração, minimizar as experiências empíricas e desencorajar o papel ativo e a experimentação no mundo físico". Consequentemente, "as mulheres se inclinam mais a se prender às estruturas existentes ao processar novos *inputs*, achando mais difícil modificar as premissas, reestruturar a experiência e forjar novas estruturas psicológicas" (Block, 1984, p.249). Essa observação podia ter sido escrita especificamente para descrever a primeira regência de D. Isabel no Brasil. Como mostram suas cartas ao pai e ao sogro, ela não adaptou sua estrutura mental para acolher novas experiências. Assumiu a regência como um favor ao pai. Estava muito disposta a deixar para Gastão "grande parte da papinha", de modo que eu "tenho tempo de sobra, para dormir tanto ou mais que dantes, para passear e até para ler romances".[3]

Não se pode atribuir a atitude de D. Isabel em relação ao poder à falta de inteligência ou a uma incapacidade de enfrentar a missão. A carta que escreveu ao pai em 4 de junho de 1871, em que fala de seu primeiro despacho com os ministros (ver "Com a sua própria voz", 4 de junho de 1871, no Capítulo 4), é sagaz e decidida nas observações e avaliações. O cultivo de uma coleção de orquídeas, descrito no Capítulo 4, demonstra a capacidade, a

---

3 AGP XL-2, de D. Isabel a D. Pedro II, Laranjeiras, 4 de setembro de 1871.

Princesa Isabel do Brasil

energia e a inteligência de que dispunha para lidar com o que lhe interessava. É revelador que, em sua correspondência, D. Isabel fale em "nossas" orquídeas, ao passo que o conde d'Eu, em suas cartas, sempre se refira às "minhas" orquídeas. Tampouco deixa de ser significativo que esse episódio de pesquisa botânica não tenha tido nenhum resultado visível, a não ser na esfera privada. Como mulher e princesa, D. Isabel não tinha como persistir sistematicamente em suas investigações ou em compartilhá-las com uma comunidade científica mais ampla. Na primeira regência, ela ainda era uma jovem de vinte e poucos anos. O avanço da idade e o conhecimento que ele traz podiam tê-la levado a se comprometer mais com as questões do governo na segunda regência, cinco anos depois, não fosse a imposição do fardo do papel de mãe, discutido no Capítulo 5. Em maio de 1871, depois de quase sete anos de casamento, pela primeira vez D. Isabel deu sinais de estar grávida. Essas esperanças se perderam no início de agosto. Depois disso, sofreu um aborto em outubro de 1872, teve uma criança nascida morta em julho de 1874, um parto dificílimo em outubro de 1875 (que causou uma deficiência física permanente no filho), um aborto com hemorragia em setembro de 1876, um parto difícil em janeiro de 1878, e um bem mais fácil em agosto de 1881. Esse histórico horrível, pois não convém nenhum adjetivo mais brando, levou-a a se voltar para si mesma e fez de seus filhos o que ela tinha de mais precioso no mundo. Como disse Gastão d'Orléans a seu ex-preceptor em maio de 1876, durante a segunda regência: "Minha esposa prefere cuidar do Baby a qualquer outra coisa na vida".[4] O filho adquiriu uma altíssima estima pessoal, era a prioridade máxima de seu tempo, de sua atenção e de sua energia. Tudo o mais vinha em segundo lugar, e os negócios do Estado nem chegavam a rivalizar com ele.

---

4 AGP XI-30, de Gastão, conde d'Eu, a Jules Gauthier, Petrópolis, 13 de maio de 1876.

Roderick J. Barman

A partir de 1872, o único aspecto em que o comportamento de D. Isabel passou a se distinguir do de seu pai foi no tocante à religião. O imperador se atinha meticulosamente às observâncias prescritas pela igreja católica, mas a devoção não tinha grande importância em sua vida. Três fatos — a morte da irmã em fevereiro de 1871, o aborto de outubro de 1872 e a filha nascida morta em julho de 1874 — fizeram da fé um apoio indispensável a D. Isabel. Sem isso, ela não teria persistido nos múltiplos papéis que era obrigada a desempenhar. Sobretudo depois da perda da filha, entregou-se à religião, na qual encontrou grande consolo, refúgio e uma fonte de sentido para a vida. Seu zelo pelas práticas devocionais e pelos dogmas, associado ao ultramontanismo, estranho à maioria dos brasileiros, tornou-a suspeita e confirmou exatamente aquilo em que os homens queriam crer: ela não estava isenta das fraquezas inerentes às mulheres. A campanha de invectivas por ocasião da renovação da Questão Religiosa, em 1876, revelou como era escasso o respeito que ela despertava entre os setores dominantes (e masculinos) da opinião pública, que não compreendia que sem a ajuda da religião D. Isabel não teria podido desempenhar seus múltiplos e cumulativos papéis do modo como o fez. A fé a capacitou a enfrentar os desafios da vida, inclusive os acontecimentos de novembro de 1889, o exílio e a morte dos pais. Como mostra sua carta de 30 de novembro de 1918 (ver "Com a sua própria voz", Capítulo 7), a religião lhe permitiu suportar o choque da trágica e súbita morte do filho mais novo. A religião lhe era indispensável.

A vigorosa fé de D. Isabel, que colocou sua vida irrestritamente nas mãos de Deus, para que Ele dela fizesse o que quisesse, explica sua disposição, após o aborto de 1874, de arriscar novas tentativas de engravidar, embora também tenha contribuído para tanto o seu forte senso de dever feminino. Ela aceitava que, como mulher, devia gerar filhos que assegurassem o futuro da dinastia imperial e desempenhar o papel que lhe ca-

Princesa Isabel do Brasil

bia. Segundo dizem, sua tia, a rainha Maria II de Portugal, teria respondido quando a alertaram para o perigo de mais uma gravidez: "Se morrer, morro no meu posto!" (De Lemos, 1954, p.201). Com tal disposição, a princesa estava dando essencialmente a mesma resposta, mas o fez a um considerável custo pessoal. Parece que às vezes tinha fobias e ataques nervosos. Em março de 1880 escreveu de Paris ao pai: "Não sei o que me tem tornado horrivelmente nervosa, mas o caso é que o meu medo dos cães danados tomou as proporções de há 8 anos. É um martírio". [5] Ao que tudo indica, a bem-sucedida terceira gravidez aumentou-lhe a autoconfiança.

No desenvolvimento do caráter de D. Isabel, os três anos e meio passados na França, de 1878 a 1881, marcaram um período de transição, como explica o Capítulo 6. O nascimento de Antônio Augusto, em 1881, pôs fim ao ciclo de partos, aliviando-a dos fardos que carregava. Seu relacionamento com Gastão d'Orléans amadureceu, evoluindo para uma parceria de iguais, na qual ela era a personalidade mais forte. Essa parceria lhe permitiu adotar um estilo de vida mais aberto e autônomo, que ela experimentou quando de sua permanência na França. Integrava-o o envolvimento com organizações dedicadas a obras de caridade, que buscavam dispensar benefícios aos desafortunados com a intenção de torná-los tanto felizes como virtuosos. Depois de voltar ao Brasil em 1881, a princesa prosseguiu nessas atividades, ajudada por seu círculo de amigas. Os anos de residência na França estimularam nela uma noção de autonomia e agência.

Esse senso de agência tinha o potencial de expandir o papel público de D. Isabel. Somente em 1884, três anos depois de regressar ao Brasil, coube-lhe reingressar na vida pública, quando empreendeu uma viagem de quatro meses às províncias do Sul.

---

5 AGP XL-2, de D. Isabel a D. Pedro II, 27 rue de la Faisanderie, Paris, 23 de março de 1880.

Nessa época, Antônio, seu filho caçula, tinha três anos de idade, e era improvável o nascimento de mais uma criança. A viagem não só foi uma experiência agradável para a princesa como também despertou nela o interesse pela situação do Brasil. O que intensificou esse interesse foi sua simpatia pelo movimento abolicionista. Em suas próprias palavras, essa causa era intrinsecamente "humanitária, moralizadora, generosa, grande e apoiada pela Igreja".[6] O que a lançou no centro dos negócios públicos foi a terceira regência, imposta pela crise de saúde do imperador e sua viagem à Europa.

A conduta de D. Isabel como chefe de Estado, durante a primeira e a segunda regências, ajustou-se ao que as atitudes de gênero da época consideravam adequado a uma mulher. Coisa que o barão de Cotegipe, figura central do gabinete na segunda regência, reconheceu num memorando escrito no começo da década de 1880. "É dever meu declarar que S. A. I. foi, no exercício de suas altas funções constitucionais, o que se diz ser na Inglaterra a rainha Vitória." Sem embargo, D. Isabel não fez com que os políticos se sentissem mais seguros, tampouco lhes conquistou a confiança nas duas primeiras regências. Observou então Cotegipe:

> Cumpria ao gabinete em 1876 e 1877 manter a paz no exterior e a ordem política no interior, e para esse fim não provocar nem aceitar conflitos, não tentar reformas que agitassem os espíritos ou pudessem parecer abuso da condescendência ou da inexperiência da regente. Esse escrúpulo adquiriu mais força com a ampliação dos direitos magistráticos confiados à regente, quando em todos os países monárquicos e constitucionais eles eram coarctados para o impedimento do imperante.[7]

---

6 "Memorando de dezembro de 1888".
7 IHGB BC, Lata 955, Pasta 17, s.d., memorando (escrito por volta de 1882) de João Maurício Wanderley, barão de Cotegipe.

Esse comentário revela que os políticos identificavam cabalmente o governo do Brasil com o imperador D. Pedro II. As questões importantes só podiam ser decididas se ele estivesse presente, com seu parecer e seu consentimento. Se fosse homem, talvez D. Isabel tivesse conseguido subverter esse domínio e inaugurar um estilo diferente de governo. Como mulher, da qual se esperava subordinação, solidariedade e deferência para com os homens, especificamente os políticos, ela não tinha escolha senão se conformar com o estilo do pai. Tais condições não se verificaram na terceira regência de D. Isabel, em 1887 e 1888. O estado de saúde de D. Pedro II à época de sua viagem à Europa deixou claro que, na pior das hipóteses, ele nunca mais voltaria e, na melhor, já não poderia desempenhar o papel habitual no governo do Brasil. Na qualidade de regente, D. Isabel passou a ser, como indica o título do Capítulo 6, aspirante a imperatriz. Mostrou-se muito mais disposta do que antes a participar ativamente dos assuntos do Estado. Seu envolvimento com obras beneficentes e sua profunda fé religiosa escoraram-lhe a decisão de abolir a escravatura imediatamente. Sua experiência durante a regência a convenceu de que outras reformas também eram necessárias. Como ela escreveu ao pai em março de 1888, após a queda do gabinete Cotegipe, "que a questão da emancipação dê em breve o último passo que tanto desejo ver chegar! Há muito a fazer, mas isto antes de tudo".[8] O fim da escravidão chegou dois meses depois, coincidindo com a crise de saúde de D. Pedro II na Europa. Se ele tivesse morrido, a princesa teria sido coroada imperatriz no momento em que sua popularidade atingira os mais elevados níveis. Como D. Isabel I, teria tido a oportunidade de impor reformas cuja urgência ela reconhecia. Mas não a teve, pois seu pai sobreviveu à crise.

---

8 AGP XL-2, de D. Isabel a D. Pedro II, São Cristóvão, 14 de março de 1888.

D. Isabel tinha 42 anos quando D. Pedro II voltou ao Brasil, em agosto de 1888. Educada para ser filha obediente, enquanto seu pai estivesse vivo, ela nada faria para lhe contestar o direito de conduzir os assuntos do Estado. Uma vez mais, recolheu-se aos papéis costumeiros e neles prosseguiu nos 33 anos seguintes, até morrer em novembro de 1921. Nem a derrubada da monarquia em novembro de 1889, nem a morte do pai dois anos depois, nem a guerra civil que grassou no Brasil de fevereiro de 1893 a agosto de 1894 a tentaram a assumir um papel público. Nas últimas décadas da vida, ela lamentou profundamente não poder voltar para o país em que nascera. Uma referência ao Brasil, como descobriu sua neta mais velha, era capaz de encher de lágrimas "os seus belos olhos azuis, tão claros e tão sorridentes" (Isabelle, 1978, p.28). À parte essa mágoa, seus últimos anos de vida lhe proporcionaram satisfação e realização, a não ser pela perda de dois dos três filhos pouco antes de sua morte.

Em termos de gênero, D. Isabel viveu uma existência subordinada, explorada e limitada. É notável como se adaptou bem e como foi bem-sucedida em moldar as coerções que a prendiam a um estilo de vida aceitável e satisfatório. Apesar de sua posição privilegiada no tocante aos recursos inerentes ao poder, seu gênero a impediu de desenvolver um senso de agência nos negócios públicos antes que ela tivesse quase quarenta anos. O paradoxo da vida de D. Isabel é que seu único uso dessa agência, seu principal exercício do poder, pelo qual a posteridade a guarda na memória — a promulgação da Lei Áurea de 13 de maio de 1888 —, contribuiu para sua exclusão da vida pública e para seu banimento da terra natal. No entanto, como ela mesma declarou a Amandinha Dória, sua amiga da vida inteira: "Se é por causa da abolição, não me arrependo; dou por bem dado perder o Trono".[9]

---

9 BNRJ TM, Armário 32, Pacote 96, cabeçalho datilografado: "Disse-me a baronesa de Loreto em março de 1917 — Poços de Caldas".

Princesa Isabel do Brasil

D. Isabel e o conde d'Eu, outubro de 1919, ainda apaixonados no quinquagésimo quinto aniversário de casamento
Cortesia da Fundação Grão-Pará, Petrópolis

Referências bibliográficas

BARMAN, Roderick, J. *Citizen Emperor: Pedro II and the Making of Brasil, 1825-1891*. Stanford, 1999.

BARRAL, Condessa de (Luísa Margarida Portugal de Barros). *Cartas a suas majestades, 1859-1890*. Rio de Janeiro, 1977.

BEAUVOIR, Simone. *The Second Sex*. Trad. e ed. H. M. Parshley. New York, 1993.

BERNARDES, Maria Thereza Caiuby Crescenti. *Mulheres de ontem? Rio de Janeiro, século XIX*. São Paulo, 1989.

BESSE, Susan K. *Restructuring Patriarchy: The Modernization of Gender Inequality in Brazil, 1914-1940*. Chapel Hill, NC, 1996.

BLOCK, Jeanne H. *Sex Role Identity and Ego Development*. San Francisco, 1984.

BORGES, Dain. *The Family in Bahia, Brazil, 1870-1945*. Stanford, 1992.

CALMON, Pedro. *A princesa Isabel, "a redentora"*. São Paulo, 1941.

_____. *História de D. Pedro II*. Rio de Janeiro, 1975, 5 v.

CLEMENCEAU, Georges. *La justice du sexe fort*. Paris, 1907.

DAUNT, Ricardo Gumbleton (Ed.). *Diário da princesa Isabel*: excursão dos condes d'Eu à província de São Paulo em 1844. São Paulo, 1957.

DAVIS, Natalie Z. Women's History in Transition: The European Case. *Feminist Studies*, v.3, 1975.

Roderick J. Barman

DE LEMOS, Ester. *D. Maria II (a rainha e a mulher) no centenário de sua morte*. Lisboa, 1954.

DEL PRIORE, Mary, BASSANEZI, Carla (Eds.). *História das mulheres no Brasil*. São Paulo, 1997.

EWBANK, Thomas. *Life in Brazil, or the Land of the Cocoa and Tha Palm*. London, 1856.

FRANCO DE ANDRADE, Rodrigo Melo. *Rio Branco e Gastão da Cunha*. Rio de Janeiro, 1953.

FULFORD, Roger. *Dearest Child*: The Letters between Quenn Victoria and the Princess Royal, 1858-1861. London, 1964.

GIBSON, Ralph. *A Social History of French Catholicism, 1789-1914*. London, 1989.

GONÇALVES, Roberto Mendes. *Um diplomata austríaco na corte de São Cristóvão* (à margem do Diário do barão de Hubner): Brasil – Uruguai – Argentina de 1882. Rio de Janeiro, 1976.

GONTIJO DE CARVALHO, Antônio. *Um ministério visto por dentro*. Rio de Janeiro, 1959.

GRAHAM, Sandra Lauderdale. *House and Street*: The Domestic World of Servants and Masters in Nineteenth-Century *Rio de Janeiro*. Cambridge, GB, 1988.

HAHNER, June E. *Emancipating the Female Sex:* The Struggle for Women's Rights in Brazil, 1850-1940. Durham, NC, 1990.

HAREVEN, Tamara K. *Families, History, and Social Change*: Life Course and Cross-cultural Perspectives. Boulder, 2000.

HEILBRUN, Carolyn G. *Writting a Woman's Life*. New York, 1988.

ISABELLE (comtesse de Paris). *Tout m'est bonheur*. Paris, 1978.

KARASCH, Mary. *Slave Life in Rio de Janeiro, 1808-1850*. Princeton, NJ, 1987.

KIGSLEY, Charles. *Poems*. In: _____. *Life and Works*. London, 1902, v.16.

LACOMBE, Américo Jacobina. A condessa de Barral. *Anuário do Museu Imperial*, v.5, 1944.

LACOMBE, Lourenço L. A educação das princesas. *Anuário do Museu Imperial*, v.7, 1946.

_____. *Isabel, a princesa redentora*: biografia baseada em documentos inéditos. Petrópolis, 1989.

LEVI, Darrell E. *The Prados of São Paulo, Brazil:* An Elite Family and Social Change, 1840-1930. Athens, GA, 1987.

MACEDO, Sérgio Teixeira de. D. Pedro II, esposo e pai. *História*, v.I. n.1, set. 1939.

334

Princesa Isabel do Brasil

MAGALHÃES Jr., Raimundo. D. *Pedro II e a condessa de Barral*: através da correspondência íntima do imperador, anotada e comentada. Rio de Janeiro, 1956.

_____. *Deodoro: a espada contra o império*. Rio de Janeiro, 1957, 2 v.

MATOS, Maria Izilda S. de, Soler, Maria Angélica (Eds.).*Gênero em debate*: trajetória e perspectivas na historiografia contemporânea. São Paulo, 1997.

_____. *Família e sociedade na Bahia do século XIX*. São Paulo, 1988.

MATTOSO, Katia M. de Queirós. *To Be a Slave in Brazil, 1550-1888*. Trad. Arthur Goldhammer. NewBrunswick, NJ, 1986.

McMILLAN, James F. *France and Women, 1789-1914*: Gender, Society and Politics. London, 2000.

MONTEIRO, Mozart. A família imperial. *Revista do Instituto Histórico e Geográfico Brasileiro*, v.152, 1925.

ORLÉANS-BRAGANÇA, D. Luís de. *Sob o Cruzeiro do Sul*: Brasil – Argentina – Bolívia – Paraguai – Uruguai. Montreux, CH, 1913.

OTTONI, Cristiano B. *Autobiografia*. Rio de Janeiro, 1908.

PEDRO II, D. *Conselhos à regente*. Rio de Janeiro, 1958.

PEDRO, Joana Maria. *Mulheres honestas e mulheres faladas*: uma questão de classe. Florianópolis, 1994.

PIMENTA BUENO, José Antônio. *Direito público brasileiro e análise da Constituição do Império*. 2. ed. Rio de Janeiro, 1958.

RAEDERS, Georges. *D. Pedro II e o conde de Gobineau*: correspondências inéditas. São Paulo, 1938.

RANGEL, Alberto. *Gastão d'Orléans*: o último conde d'Eu. São Paulo, 1935.

RODRIGUES, José Honório (Ed.). *Correspondência de Capistrano de Abreu*. Rio de Janeiro, 1954, v.1.

ROSE, Phyllis. *Parallel Lives: Five Victorian Marriages*. New York, 1983.

SAMARA, Eni de Mesquita. *As mulheres, o poder e a família*: São Paulo, século XIX. São Paulo, 1989.

SAXE-COBURGO e BRAGANÇA, D. Carlos Tasso de. O ramo brasileiro da casa de Bragança: Apontamentos genealógicos. *Anais do Museu Histórico Nacional*, v.18, p.7-209, 1968.

SCHWARTZ, Lilia Moritz. *As barbas do imperador*: D. Pedro II, um monarca nos trópicos. São Paulo, 1998.

SCOTT, Joan Wallach. *Gender an the Politics of History*. New York, 1988.

SEWELL Jr., William H. Theory of Strucuture: Duality, Agency, and Transformation. *American Journal of Sociology*, v.98, n.1, 1992.

Roderick J. Barman

SHORTER, Edward. *The Making of the Modern Family*. New York, 1975.

SILVA DIAS, Maria Odila Leita da. *Power and Everyday Life:* The Lives of Working Women in Nineteenth-Century Brazil. Trad. Ann Frost. New Brunswick, NJ, 1995.

SMITH-ROSENBERG, Carrol. Female Word of Love and Ritual: Relations between Women in Nineteenth-Century America. *Signs*, v.1, n.1, out. 1975.

SOARES DE SOUSA, José Antônio. *A vida do visconde de Uruguai (1807-1866):* Paulino José Soares de Sousa. São Paulo, 1937.

TIERSTEN, Lisa. Marianne in the Department Store: Gender and the Politics of Consumption in Turn-of-the-Century Paris. In: Geoffrey Crossick, Serge Jaumin (Eds.). *Cathedrals of Consumption:* the European Department, 1850-1939. Aldershot, GB, 1999.

VERTINSKY, Patricia. *The Eternally Wounded Woman:* Women, Doctors, and Exercise in the Late Nineteeenth Century. Manchester, GB, 1990.

VIANA LYRA, Maria de Lourdes. Isabel de Bragança, uma princesa imperial. *Revista do Instituto Histórico e Geográfico Brasileiro*, v.158, p.83-131, jan.–mar. 1997.

VIANNA, Helio (Ed.). Diário de 1862. *Anuário do Museu Imperial*, v.17, 1956.

VIEIRA, Hermes. *A princesa Isabel no cenário abolicionista do Brasil*. São Paulo, 1941.

VIOTTI da COSTA, Emília. *The Brazilian Empire: Myths and Histories*. Ed. rev. Chapel Hill, NC, 2000.

Índice remissivo

Os números de página em itálico indicam uma ilustração.

Abolição da escravidão: nos
Estados Unidos, 155; na
América Espanhola, 155,
233; no Brasil, 155, 233,
234, 236, 242-51, 254, 288,
318, 329, 330
Afonso, príncipe imperial
(irmão), 34, 40, 43
África, 300
Agência, conceito de, 314
Aix-les-Bains, França, 213
Alemanha, 59, 306; como
modelo, 223; visitas à, 102
Alencar, José Martiniano de,
144
Alfonso XII, rei da Espanha,
294
Alfredo, João. *Ver* Oliveira,
João Alfredo Correia de

Amaral, Padre José de Santa
Maria do, 160
Amélia de Leuchtenberg,
imperatriz do Brasil
(segunda esposa do avô),
31, 59
Angélica, sóror Joana, 28
Antônio "Totó" de Orléans e
Bragança, príncipe do Brasil
(filho), 306, 253, 258, 265,
268, 288, *301*, 304s; caráter,
286, 307; nascimento, 216,
327; criação, *219*, 225s, *253*,
257, 273s, 280-4, *283*, 296;
saúde, 240, 285; morte, 285,
325
Argélia, 222
Argentina, 99, 100; como
modelo, 202

337

Aristocracia, 77s, 79, 120, 168, 271, 318; no Brasil, 49, 50, 70, 75, 81, 99, 181, 222, 229, 232, 322; na Europa, 102, 105, 122, 131, 212, 279, 292
Assunção, Paraguai, 137, 140, 141, 142
August "Gousty" de Saxe--Coburg-Gotha, duque de Saxe (cunhado), 85, 86, 88, 90, 92, 98, 106, 110, 125, 207
Augusto de Saxe-Coburg--Gotha e Bragança, príncipe do Brasil (sobrinho), 132, *133*, 171, 196, 204, 254
Áustria, 297; visita à, 102
Avelar, Maria "Mariquinhas" Ribeiro de, baronesa de Muritiba, 54, 92, *231*, 231, 268, 274, 277, 280, 285, 291, 305
Avelar, família, 94

Baden-Baden, Alemanha, visita a, 284
Badgastein, Áustria, visita a, 175
Baependi, província de Minas Gerais, 151
Bagnères-de-Luchon, França, 175, 184
Bahia, província da, 27, 28, 60, 80
Banda Oriental. *Ver* Uruguai
Banting, dieta, 111, 113
Barral, condessa de. *Ver* Barros, Luísa Margarida Portugal de

Barral, Dominique-Horace de, conde de Barral e marques de Montferrat, 65, 181, 279
Barral, Jean Joseph Horace Eugène de, conde de Barral, 58, 60
Barros, João de, 68
Barros, Luísa Margarida Portugal de, condessa de Barral e de Pedra Branca, 59, 83, 136, 172; aparência física, *60*, 61; caráter, 61-4, 103; atitudes de gênero, 62, 132, 163, 180; como aia, 48, 61-9, 80, 92, 95-7, 103, 132, 134, 172, 278, 282, *320*; morte, 286, 287
Beauvoir, Simone de, 21
Bélgica, 307; visita à, 102
Bittencourt, Pedro Calmon Moniz de Aragão, 16
Block, Jeanne H., 318, 324
Boulogne-sur-Seine. *Ver* Paris
Bourbon-Nápoles, família, 65, 106, 136, 303, 304
Bourdieu, Pierre, 314
Bragança, família, 42
Brasil: geografia, 24, 79; mapa, 25; língua, 24, 108
Buenos Aires, Argentina, 100

Cabo Verde, arquipélago de, 274
Calmon, Pedro. *Ver* Bittencourt, Pedro Calmon Moniz de Aragão
Câmara dos Deputados. *Ver* Legislatura

Camões, Luís de, 68
Campanha, província de
Minas Gerais, 134, 135
Campos, província de São
Paulo, 188
Cannes, França: visitas
a, 214, 284, 286, 288;
residência em, 277-81
Capela Imperial, Rio de
Janeiro, 41, 92
Carlos I, rei de Portugal, 276,
278
Carvalho, Alexandre Vieira
de, barão e segundo conde
de Lajes, 111, 201
Casa imperial. *Ver* Corte
Casamento: conceito de, 78,
94; na realeza, 78-86; na
sociedade brasileira 83, 84,
92, 95, 96, 120, 122, 123,
129, 131, 132; na sociedade
europeia, 78, 220
Caxambu, província de Minas
Gerais, 134, 172
Caxias, marquês e duque de.
Ver Lima, Luís Alves de
Château d'Eu, França, *298*,
299, 304, 307
Chotebor, República Tcheca,
300
Cidadania, 29, 31
Cidade do Rio de Janeiro, 26,
39, 108, 120, 200, 206, 214,
220, 222, 224, 225, 237, 247;
descrição, 48; clima, 44, 102,
127; como capital nacional,
26, 100, 192, 264, 265
Classe, 12, 35, 82, 222, 248,
316; no Brasil, 22, 26, 30,
51, 75, 78, 130, 256

Classe alta, 1. *Ver também*
Aristocracia
Clementine d'Orléans,
princesa de Saxe-Coburg-
-Gotha (sogra da irmã), 85,
90, 106
Coburg, Alemanha, 154
Coburg, família, 86
Conselho de Estado, 126,
138, 140, 165, 178, 245,
267
Conselho de Ministros. *Ver*
Gabinete
Constituição (1824), 16, 24,
28, 31, 32, 71, 74, 79, 83,
111, 141, 223
Corte, 40, 45, 50, 52, 54, 57,
61-3, 92, 109, 181, 224,
229, 306
Costa, Antônio de Macedo,
bispo do Pará, 182
Costa, Eugênia "Eugeninha"
da Fonseca, 285, 286, 288
Costa, Josefina da Fonseca,
viscondessa de Fonseca
Costa, 286
Cotegipe, barão de. *Ver*
Wanderley, João Maurício
Cultura, 16, 18-24, 51, 314

Davis, Natalie Zemon, 21
Depaul, Dr. Jean-Marie, 176,
186, 189-91, 201, 207-9,
211, 216
Dobrzensky de Dobrzencz,
condessa Elizabeth "Elsi",
300-3, *302*,
Dória, Franklin Américo de
Meneses, barão de Loreto,
262, 281, 283

Dória, Maria Amanda "Amandinha" Paranaguá de. *Ver* Paranaguá, Maria Amanda "Amandinha" de

Eduardo VII, rei da Grã--Bretanha, 107
Emancipação dos escravos. *Ver* Abolição da escravidão
Emma de Waldeck-Pyrmont, regente da Holanda, 16
Escravatura: na sociedade brasileira, 233; na casa imperial, 255, 258, 288. *Ver também* Abolição da escravatura
Espanha, 98; visitas à, 102, 277
Estados Unidos, 155; como modelo, 25, 192, 202
Estrela, Maria Augusta Generosa, 222
Eu, conde d'. *Ver* Gastão d'Orléans
Eu, França. *Ver* Château d'Eu
Ewbank, Thomas, 53

Faria, Manuel Antônio da Rocha, conde de Nioac, 252, 284
Fazenda Santa Cruz, província do Rio de Janeiro, 44, 45, 48
Feijó, Dr. Luís da Cunha, barão e visconde de Santa Isabel, 141, 148, 162, 170, 189, 190, 199
Feminilidade. *Ver* Gênero

Fernando de Saxe-Coburg--Gotha, rei consorte de Portugal (tio), 41, 79
Fernando II, rei de Nápoles, 33
Figueiredo, Afonso Celso de Assis, visconde de Ouro Preto, 262, 264, 265
Flandres, conde de. *Ver* Filipe de Saxe-Coburg-Gotha
Fonseca Costa, viscondessa de. *Ver* Costa, Josefina da Fonseca
Fonseca, Manuel Deodoro da, 265, 267, 290, 292
França, 57, 152, 153, 174, 291, 305; como modelo, 51, 57, 152, 221, 256; influência sobre o Brasil, 52, 153, 209, 215; visitas à, 174, 212, 213, 240; residência na, 270, 277, 296; *Ver também* Paris
Francisca Carolina, princesa do Brasil e de Joinville (tia), 31, 58, 60, 81, 170, 171, 213
Francisco José, imperador da Áustria, 80, 104, 303
François d'Orléans, príncipe de Joinville (tio), 76, 81, 84, 86, 104

Gabinete, 74, 87, 94, 136, 138, 155, 157, 158, 183, 185, 192, 193, 198, 234, 237, 238, 243-7, 259-65, 267, 328

Galvão, Benjamin Franklin Ramiz, barão de Ramiz Galvão, 226, 266

Galvão, Rufino Eneias Gustavo, visconde de Maracaju, 262

Gastão d'Orléans, conde d'Eu (marido), 109; aparência física, 85, 225, 253, 260; caráter, 85, 116, 253, 260 Trajetória de vida, nascimento e criação, 85, 109, 123, 133; namoro, 77-92,; casamento, 77, 85-97, *89*; carreira militar, 85, 89, 110, 117, 126, 130, 137, 138, 140-50, 225, 233, 260, 323; saúde, 85, 87, 123, 126, 141, 144-50, 165, 174, 195, 196, 225, 253, 260, 323; finanças, 208, 215, 274, 279-81, 296; papel público, 101, 109, 110, 148, 215, 225, *235*, 237, 260, 268; exílio, 262, 266, 267, 274, 275, *283*, *295*, *301*, *307*, *331*; morte, *313*, 311

Atitudes, de gênero, 99, 109, 116, 117, 130, 138, 140, 142, 146-9, 158, 171; para com o Brasil, 197, 208, 215, 225, 262; para com a Europa, 213, 215, 238, 282; para com a política, 126, 208, 238, 252, 261; para com os negócios públicos, 109, 118, 149, 158, 165, 198, 199, 200, 232, 260, 323; para com o acesso ao trono, 109, 110, 267, 298; para com a religião, 171, 185 Papel, como filho, 191; como marido, 93, 109, 120, 122, 123, 132, 149, 201, 221-4, 285, 286; como genro, 95, 110, 116, 124, 137, 138, 145, 177, 185, 200, 208, 226, 232, *256*, 262, 282, 323 ; como pai, 191, *195*, 209, 214, 215, 217, *219*, 225, 226, 298-301, 303; como governante potencial, 109, 150, 259 Visão, na imprensa, 202, 208, 260, 261, 264, 296; na cultura popular, 201, 259, 260 *Ver também* Regências; Visitas

Gênero: conceito de, 220, 230, 314-9; papel paterno, 319; na política brasileira, 32, 41, 43, 101, 157, 178, 186, 202, 222, 236, 242, 254, 294, 296, 311, 325, 330; na sociedade brasileira, 41, 51, 60, 65, 78-82, 94-6, 127, 133, 140-4, 148, 180, 182, 190, 221, 229, 256, 270, 311, 318, 320; na sociedade europeia, 57, 80, 220-4, 256, 270, 314; na igreja católica, 171, 182. *Ver também* Casamento; Maternidade; Mulheres

Germain, padre Nicholas, 182

Gobineau, Arthur de, conde de Gobineau, 144, 145
Gomes, Joaquina de Oliveira de Araújo, baronesa de São Joaquim, 306
Grã-Bretanha, 58, 60; como modelo, 270; relações com o Brasil, 100, 108; visitas à, 102, 105-107, 108, 119, 152; embaixadores, 32, 193, 197, 198
Grande Seca. *Ver* Seca
Gravidez, 271; na sociedade brasileira, 132, 168,169
Guerra do Paraguai, 126, 127, 136, 149, 193, 262
Guilherme III, rei da Grã--Bretanha, 109
Guilhermina, rainha da Holanda, 16
Guise, duque de. *Ver* Jean d'Orléans

Habsburgo, família, 80, 104
Hareven, Tamara, 17
Heilbrun, Carolyn, G., 318
Herança colonial, 24, 27, 32, 69
Homen, Dr. João Vicente Torres, barão de Torres Homen, 132

Ibsen, Henrik, 220, 320
Igreja católica, 24-7, 172, 173, 182, 184, 185, 194, 197, 198, 237, 249
Imigrantes: de Portugal, 25; da Suíça, 41
Independência, do Brasil, 24, 99

Inglaterra. *Ver* Grã-Bretanha
Isabel Cristina, princesa imperial do Brasil e condessa d'Eu: aparência física, 64, 88, 90, 95, 103, 111-4, 139, 304, 330; caráter, 55, 64, 71, 84, 103, 121, 158, 162, 212, 233, 258, 262, 271, 304, 325; caligrafia, 55, 100, 161; correspondência, 103, 106, 113, 124, 136, 140, 143, 182, 159; formas de tratamento, 26, 41, 55, 65, 74, 100, 106, 107, 274, 295, 303; "Memória para meus filhos", 271-6; "Joies et Tristesses", 304; "Com a sua própria voz", 48, 115, 141, 159, 188, 198, 249, 309
Trajetória da vida, nascimento 24, 34, 37-42; infância, 43-8, 46, 55, 64, 67, 304, 320; criação, 37, 41, 48-76, 140, 251, 315-24; adolescência, 66, 71-4, 79, 319, 320; menstruação, 72, 114, 170, 185, 199, 202, 270 namoro, 88-94, 92, 96, 106, 114, 296; casamento 76-98, 77, 82, 102, 177, 270; saúde, 181, 186-90, 310, 327; gravidezes, 106, 114, 132, 134, 165, 169-81, 186-91, 199, 202-9, 211, 216, 270, 325; abortos, 170, 173, 178, 199, 203, 211,

342

325; natimorta, 180, 186,
191, 211, 216, 304, 325;
partos, 190, 211, 216, 325;
menopausa, 270; amizades,
54, 66, 131, 173, 180, 231,
258, 274, 283, 286, 296,
322, 327; domesticidade,
101, 123, 130, 162, 181,
190, 221, 229, 236, 258,
305; sociabilidade,102,
106, 123, 130, 181, 201,
210, 212, 221, 222, 228,
232, 258, 264, 285, 323;
uso da língua francesa, 51,
66, 69, 96, 106, 113, 125,
130, 136, 273, 304, 315,
322; exílio, 262, 267, 269,
270-312, 284, 298, 301,
307, 315, 326, 331, 330;
morte, 310, 311
Atitudes, para com o
gênero, 66, 70, 80, 92-
100, 105, 111-5, 121, 132,
136, 140-5, 147, 161-3,
173, 207, 213, 221, 224,
229, 324-9; para com o
conhecimento, 56, 65, 69,
100 101, 140-3, 320; para
com a sexualidade, 90, 94,
113-22, 224; para com o
amor romântico, 80, 88,
95, 112-5, 123, 224, 331;
para com o Brasil, 101,
107, 113, 194, 201, 204,
211, 216, 236, 257, 262,
268, 274, 277, 294, 303,
321, 327, 330; para com a
Europa, 102-7, 204, 224,
273, 300, 323; para com

a política, 102, 136, 182,
191, 232, 242, 274; para
com os negócios públicos,
99-102, 131, 143, 151, 158,
162, 191, 201, 204, 211,
216, 228-36, 242, 257, 274,
324, 326, 330; para com
a governança, 135, 141,
158-64, 185, 193, 197, 202,
242-51, 262, 284, 293-7,
323; para com a ascensão
ao trono, 108, 163, 262,
267; para com o poder, 164,
194, 252, 315, 322-9, 330;
para com a religião, 145,
153, 173, 182-9, 191, 193,
198, 224-8, 230, 233, 236,
242, 258, 261, 273, 279,
285, 288, 294, 297, 298,
306, 308, 311, 323, 325;
para com a escravatura, 92,
163, 236, 243-51, 257, 326
Papel, como filha, 55-9,
66-75, 80, 94, 99, 105, 106,
111-3, 124-32, 134, 140-4,
147, 152, 164, 173-8, 187,
191, 194, 204, 209, 211,
216, 227, 233, 248, 252,
253, 258, 274-91, 287, 318,
323, 330; como irmã, 65,
111, 124, 133, 112, 134,
171, 179, 308; como nora,
102, 122, 124, 228, 293;
como esposa, 71, 96-101,
106, 111-7, 112, 120, 128,
133, 136, 140, 151, 150,
162, 165, 169, 187, 191,
195, 199, 204, 210, 221,
224, 277, 283-6, 296, 308,

318, 322, 327, *331*; como
mãe, 115, 167, 169, 180,
191, 195, 201, 210, *219*,
225, 249, 273, 274, 283,
291, 300-10, 318, *321*,
325, 330; como avó, 304;
como herdeira, 57, 69, 74,
83, 100, 103, 107, 122,
131, 161, 163, 190, 213,
224, 270, 289, 303, 317,
323, 326; como aspirante a
imperatriz, 224, 240, 253,
273, 292-6, 300, 317, 323,
329
Visão, na imprensa, 184,
190, 198-202, 208, 212,
254, 258, 276, 292, 296,
326; na cultura popular,
199, 204, 256, 270, 312,
332; nos círculos políticos,
155, 224, 243, 256-62, 296,
326
Ver também Regências;
Visitas
Isabel II, rainha da Espanha,
16
Itália, visitas à, 155, 240
Itu, província de São Paulo,
236

Jaguaribe, Domingos José
Nogueira, visconde de
Jaguaribe, 160
Januária Maria, princesa do
Brasil e condessa de Áquila
(tia), 31, 213
Jean d'Orléans, duque de
Guise, 299
João VI, rei de Portugal

(bisavô), 44
Joinville, princesa de. *Vide*
Francisca Carolina
Joinville, príncipe de. *Vide*
François d'Orléans
Jorge, príncipe da Saxônia, 78

Lacombe, Lourenço Luiz, 16
Lajes, barão e segundo conde
de. *Ver* Carvalho, Alexandre
Vieira de
Lambari, província de Minas
Gerais, 134
Le Nôtre Dame, André, 299
Leão XIII, papa, 258
Legislatura, 24, 44, 204, 234,
261, 291
Lei do Ventre Livre (1871),
16, 163, 165, 233, 234.
Ver também Abolição da
escravatura
Leopoldina, imperatriz do
Brasil (avó), 27, *28*, 29, 31,
171
Leopoldina, princesa do
Brasil e duquesa de Saxe
(irmã): aparência física,
65, 88 caráter, 65, 84;
nascimento, 43; infância,
44, 48, *64*, *68*; criação, *37*,
49-76; adolescência, 70, 76;
namoro, 90, *92*; casamento,
78, 83-7, 98, 102, 125, 172
morte, 154, 254, 309, 325;
como irmã, 65, 125, 143,
154; como esposa, 111,
112; como mãe, 106, 132,
133, 154; como herdeira,
57, 132

Leopoldo I, rei dos belgas, 83, 87
Liliuokalani, rainha do Havaí, 16
Lima, Luís Alves de, marquês e duque de Caxias, 137, 138, 140, 185, 198
Língua portuguesa, 24
Lisboa, 310; visitas a, 276, 277, 291
Lobato, Francisco de Paula de Negreiros Saião, visconde de Niterói, 159
Lojas maçônicas. *Ver* Maçonaria
Londres, visita a, 153
Lopes, Rita Lobato Velho, 222, 336
Lopes, Rosa de Santa Ana, baronesa de Santa Ana, 41, 48, 49, 188
López, Francisco Solano, 100, 137, 145, 147-9
Loreto, barão de. *Ver* Dória, Franklin Américo de Meneses
Loreto, baronesa de. *Ver* Paranaguá, Maria Amanda "Amandinha" de
Louis Joseph Anthony Victor, arquiduque de Habsburg, 80
Luís d'Orléans, duque de Nemours (sogro), 90, 104, 117, 122-4, 161,174, 189, 190, 291, 296
Luís de Orléans e Bragança, príncipe do Brasil (filho), 216, 253, 257, 266, 267, 286, 288, *301*, 304, *307*; caráter, 240, 285, 300, 305;

nascimento, 211; criação, 214, *219*, 226, *253, 257*, 273, 280-3, *283*, 296, *321*; casamento, 303; como herdeiro, 300; morte, 308, 310
Luís Filipe, rei da França (tio-avô e avô do marido), 59, 298

Maçonaria, 29; na sociedade brasileira, 29, 183, 197
Madri, visita a, 278
Maia, Dr. Cláudio Velho da Mota, conde de Mota Maia, 252, 253, 260, 266, 274, 279, 282, 291
Mallon, Florencia E., 314
Maracaju, visconde de. *Ver* Galvão, Rufino Eneias, Gustavo
Marguerite d'Orléans, princesa Czartoryski (cunhada), 104
Maria Antônia de Bourbon-Nápoles, grã-duquesa de Toscana (tia), 106
Maria Cristina de Bourbon-Nápoles, regente da Espanha, 16
Maria Cristina de Habsburgo, regente da Espanha, 16
Maria da Glória, princesa do Brasil. *Ver* Maria II, rainha de Portugal
Maria de Bragança, princesa de Portugal (prima), 78
Maria II, rainha de Portugal (tia), 16, 31, 42, 171, 327

Maria Isabel, rainha de Nápoles (avó), 40
Maria Pia de Bourbon-
-Nápoles, rainha da França (tia-bisavó e mãe da sogra), 303, 307
Marie Isabelle, condessa de Paris (neta), 224, 228, 299, 304, *307*, 330
Martha (escrava), 52, 113
Mascarenhas, Manuel de Assis, 52
Masculinidade. *Ver* gênero; Patriarcado
Maternidade: conceito de, 168; na realeza, 168, 179; na sociedade brasileira, 168, 190
Mato Grosso, província de, 100,110
Maximiliano, arquiduque de Habsburg, 61, 80
Melo, Dr. Francisco de Sousa, *298*
Miguel, príncipe e governante de Portugal (tio-avô), 32
Minas Gerais, província de, 134, 196, 203
Monarquia: conceito de, 16, 24, 26, 41; sucessão, 31
Monteiro, Cândido Borges, visconde de Itaúna, 40
Monteiro, Tobias, 252
Montevidéu, Uruguai, 100, 141
Mota Maia, conde de. *Ver* Maia, Dr. Cláudio Velho Mota

Motteville, Françoise de, 151
Muritiba, baronesa de. *Ver* Avelar, Maria José
"Mariquinhas" de

Napoleão III, imperador da França, 174, 305
Nápoles, 33, 41
Nemours, duque de. *Vide* Luís d'Orléans
Nice, França, visita à, 240
Nioac, conde de. *Ver* Faria, Manuel Antônio da Rocha
Nordeste. *Ver* Seca
Nova Friburgo, província do Rio de Janeiro, 41, 151

Olinda, bispo de. *Ver* Oliveira, Vital Maria Gonçalves de
Oliveira, João Alfredo Correia de, 247, 293, 294, 300, 304
Oliveira, Vital Maria Gonçalves de, bispo de Olinda, 184, *183*
Orléans, família, 59, 60, 104, 108, 174, 303, 311
Ouro Preto, visconde de. *Ver* Figueiredo, Afonso Celso de Assis

Paço da Cidade, Rio de Janeiro, 47, 90, 159, 160, 248, 267
Paço de São Cristóvão, Rio de Janeiro, 40, 43, 44, 48, 53, 68, 71, 92, 130, 242, 254
Paissandu, Uruguai, 100
Paço Isabel, Laranjeiras, Rio de Janeiro, 120-4, *124*, 129,

130, 180, 229, 230, 264, 266, 272, 323
Palácio da Princesa, Petrópolis, 181, 209, 225, 227, 323
Palácio das Laranjeiras, Rio de Janeiro. *Ver* Paço Isabel
Palácio de Cristal, Petrópolis, 230, 232
Pará, bispo do. *Ver* Costa, Antônio de Macedo
Paraguai, 99, 100, 110, 117, 127, 136, 137, 145, 146, 148, 149, 193
Paranaguá, João Lustosa da Cunha, Marquês de Paranaguá, 54, 233
Paranaguá, Maria Amanda "Amandinha" de, baronesa de Loreto, 54, 72, 74, 131, 230, 231, 261, 268, 274-83, 299, 311, 330
Paranhos, José Maria da Silva, visconde do Rio Branco, 142, 147, 156, 158, 160, 165, 183, 192, 251, 288
Paray-le-Monial, França, 289
Paris, 153, 205, 290; como modelo, 220; visitas a, 174, 175, 177, 213, 214, 216, 327; residência em, 283, 288-92, 296, 298, 304
Paris, conde de. *Ver* Luís Filipe d'Orléans
Paris, condessa de. *Ver* Marie Isabelle, condessa de Paris
Patriarcado, 20, 26. *Ver também* Gênero

Paula Mariana, princesa do Brasil (tia), 31
Pedra Branca, Domingos Borges de Barros, visconde de, 59, 60
Pedro Afonso, príncipe imperial (irmão), 42, 43
Pedro Augusto de Saxe--Coburg-Gotha e Bragança (sobrinho), 253; nascimento e criação, 132, 133, 171, 195, 240, 254; como herdeiro, 171, 253, 254, 294; no exílio, 273-5, 277, 278, 294
Pedro de Alcântara de Orléans e Bragança, príncipe do Grão Pará (filho), 202, 211, 228, 253, 266, 287, 288, 297, 307, 310; nascimento, 167, 191, 324; criação, 194, 195, 214, 219, 226, 253, 257, 273, 280-3, 283, 321; saúde, 191, 211, 254; caráter, 240, 286, 294, 296, 300, 307 ; casamento, 302-5; maturidade, 307, 321; como herdeiro, 253, 290, 294, 302-6
Pedro Henrique de Orléans e Bragança (neto), 304, 307
Pedro I, imperador do Brasil (avô), 27, 29-32, 44
Pedro II, imperador do Brasil (pai): aparência física, 39, 160, 222, 225; caráter, 32, 49, 56, 74, 116, 141, 155, 164, 193, 292, 326;

347

nascimento e criação, 31, 53, 69; ascensão ao trono, 32, 44, 74; casamento, 33, 37; governo, 32, 47, 75, 108, 125-9, 138, 153, 158, 164, 183, 193-8, 202, 208, 222, 227, 234, 240, 245, 247, 250, 259, 264, 271, 292, 327; exílio, 262, 267, 273-93, 291, 283, 287, 301, 311; morte, 262, 293, 310, 311, 313; visitas à Europa, 152-64, 169, 171, 185, 193, 196, 240, 254, 326; atitudes de gênero, 43, 56, 76, 109, 139, 141, 155, 177, 222, 260, 318; atitude para com o poder, 49, 74, 116, 126, 138, 155, 185, 233, 252, 260, 318, 323; como marido, 33, 47, 56, 63, 66, 76, 83, 125, 154, 277; como pai, 33, 37, 42-7, 53-9, 70, 74, 79-92, 92, 94, 97, 110, 124, 129, 155, 164, 169, 177, 185, 193, 204, 208, 213, 225, 240, 260, 278-89, 318-22; como sogro, 95, 97, 109, 116, 126, 139, 145, 157, 208, 224, 260; como avô, 215, 227, 240, 253, 279, 287, 290

Pedro IV, rei de Portugal. *Ver* Pedro I, imperador do Brasil

Peixoto, Floriano, 292, 294

Pelotas, província do Rio Grande do Sul, 117

Penha, Eugeninha. *Ver* Costa, Eugênia "Eugeninha" da Fonseca

Peruzzi, Ubaldino, 289

Petrópolis, província do Rio de Janeiro, 44, 47, 93, 101, 180, 230, 246; como residência imperial, 44, 47, 80, 93, 101, 126, 146, 180, 190, 225, 230, 248, 253, 264-8, 271, 310, 311, 313; palácio imperial, 47, 48, 50, 240. *Ver também* Palácio da Princesa.

Philippe de Saxe-Coburg--Gotha, conde de Flandres, 80, 83

Piauí, província de, 54

Pierr d'Orléans, duque de Penthièvre (primo), 81

Pio IX, papa, 197

Piraí, província do Rio de Janeiro, 90

Poder: conceito de, 316; na sociedade brasileira, 140, 152. *Ver também* Gênero; Política

Política: estruturas, 24, 28, 49, 71, 126, 164, 242; facções e partidos, 126, 138, 193-8, 202, 234, 251, 255, 260, 264, 271, 292; papel das mulheres, 101, 138, 140, 157, 185, 206, 223, 238, 255-60, 328. *Ver também* Republicanismo

Porto Alegre, província do Rio Grande do Sul, 117

Porto, Portugal, visita ao, 278

Portugal, 278, 311; domínio

colonial de, 24, 27, 43;
relações com o Brasil, 27;
como modelo, 31, 69, 79,
83; visita a, 102
Praga, 300; visita a, 106
Prússia, 152

Questão Religiosa, 183,
196, 207, 326. *Ver também*
Igreja católica; Maçonaria;
Religião
Quitéria, Maria, 28

Raça, 26; na sociedade
brasileira, 25, 54
Recife, província de
Pernambuco, 183, 262
Regências, 270, 318; (1871)
153, 155-65, 199, 233, 251,
322; (1876-77) 193-209,
212, 233, 250, 254, 325;
(1887) 240-52, *241*, 326
Religião, na sociedade
brasileira, 24, 41, 52, 59,
71, 79, 83, 92, 169, 181-
6, 290. *Ver também* Igreja
católica
República, 263, 292, 300,
310
Republicanismo, 54, 202,
227, 252, 254, 263, 265
Rio Branco, visconde do. *Ver*
Paranhos, José Maria da
Silva
Rio Claro, província de São
Paulo, 235
Rio da Prata, 98, 110. *Ver*
também Guerra do Paraguai

Rio Grande do sul, província
do, 98, 110, 116, 120, 292

Salvador, província da Bahia,
28
Sand, George, 172
Santos, província de São
Paulo, 260
São Joaquim, baronesa de.
Ver Gomes, Joaquina de
Oliveira de Araújo
São Paulo, província de, 188,
206, 233, 235, 236, 243
São Vicente, arquipélago de
Cabo Verde, 274
Scott, James C., 314
Scott, Joan Wallalch, 18
Scott, Sir Walter, 96
Seca, 186, 206
Senado. *Ver* Legislatura
Sevilha, Espanha, visita a,
240
Sewell, William H., Jr. 18, 20,
314
Sexualidade, na sociedade
brasileira, 25, 53, 71
Sigaud, D. José Francisco, 53
Silva, Mariana Velho da,
viscondessa de Ubá, 54
Sousa, Belisário Augusto
Soares de, 247
Sousa, Paulino José Soares
de, visconde do Uruguai,
168
Soyer, Mme., 191, 211, 215
Sistema eleitoral, 30, 196,
222

Taunay, Adelaide, 54, 131
Taunay, Félix Emile, 54

Templier, Victorine, 48, 64, 66

Teresa Cristina Maria, imperatriz do Brasil (mãe), 172, 253, 303; aparência física, 33, 38, 62; caráter, 50, 58, 73, 125; casamento, 33, 34, 83, 192; exílio e morte, 268, 273-9, 291, 303, 310, 313, 311; como esposa, 33, 34, 50, 54, 61, 86, 126; como mãe, 34-7, 34, 43, 47, 54, 57, 64, 74, 86, 92, 112, 125, 133, 143, 154, 169, 178, 210, 225, 298; como imperatriz, 62, 238, 289

Tijuca, Rio de Janeiro, 44, 90, 141

Toscana, grã-duquesa da. *Ver* Maria Antônia de Bourbon--Nápoles

Tosta, Manuel Vieira, barão de Muritiba, 268, 274, 277, 298, 306. 281, 291

Tosta, Maria "Mariquinhas" de Avelar. *Ver* Avelar, Maria "Mariquinhas" Ribeiro de

Ultramontanismo. *Ver* Igreja católica; Questão Religiosa

Uruguaiana, província do Rio Grande do Sul, 116, 117, 129, 137

Uruguai, visconde do. *Ver* Sousa, Paulino José Soares de

Valdetaro, Crispiniano, 55

Veneza, visita a, 175

Versailles, França, visitas a, 284, 286, 290

Vieira, Hermes, 16

Viena, Áustria, 296; visitas a, 104, 109, 152, 175

Villers-sur-Mer, França, 213

Visitas: no Brasil, 233, 259, 322, 326; à Europa, 96, 213, 272, 317, 322 (1865) 70, 102-8, *105-107*, 130, (1870-71) *119*, 152-5, 169, (1873-74) 172-8, *318*, 183, 201, (1878-81) 185, 210-5, 220, 239, 326, (1887) 213, 239

Vitória de Saxe-Coburg--Gotha, duquesa de Nemours (sogra), 108, 171

Vitória, rainha da Grã--Bretanha, 16, 78, 84, 104, 108, 245, 328

Voiron, França, 282

Voto, direito de. *Ver* Sistema eleitoral

Mulheres; trajetória de vida, 16, 270, 317, 325; como monarcas e regentes, 16, 245, 315, na independência do Brasil, 27; na sociedade brasileira, 25-9; no mundo ocidental, 78, 119, 168, 220, 270. *Ver também* Gênero; Política

Wanderley, João Maurício, barão de Cotegipe, 193, 203, 204, 237, 239, 242-7, 258, 328, 329

White, José, 228, 306

SOBRE O LIVRO

Formato: 14 x 21 cm
Mancha: 23,5 x 43,5 paicas
Tipologia: Iowan Old Style 10/14
Papel: Off-white 80 g/m² (miolo)
Cartão Supremo 250 g/m² (capa)
1ª edição: 2005

EQUIPE DE REALIZAÇÃO

Coordenação Geral
Sidnei Simonelli

Produção Gráfica
Anderson Nobara

Edição de Texto
Maurício Balthazar Leal (Preparação de Original)
Alexandra Costa da Fonseca e Maurício Baptista Vieira (Revisão)
Barbara Eleodora Benevides Arruda (Atualização Ortográfica)

Editoração Eletrônica
Lourdes Guacira da Silva Simonelli (Supervisão)
Megaart Design e Barbara Eleodora Benevides Arruda (Diagramação)